Kölner Schriften zum Europarecht

herausgegeben vom
Institut für Europäisches Wirtschaftsrecht
an der Universität zu Köln
vertreten durch den Direktor Prof. Dr. Ulrich Ehricke

Band 70

Maria Katharina Sieben

Die offene Distanzierung von einem Kartell

Ein Instrument zur Beendigung der verbotenen Verhaltensweisen nach Art. 101 Abs. 1 AEUV

Nomos

Onlineversion
Nomos eLibrary

Die Deutsche Nationalbibliothek verzeichnet diese Publikation in der Deutschen Nationalbibliografie; detaillierte bibliografische Daten sind im Internet über http://dnb.d-nb.de abrufbar.

Zugl.: Köln, Univ., Diss., 2021

ISBN 978-3-8487-8722-7 (Print)
ISBN 978-3-7489-3113-3 (ePDF)

Die Bände 1-64 der Schriftenreihe sind im Carl Heymanns Verlag erschienen.

1. Auflage 2022

Für meinen Ehemann und meine Eltern

Vorwort

Die vorliegende Arbeit wurde im Sommersemester 2021 von der rechtswissenschaftlichen Fakultät der Universität zu Köln als Dissertation angenommen. Sie entstand während meiner Tätigkeit am Institut für Europäisches Wirtschaftsrecht. Rechtsprechung und Literatur sind bis August 2021 berücksichtigt und die Gutachten zu diesem Manuskript einbezogen worden.

Mein besonderer Dank gilt meinem Doktorvater Herrn Prof. Dr. Ulrich Ehricke, LL.M., M.A., der mir die Anregung zu diesem Thema gab und mich während der Promotionszeit stets unterstützt hat. Bedanken möchte ich mich insbesondere auch für die Aufnahme in diese Schriftenreihe. Herrn Prof. Dr. Dirk Schroeder danke ich für die zügige Erstellung des Zweitgutachtens.

Weiterhin gilt mein Dank meinen Institutskollegen, insbesondere Herrn PD Dr. Daniel Könen, LL.M., Herrn David Krüger und Herrn Dr. Marcel Marques, die mein Dissertationsvorhaben während meiner Tätigkeit am Institut durch Anregungen sowie eine freundschaftliche Arbeitsatmosphäre begleitet haben. Danken möchte ich auch meinen Freunden für die zügige und kompetente Durchsicht des Manuskripts.

Herzlich bedanken möchte ich mich bei meinen Schwiegereltern sowie meinem Bruder für ihren stetigen Zuspruch und ihre Unterstützung.

Mein größter Dank gilt an dieser Stelle meinem Ehemann, Philip Verbocket und meinen Eltern, Imelda und Dieter Sieben, die mich während meiner juristischen Ausbildung in jeder Lebenslage unterstützt und mir Rückhalt gegeben haben. Ihnen widme ich diese Arbeit.

Köln, im Dezember 2021 — Maria Katharina Sieben

Gliederung

Inhaltsverzeichnis

A. Einführung

I. Einleitung und Problemdarstellung

1. Gründe für die Distanzierung von einem Kartell

Nach Art. 101 Abs. 1 AEUV sind alle Vereinbarungen zwischen Unternehmen, Beschlüsse von Unternehmensvereinigungen und aufeinander abgestimmte Verhaltensweisen, welche den Handel zwischen Mitgliedstaaten zu beeinträchtigen geeignet sind und eine Verhinderung, Einschränkung oder Verfälschung des Wettbewerbs innerhalb des Binnenmarkts bezwecken oder bewirken, mit dem Binnenmarkt unvereinbar und verboten. Art. 101 Abs. 1 AEUV stellt damit ein Kartellverbot dar. Die Beweislast für die tatbestandlichen Voraussetzungen des Verbotes trägt die Partei oder die Behörde, die den Verstoß vorträgt.[1] Jedoch darf sich die Behörde Beweiserleichterungen bedienen. Diese muss zum Beispiel lediglich nachweisen, dass das betroffene Unternehmen an einer Sitzung teilgenommen hat, auf der wettbewerbswidrige Inhalte besprochen wurden. Sodann greift die Vermutung, dass der Betroffene Kartellbeteiligter ist, sofern er sich nicht offen distanziert hat.[2] Wenn durch die Europäische Kommission oder durch das Bundeskartellamt ein Kartellverstoß festgestellt wird, hat dies beträchtliche Konsequenzen für die Kartellbeteiligten. Die Rechtsfolgen können sowohl verwaltungsrechtlicher, bußgeldrechtlicher, zivilrechtlicher als auch strafrechtlicher Natur sein.[3] Im Bußgeld- oder Verwaltungsverfahren hat die Kommission dabei nicht nur die Zuwiderhandlung selbst, sondern auch die Dauer der Zuwiderhandlung zu beweisen.[4] Die Verantwortlichen müssen mit hohen Geldbußen rechnen. So

---

1 Art. 2 Verordnung Nr. 1/2003; *Hengst*, in: Langen/Bunte, Europäisches Kartellrecht, Art. 101 Abs. 1, Rn. 387; *Bechtold/Bosch/Brinker*, EU-Kartellrecht 2014, Art. 101 AEUV, Rn. 2.

2 Nach st. Rspr. vgl. EuGH, Urt. v. 8.7.1999 – C-49/92 P, ECLI:EU:C:1999:356, Rn. 96 (Kommission/Anic Partecipazioni); EuGH, Urt. v. 07.04.2004- C-204/00 P, C-205/00 P, C-211/00 P, C-213/00 P, C-217/00 P und C-219/00 P, ECLI:EU:C:2004:6, Rn. 81–85 (Aalborg/Kommission).

3 *Zimmer*, in: Immenga/Mestmäcker, Wettbewerbsrecht 2019, Art. 101, Rn. 3.

4 EuG, Urt. v. 17.05.13 – T-147/09 und T-148/09, ECLI:EU:T:2013:259, Rn. 50 (Trelleborg Industrie/Kommission); EuG, Urt. V. 12.07.11 – T-132/07,

betrugen die jährlich insgesamt verhängten Geldbußen in den letzten Jahren stets dreistellige Millionenbeträge.[5] Zwischen 2015 und 2019 stiegen diese auf insgesamt 8,3 Milliarden Euro, wobei die höchste erlassene Geldbuße davon an das sogenannte „LKW-Kartell" mit ca. 3 Milliarden Euro erging (2016/2017).[6] Die Höhe der Geldbuße bemisst sich nach verschiedenen Kriterien. Neben der Schwere des Verstoßes ist u.a. auch die Dauer der Zuwiderhandlung maßgeblich.[7] Weiterhin ist zu beachten, dass bei wiederholtem wettbewerbswidrigem Verhalten eines Unternehmens eine noch höhere Geldbuße drohen kann, da es kein „Ersttäter" mehr ist.[8] Bei dauernden oder fortgesetzten Zuwiderhandlungen ist der Beendigungszeitpunkt insbesondere auch deshalb relevant, weil die Verjährung mit der Beendigung beginnt.[9][10]

Angesichts der zu befürchtenden Sanktionen und der weiteren vorgenannten Erwägungen besteht daher das Bedürfnis die Frage zu klären, ob und wie Unternehmen aus einem Kartell wieder austreten oder ob sie sogar den Vorwurf eines Kartellverstoßes gänzlich abwenden können, das heißt, einen durch die Kartellbehörde nachgewiesenen Verstoß widerlegen können. Die Möglichkeiten, die dem Unternehmen zur Verfügung stehen, sind allerdings begrenzt. Die wichtigsten Instrumente sind die offene Distanzierung und die Anzeige bei den Behörden. Die Widerlegung durch objektive Indizien findet ebenfalls Erwähnung in der Rechtsprechung und

---

ECLI:EU:T:2011:344, Rn. 84 (Fuji Electric/Kommission); *Grave/Nyberg*, in: Loewenheim/Meesen/Riesenkampf/Kersting/Meyer-Lindemann, Kartellrecht 2020, Art. 101 Abs. 1, Rn. 255.

5 Cartel Statistics unter: Http://ec.europa.eu/competition/cartels/statistics/statistics.pdf (abgerufen am 13.04.2020).

6 Cartel Statistics unter: http://ec.europa.eu/competition/cartels/statistics/statistics.pdf (abgerufen am 13.04.2020).

7 *Hellmann*, in: Wiedemann, Kartellrecht 2020, § 46 Rn. 32.

8 EuGH, Urt. v. 07.01.2004 – verb. Rs. C-204/00 P, C-205/00 P, C-211/00 P, C-213/00 P, C-217/00P und C-219/00 P, ECLI:EU:C:2004:6, Rn. 91 (Aalborg Portland/Kommission); EuGH, Urt. v. 08.02.2007 – C-3/06 P, ECLI:EU:C:2007:88, Rn. 26 ff., 38 ff. (Groupe Danone/Kommission).

9 Art. 25 Abs. 2 Verordnung Nr. 1/2003; *de Bronett*, Europäisches Kartellverfahrensrecht, Art. 25, Rn. 4 f.

10 Im deutschen Kartellrecht ist mit der 9. GWB-Novelle die Geltendmachung eines Schadensersatzanspruches eines Betroffenen vereinfacht worden, da gem. § 33a Abs. 2 GWB nunmehr eine gesetzliche Vermutung vorliegt, dass ein Kartell zu einem Schaden führt. Zudem wurde das sogenannte Wettbewerbsregister eingeführt, dort werden Unternehmen bei schwerwiegenden Verstößen eingetragen, so dass diese im Rahmen von öffentlichen Aufträgen und Konzessionen gegebenenfalls ausgeschlossen werden können.

Literatur.[11] Während die letzten beiden Varianten selten zur Anwendung kommen, berufen sich Unternehmen hingegen regelmäßig auf die offene Distanzierung.[12] Problematisch ist, dass das „Kriterium von den Gerichten kaum entwickelt ist und auch bei der Literatur wenig Interesse weckt."[13] Es gibt zudem nur wenige Urteile, die eine erfolgreiche Distanzierung belegen.[14] Dabei drängen sich grundsätzlich die Fragen auf, inwieweit das Kriterium, welches in der Unionsrechtsprechung immer wieder Erwähnung findet, auf materieller Ebene oder auf Verfahrensebene einzuordnen ist und ob es gerechtfertigt sein kann, dass die Kommission sich mit Beweiserleichterungen behelfen darf, da es ihr sonst oftmals nicht möglich wäre, der Beweisführung nachzukommen und stattdessen dem Unternehmen die Problematik aufgebürdet würde, ihre Gegenbeweisführung zu erbringen. Es gebietet sich somit eine Untersuchung der offenen Distanzierung und der alternativen Distanzierungshandlungen.

2. Begriffsbestimmung in Zusammenhang mit der Beendigung der Zuwiderhandlung eines Unternehmens

Beschäftigt man sich mit den Themen „Austritt", „Rücktritt", „Beendigung" oder ähnlichen Begriffen im Zusammenhang mit einem Kartell, dann wird zunächst deutlich, dass vor allem früher in Dissertationen Fragen erörtert wurden, die vertragliche Schadensersatzansprüche zum Gegenstand hatten und die Möglichkeit der Kündigung des Kartells bzw. des Kartellvertrages erörterten.[15] Das liegt daran, dass Kartelle in ihren Anfängen erlaubt waren und ein Kartell auf vertraglicher Basis geschlossen wurde.[16] Heute sind Kartelle bekanntermaßen nicht mehr erlaubt.

11 EuGH, Urt. v. 17.09.2015 – C 634/13, ECLI:EU:C:2015:614, Rn. 20 ff. (Total SA/Kommission); siehe auch unter: EuGH, Urt. v. 06.12.2012-C-441/11 P, ECLI:EU:C:2012:778 (Kommission/Verhuizingen Coppens); *Heinrich/Eckel*, NZ-Kart 2017, 106, 107.

12 GA *Wathelet*, Schlussantrag v. 25.06.2015 – C-373/14 P, ECLI:EU:C:2015:427, Rn. 124 (Toshiba/Kommission).

13 GA *Wathelet*, Schlussantrag v. 25.06.2015 – C-373/14 P, ECLI:EU:C:2015:427, Rn. 124 (Toshiba/Kommission).

14 Eines der wenigen Urteile bei dem jedenfalls eine Distanzierung erfolgreich war unter B.I.1.f.aa.

15 So zum Beispiel: *Berkenhof*, Die Kündigung von Kartellen; *Freund*, Die freiwillige Beendigung der Mitglieder; *Schlatter*, Die Ein – und Austrittsfreiheit von Kartellen; *Schroeter*, Der Rücktritt vom Kartell; *Tieman*, Die Kündigung der Kartelle.

16 Siehe unter: BT-Drucks. 1253, § 1 ff. GWB.

Aufgrund der zuvor erläuterten Sanktionen bei erfolgreichem Nachweis eines Kartells durch die Kartellbehörde, insbesondere die Verhängung einer Geldbuße und die Bestimmung der Höhe, die mit der Schwere und der Dauer des Kartells zusammenhängt, ist die Thematik jedoch weiterhin von Bedeutung. Auffällig ist zunächst, dass sich im deutschen sowie im europäischen Wettbewerbsrecht keine normative Anknüpfung zu einer Distanzierung oder zu einem Austritt aus einem Kartell finden lässt. Die Beendigung findet zwar Erwähnung in anderen Regelungen, so etwa in Art. 25 Abs. 2 Verordnung Nr. 1/2003, welcher die Verjährung regelt. Allerdings setzen diese Regelung die Beendigung voraus und normieren diese nicht selbst.[17] Die Voraussetzungen für eine Beendigung wurden durch die Kommissionspraxis und insbesondere durch die Unionsrechtsprechung entwickelt. Die Begriffe „Austritt", „Rücktritt" und „Ausstieg" erwecken den Anschein, dass ein Unternehmen aus einem bereits bestehenden Kartell nach einem Mitwirkungszeitraum wieder austreten möchte. Gleichwohl kann auch die Situation vorliegen, dass Unternehmen vorbringen, sie wären nie an einem Kartell beteiligt gewesen. Sprachlich missglücken dann die Begriffe „Austritt", „Rücktritt" und „Ausstieg", wenn das Unternehmen an keiner Zuwiderhandlung beteiligt ist, von der es zurücktreten kann. Allgemein sollte daher von „Distanzierung", „Abwendung" oder „Abkehr" in diesem Fall gesprochen werden. Zudem ist jeder dieser genannten Begriffe auf beide Situationen anwendbar.

Weiterhin wird in dieser Arbeit der Begriff „Unternehmen" allgemein verwendet. Vorliegend handelt es sich um den sogenannten weiten Unternehmensbegriff i.S.d. Art. 101 Abs. 1 AEUV und somit um „jede eine wirtschaftliche Tätigkeit ausübende Einrichtung unabhängig von ihrer Rechtsform und der Art ihrer Finanzierung (...). In diesem Zusammenhang ist unter diesem Begriff eine wirtschaftliche Einheit zu verstehen, selbst wenn diese wirtschaftliche Einheit rechtlich aus mehreren natürlichen oder juristischen Personen besteht."[18] Zudem ist zu beachten, dass das „Unternehmen" zwar Adressat des Art. 101 Abs. 1 AEUV ist. Gleichwohl ist immer der Unternehmensträger gemeint, soweit die Themen Zustellung, Erklärungsempfang o.ä. behandelt werden, da nur der Unternehmensträger als Rechtssubjekt etwaige Erklärungen oder Verfügungen empfangen kann

17 *Jüchser*, Die Beteiligung am Kartell, S. 129.

18 EuGH, Urt. v. 14.03.2019 – C-724/17, ECLI:EU:C:2019:204, Rn. 36 f. (Vantaan kaupunki/ Skanska Industrial u.a.); EuGH, Urt. v. 27. 04.2017 – C-516/15 P, EU:C:2017:314, Rn. 48 (Akzo Nobel u. a./Kommission).

und nicht das Unternehmen als Rechtsobjekt.[19] In tatsächlicher Hinsicht handelt dann ein Vertreter, dessen Handlung dem Unternehmensträger zugerechnet wird.

3. Anwendungsbereich der Distanzierungshandlungen

Da die zwei Anwendungsbereiche der Distanzierung die vorausgesetzte Struktur dieser Ausarbeitung sind, werden nachfolgend zunächst die Anwendungssituationen dargestellt. Es sind zwei mögliche Szenarien denkbar, in denen eine Distanzierungshandlung erforderlich ist. Entweder ein Beteiligter wollte nie an einem Kartell teilnehmen, nahm aber zum Beispiel an einer Sitzung teil, bei der es dann zu wettbewerbswidrigen Absprachen kam. In dieser Konstellation ist es auch nicht undenkbar, dass der Teilnehmer nicht bemerkte, dass eine wettbewerbswidrige Absprache getätigt wurde oder dass der Teilnehmer dies zwar erkannt hat, jedoch kein Interesse hat die Inhalte umzusetzen, oder aber es besteht bereits ein Kartell seit längerer Zeit und der Beteiligte entscheidet sich von diesem Kartell später abzuwenden. Bei der ersten Situation dient die Distanzierungshandlung somit zur Widerlegung der gesamten kartellrechtlichen Verantwortung, nachdem die Kommission vorbringt, dass das Unternehmen am Kartell beteiligt sei, wenn es an einer wettbewerbswidrigen Sitzung teilnimmt und sich nicht gegen die Inhalte distanziert. In der zweiten genannten Situation dient die Distanzierung vorrangig dazu, die kartellrechtliche Verantwortlichkeit zeitlich einzugrenzen.[20] Der EuGH differenziert nicht konkret nach diesen beiden Situationen, obwohl ein unterschiedlicher Anwendungsmaßstab für die offene Distanzierung zwischen der Begründung eines Kartells und eines langjährigen, etablierten Kartells sachgerecht erscheint. Bereits Generalanwalt Cosmas erklärte im Rahmen der Anic-Entscheidung „Die Teilnahme eines Unternehmers an einer einzigen Sitzung mit rechtswidrigem Zweck ist etwas anderes als die Teilnahme an einer Reihe rechtswidriger Sitzungen, die sich wie im vorliegenden Fall auf mehrere Jahre verteilen.“[21]

---

19 *Weiß*, in: Callies/Ruffert, EUV, AEUV, Art. 101, Rn. 27; *Queck*, Die Geltung des nemo-tentur-Grundsatzes zugunsten von Unternehmen, S. 25 f.

20 So auch *Heinrich/Eckel*, NZKart 2017, S. 106 ff.

21 GA *Cosmas*, Schlussanträge v. 15.07.1997 – C-49/92, ECLI:EU:C:1997:357, Rn. 56 (Kommission/Anic Partecipazioni).

In der *Paraffinwachs*-Entscheidung[22] wird eine Differenzierung vorgenommen.[23] Insoweit musste der EuGH über den Beendigungszeitpunkt eines Unternehmens entscheiden, welches über viele Jahre hinweg gegen das Kartellverbot i.S.d. Art. 101 Abs. 1 AEUV verstieß und einwendete, es habe Unterbrechungen gegeben, wodurch das Kartell bereits beendet wurde. Das Gericht prüfte, welche Handlungen zur Beendigung eines etablierten Kartells führen können.[24] Zuvor ergingen durch die Unionsgerichte meist Urteile, bei denen es um die gänzliche Abwendung der kartellrechtlichen Verantwortlichkeit ging[25], sodass die Differenzierung zwischen den Ebenen nicht deutlich war. Es wurde erwogen, ob eine offene Distanzierung die einzige Möglichkeit sei, um das Kartell zu beenden. Der EuGH war der Ansicht, dass das EuG in dieser Rechtssache dadurch einen Rechtsfehler begangen habe, da es die Auffassung vertreten habe, „die öffentliche Distanzierung stelle selbst dann, wenn eine an einem Kartell beteiligte Gesellschaft nicht an kollusiven Treffen teilgenommen habe, das einzige für sie verfügbare Mittel dar, um die Beendigung ihrer Beteiligung an dem Kartell zu beweisen."[26] Damit macht dieser deutlich, dass er in der Konstellation, dass jemand bereits seit längerem an einem Kartell beteiligt ist ohne dass Kartelltreffen nachgewiesen wurden und diese Beteiligung beenden möchte, das Kriterium der offenen Distanzierung nicht verlangt wird. Wenn es sich jedoch um die gesamte Abwendung der kartellrechtlichen Verantwortlichkeit nach einem (einzigen) Kartelltreffen handelt, dann ist der Maßstab strenger, da das Kriterium zwingend erforderlich ist.[27] Die eingangs genannten Sachverhalte werden somit zwar grundsätzlich unterschieden, allerdings ist das maßgebliche Unterscheidungsmerkmal die Teilnahme an einem Treffen. Ob dennoch der unterschiedliche

---

22 EuGH, Urt. v. 17.09.2015 – C-634/13, ECLI:EU:C:2015:614 (Total France/Kommission).

23 *Castillo de la Torre/Gippini Fournier*, Evidence, Proof and Judicial Review, Kapitel 3, Rn. 3.054; siehe auch unter: A.I.3.

24 EuGH, Urt. v. 17.09.2015 – C-634/13, ECLI:EU:C:2015:614, Rn. 23 (Total France/Kommission).

25 EuG, Urt. v. 06.04.1995 – T-141/89, ECLI:EU:T:1995:62 (Tréfileurope/Kommission), EuGH, Urt. 06.02.2006 – C-111/04 P, ECLI:EU:C:2006:105 (Adriatica di Navigazione /Kommission); EuGH, Urt. v. 21.01.16 – C-74/14, ECLI:EU:C:2016:42 (Eturas u.a./Lietuvos Respublikos konkrencijos taryba).

26 EuGH, Urt. v. 17.09.2015 – C-634/13, ECLI:EU:C:2015:614, Rn. 23 (Total France/Kommission).

27 EuGH, Urt. v. 17.09.2015 – C-634/13, ECLI:EU:C:2015:614, Rn. 21 ff. (Total France/Kommission); vgl. *Castillo de la Torre/Gippini Fournier*, Evidence, Proof and Judicial Review, Kapitel 3, Rn. 3.055.

Maßstab zulasten der Beteiligten, der sich während der Begründung des Kartells im Rahmen einer Sitzung getroffen hat, sachgerecht erscheint, ist dabei fraglich.

II. Gang der Arbeit

Angesichts der Relevanz der Thematik der Abwendung von einem Kartell in Wissenschaft und Praxis, haben sich jüngst auch andere Dissertationen mit dem Bereich der Beteiligung sowie der Beendigung des Kartells befasst.[28] Die vorliegende Arbeit legt den Fokus jedoch auf das wichtigste Instrument, welches den (vermeintlichen) Beteiligten zur Verfügung steht, um sich von einem Kartell abzuwenden, namentlich die offene Distanzierung. Dabei wird erstmalig untersucht, welche Erwägungen für das Erfordernis bestehen und wie es im europäischen Wettbewerbsrecht einzuordnen ist. Zudem erfolgt eine kritische Auseinandersetzung mit den einzelnen Voraussetzungen und der Anwendung innerhalb der verschiedenen Ebenen. Die Arbeit untersucht sowohl bei den Kriterien im Einzelnen als auch als generelles Erfordernis Lösungsmöglichkeiten. Da zugunsten der Kommission Beweiserleichterungen vorangestellt sind, wie etwa die Vermutung der Kartellbeteiligung nach Teilnahme an einer wettbewerbswidrigen Sitzung oder die einheitliche und fortgesetzte Zuwiderhandlung[29], die dann dazu führen, dass eine offene Distanzierung notwendig wird, werden auch diese Bereiche dargestellt. Dabei handelt es sich allerdings nur um eine verkürzte Darstellung, da der mögliche Umfang dieser Arbeit eine differenzierte Ausarbeitung nicht zulässt. Die Arbeit beschränkt sich zudem auf den AEUV und lässt das nationale Wettbewerbsrecht außen vor.

Zunächst wird die Arbeit in die zwei Anwendungsbereiche, namentlich die Beendigung bei der Begründung des Kartells und die Abwendung nach Beteiligung aus einem etablierten Kartell, unterteilt. Der Schwerpunkt dabei wird die offene Distanzierung darstellen, da sie das meistverwendete Mittel ist, welches durch die (vermeintlichen) Kartellanten vorgebracht wird. Dabei wird zwischen den verschiedenen Verhaltensweisen des Kartellverbotes differenziert, da sich hieraus unterschiedliche Fragestellungen ergeben. Anhand der Kommissionspraxis sowie der Unionsrechtspre-

---

28 *Harrer*, Die Beendigung der Zuwiderhandlung; *Jüchser*, Die Beteiligung am Kartell.

29 Umfassend dazu: *Seifert*, Die einheitliche und fortgesetzte Zuwiderhandlung.

chung wird zunächst die Entwicklung der offenen Distanzierung systematisiert und ausgewertet. Dabei wird insbesondere herausgearbeitet, welche Voraussetzungen verlangt werden und wie sich die Voraussetzungen im Laufe der Zeit entwickelt haben. Dieser Punkt dient als Grundlage für die weiteren Schritte, insoweit der Rechtfertigung dieses Kriteriums als solches, obwohl keine normative Verankerung im europäischen Wettbewerbsrecht gegeben ist. Zudem müssen die Kriterien im Einzelnen untersucht werden, da der Vorwurf besteht, dass das Kriterium der offenen Distanzierung kaum entwickelt sei.[30] Die Arbeit wird erklären, woraus sich eine Legitimation für die offene Distanzierung im Grundsatz herleiten lassen kann, indem sie einen möglichen Ansatz hierzu entwickelt und vor diesem Hintergrund der Untersuchung der Kriterien in ein darauf gerichtetes Schema einbettet. Dabei werden die einzelnen Voraussetzungen kritisch gewürdigt. Angesichts der Tatsache, dass neben der offenen Distanzierung zwei weitere Handlungen in der Literatur Erwähnung finden,[31] werden im Rahmen der beiden möglichen Anwendungsszenarien auch die Distanzierungshandlungen, die Anzeige und die Widerlegung durch objektive Indizien, überprüft. Nur die erst genannte Handlung – die Anzeige – ist hier als Unterfall der offenen Distanzierung zu verstehen. Die Widerlegung durch Einführung von objektiven Indizien lässt sich hingegen nicht der offenen Distanzierung zuordnen und wird nur der Vollständigkeit halber in dieser Arbeit beleuchtet. Ferner wird ein Vergleich zwischen den beiden Anwendungsbereichen gezogen und untersucht, ob sich die Anforderungen der Abwendung aus einem etablierten Kartell auf die der gänzlichen Abwendung nach Teilnahme an einer Sitzung übertragen lassen oder worin sich die Anforderungen unterscheiden sollten. Die Arbeit kommt an wenigen Stellen zu dem Ergebnis, dass die Anforderung noch zu unpräzise ist und sich nicht auf alle Situationen anwenden lässt. Dennoch beschränkt sich die Ausarbeitung auf diese Ergebnisse, da das Ziel sein soll, die offene Distanzierung als solche darzulegen und in ihrer derzeitigen Anwendung zu prüfen. Inwiefern dies möglicherweise weitergehende Konsequenzen haben könnte, bleibt daher dahingestellt. Abschließend werden gleichwohl Lösungsvorschläge vorgestellt und ausgewertet, die u.a. auch Alternativen zur offenen Distanzierung darstellen. Die Arbeit endet mit einer Zusammenfassung in Thesenform.

---

30 So GA *Wathelet*, Schlussantrag v. 25.06.2015 – C-373/14 P, ECLI:EU:C:2015:427, Rn. 124 (Toshiba/Kommission).

31 *Heinrich/Eckel*, NZKart 2017, 106, 107.

B. Anforderungen an die Abwendung bei der Begründung eines Kartells

I. Die offene Distanzierung

1. Entwicklung und Auswertung der Anforderungen der offenen Distanzierung im Rahmen der Entscheidungspraxis der Kommission und der Unionsrechtsprechung

a. Der Ursprung der offenen Distanzierung

Der Grundstein für die Annahme, dass das Unternehmen am Kartell beteiligt sei, wenn es an einer wettbewerbswidrigen Sitzung teilnimmt und sich nicht gegen die Inhalte distanziert sowie über die Rechtsfigur der „einheitlichen und fortgesetzten Zuwiderhandlung“, die für die Frage der Abkehr von einem Kartell vorangestellt sind, wurde durch die Verfahren zum Polypropylen-Kartell gelegt.[32] Die Kommissionsentscheidung betraf fünfzehn Hersteller von Polypropylen. Gegen diese Hersteller wurden wegen eines Kartellverstoßes gegen Art. 101 AEUV (früher Art. 81 EG) Geldbußen verhängt. Der Kartellverstoß bestand darin, dass von 1977 bis 1983 durch die Hersteller ein institutionelles System eingeführt wurde, um u.a. Zielpreise und Mengenziele zum Zwecke der Marktaufteilung festzulegen. Hierzu haben sich die Vertreter zu regelmäßigen Sitzungen (und ergänzenden lokalen Sitzungen für jeden Mitgliedstaat) getroffen.[33] In dieser Entscheidung hat die Kommission sich erstmalig mit der Rechtsfigur der sogenannten „einheitlichen und fortgesetzten Zuwiderhandlung“ näher

---

32 Kommission v. 23.04.1986 – IV/31.149, ABl. 1986 L 230/1 – Polypropylen, EuG, Urt. v. 24.10.1991 – T-3/89, ECLI:EU:T:1991:58 (Atochem SA/Kommission); EuG, Urt. v. 17.12.1991 – T-6/89, ECLI:EU:T:1991:74 (Anic Partecipazioni /Kommission); EuG, Urt. v. 17.12.1991 – T-7/89, ECLI:EU:T:1991:75 (Hercules Chemicals/Kommission); EuG, Urt. v. 17.12.1991 – T-9/89, ECLI:EU:T:1992:31 (Hüls/Kommission); EuGH, Urt. v. 8.7.1999 – C-49/92 P, ECLI:EU:C:1999:356 (Kommission/Anic Partecipazioni); EuGH, Urt. v. 8.7.1999 – C-51/92, ECLI:EU:C:1999:357 (Hercules Chemicals/Kommission); EuGH, Urt. v. 8.7.1999 – C-199/92, ECLI:EU:C:1999:358 (Hüls/Kommission); vgl. auch *Abenhaim*, World Competition 2016, 413, 415 ff.

33 Kommission v. 23.04.1986 – IV/31.149, ABl. 1986 L 230/1, Rn. 1 – Polypropylen.

auseinandergesetzt, obwohl bereits zuvor durch die Kommission Entscheidungen, die sich mit einer Zusammenfassung von Handlungen zu einem Gesamtverstoß beschäftigten, ergingen.[34] Es wurden sowohl die Voraussetzungen für das Abwenden von einem Kartell als auch Negativbeispiele, die der Anwendung der Rechtsfigur nicht schaden, wie etwa das gelegentliche Fernbleiben bei den Treffen, genannt.[35]

Im Rahmen des Anic-Verfahrens trug der Hersteller Anic vor, dass das Gericht[36] einem Rechtsirrtum unterlegen sei, als es annahm, dass durch die regelmäßige Teilnahme an den Sitzungen eine Zustimmung zu der wettbewerbswidrigen Vereinbarung behauptet werden könne. Das Gericht würde durch diese Annahme die Beweislast unzulässig umkehren.[37] Der EuGH schloss sich der Vorinstanz allerdings an. Das Gericht habe zu Recht angenommen, dass Anic der Beweis obliege, dass es den wettbewerbswidrigen Initiativen nicht zugestimmt habe, da die Kommission die Teilnahme an diesen Sitzungen nachgewiesen habe. Hieraus folge keine unzulässige Beweislastumkehr.[38] Daraus lässt sich die Vermutung zur Beteiligung an einem Kartell nach Teilnahme an einer Sitzung, bei der wettbewerbswidrige Inhalte besprochen werden, ableiten. Auch interessant an dieser Stelle ist, dass Generalanwalt Cosmas in seinen Schlussanträgen erklärt, dass nicht jede Teilnahme für eine Beteiligung spreche. Ob die Kommission also weitere Beweise einbringen müsse, sei fallabhängig.[39] „Die Teilnahme eines Unternehmers an einer einzigen Sitzung mit rechtswidrigem Zweck ist etwas anderes als die Teilnahme an einer Reihe rechtswidriger Sitzungen, die sich wie im vorliegenden Fall auf mehrere Jahre verteilen."[40] Bei dem Verfahren des Polypropylen-Herstellers Hercules Chemicals konnte der Entscheidung des EuG eine nähere Begründung entnommen werden, weshalb durch den Hersteller ein Beweis zur Widerlegung eingebracht werden muss. Insoweit würde den Wettbewerbern der

---

34 *Seifert*, Die einheitliche und fortgesetzte Zuwiderhandlung, S. 21 ff. m.w.N.

35 Kommission v. 23.04.1986 – IV/31.149, ABl. 1986 L 230/1, Rn. 83 ff. – Polypropylen.

36 EuG, Urt. v. 17.12.1991 – T-6/89, ECLI:EU:T:1991:74 (Anic Partecipazioni /Kommission).

37 EuGH, Urt. v. 8.7.1999 – C-49/92 P, ECLI:EU:C:1999:356, Rn. 93 f. (Kommission/Anic Partecipazioni).

38 EuGH, Urt. v. 8.7.1999 – C-49/92 P, ECLI:EU:C:1999:356, Rn. 96 (Kommission/Anic Partecipazioni).

39 GA *Cosmas*, Schlussanträge v. 15.07.1997 – C-49/92, ECLI:EU:C:1997:357, Rn. 55 f. (Kommission/Anic Partecipazioni).

40 GA *Cosmas*, Schlussanträge v. 15.07.1997 – C-49/92, ECLI:EU:C:1997:357, Rn. 55 (Kommission/Anic Partecipazioni).

Eindruck vermittelt, dass durch die Anwesenheit bei der Sitzung und dadurch, dass den Initiativen nicht widersprochen wurde, die besprochenen Informationen berücksichtigt und dadurch die Willensübereinstimmung auf der Sitzung gefördert werden.[41] Vor diesem Hintergrund ist daher auch die EuG Entscheidung zum Hersteller Hüls[42] maßgeblich. Dieser Hersteller wendete nämlich ein, dass er zum einen eine Politik der „Fehlinformation und Mentalreservation" führte und zum anderen als kleiner Hersteller dazu gezwungen war an den Sitzungen teilzunehmen. Ferner hätte er sich mit seiner eigenen Strategie so weit von den anderen (Sitzungs-) Teilnehmern entfernt, dass seine Teilnahme keine Beschränkung des Wettbewerbs zur Folge hatte.[43] Den Einwänden Hüls wurde damit entgegen getreten, dass das Unternehmen den anderen Wettbewerbern den Eindruck vermittelt habe, ebenfalls mit einer wettbewerbsfeindlichen Einstellung an der Sitzung teilzunehmen.[44] Außerdem könne auch dem Einwand nicht beigepflichtet werden, dass Hüls als kleiner Hersteller keine andere Möglichkeit gehabt habe, als den Sitzungen beizuwohnen, da als Handlungsalternative auch eine Anzeige möglich gewesen wäre.[45] Da die Einwände – mit Fehlinformation und Mentalreservation teilzunehmen – nicht ausreichten und schon der vermittelte Eindruck genügte, um von einer Beteiligung auszugehen, ist bereits in diesem Urteil ersichtlich, dass das Gericht nur einen Nachweis einer aktiven Handlung akzeptiert, um die Vermutung zu erschüttern. Insbesondere die Alternative, die im Rahmen des Verfahrens vorgeschlagen wurde, nämlich die Anzeige bei der Kommission, zeigt, dass ein bloßes Nichtstun den Anforderungen nicht genügen kann. Bei einer anderen Herstellerin, bei der das Urteil wenige Monate später durch den Gerichtshof verkündet wurde als in der Sache Anic, Hüls oder Hercules Chemicals,[46] wurde im Urteil deutlich gemacht, dass für die Widerlegung der Beteiligung ein Hinweis an die anderen Wettbewerber zu erfolgen hätte, mit dem Inhalt, dass sie mit einer an-

---

41 EuG, Urt. v. 17.12.1991 – T-7/89, ECLI:EU:T:1991:75, Rn. 232 (Hercules Chemicals/Kommission); siehe auch unter: EuG, Urt. v. 10.03.1992 – T-12/89, ECLI:EU:T:1992:34, Rn. 98 (Solvay/Kommission).

42 EuG, Urt. v. 17.12.1991 – T-9/89, ECLI:EU:T:1992:31 (Hüls/Kommission).

43 EuG, Urt. v. 17.12.1991 – T-9/89, ECLI:EU:T:1992:31, Rn. 108 (Hüls/Kommission).

44 EuG, Urt. v. 17.12.1991 – T-9/89, ECLI:EU:T:1992:31, Rn. 125 (Hüls/Kommission).

45 EuG, Urt. v. 17.12.1991 – T-9/89, ECLI:EU:T:1992:31, Rn. 123 (Hüls/Kommission).

46 EuG, Urt. v. 10.03.1992 – T-12/89, ECLI:EU:T:1992:34 (Solvay/Kommission).

deren Einstellung als diese an den Sitzungen teilnehme.[47] Auch andere Argumente konnten die Vermutung nicht entkräften, da der Vortrag der Beklagten nicht beinhaltete, dass sie die anderen Wettbewerber über eine andere Einstellung als die wettbewerbsfeindliche Teilnahme informiert hätte.[48] Zwar folgt der EuGH in Bezug auf das Anic-Verfahren insgesamt derselben Richtung wie die Urteile der Vorinstanz im Rahmen des Polypropylen-Kartells. Allerdings lag dem Urteil jedoch in dieser Deutlichkeit keine nähere Begründung zugrunde, weshalb es im konkreten Sachverhalt zu dieser Beweislastverteilung kommt, Es ist in der Entscheidung zudem auch nur in Ansätzen zu erkennen, welche Anforderungen genau an ein Unternehmen gestellt werden, um dessen Beteiligung an einem Kartell zu widerlegen. Dazu heißt es in dem Urteil „wer behaupte, sich von den Ergebnissen der abgesprochenen Aktionen abgesetzt zu haben, müsse diese Absetzung daher ausdrücklich nachweisen. Die eventuelle Nichtdurchführung der aufeinander abgestimmten Entscheidungen liege auf einer anderen Ebene und reiche für die Widerlegung einer solchen Beteiligung nicht aus.“[49] Jedenfalls wird auch hier deutlich, dass sogar das Nichtumsetzen der Abstimmung nicht für eine Widerlegung der Beteiligung ausreicht. Der EuGH erwartete ebenfalls ein aktives Element durch den Beteiligten Anic. Die Verfahren zum Polypropylen-Kartell stellen somit die Grundlage für die Lehre der „offenen Distanzierung“ dar. Die Entscheidungspraxis der Kommission und der Unionsgerichte setzt sich danach immer mehr mit den Anforderungen auseinander und konkretisiert, was zur Erfüllung des Distanzierungsbeweises – das „aktive Tun“ – ausreicht, aber auch, was gerade nicht ausreicht, um den Anforderungen zu genügen. Im Folgenden werden daher die wichtigsten Entscheidungen aufgeführt, die dazu beigetragen haben, dass die Lehre von der offenen Distanzierung genauso, wie sie derzeit verlangt wird, besteht.

---

47 EuG, Urt. v. 10.03.1992 – T-12/89, ECLI:EU:T:1992:34, Rn. 99 (Solvay/Kommission).

48 EuG, Urt. v. 10.03.1992 – T-12/89, ECLI:EU:T:1992:34, Rn. 100 (Solvay/Kommission).

49 EuGH, Urt. v. 8.7.1999 – C-49/92 P, ECLI:EU:C:1999:356, Rn. 95 (Kommission/Anic Partecipazioni).

b. Karton-Kartell

Im Rahmen des Karton-Kartells ging es um verschiedene Kartonhersteller sowie deren Tochtergesellschaften. Diese nahmen von Mitte 1986 bis 1991 an einer dauernden Beteiligung in Form von Vereinbarungen und abgestimmten Verhaltensweisen teil und trafen sich hierzu auf geheimen Sitzungen, um regelmäßig über Preiserhöhungen zu sprechen.[50] Folglich ging es hier um eine andauernde Zuwiderhandlung, so dass eine Distanzierung den Effekt gehabt hätte, eine zeitliche Einschränkung vorzunehmen. Ein Unternehmen wurde von seiner Mutter formell angewiesen, von jeglicher Tätigkeit Abstand zu nehmen. Tatsächlich nahm die Tochter zwar nicht mehr an den Sitzungen teil, entgegen der Anweisung nahm sie aber nicht komplett Abstand vom Kartell. Am 01. Januar 1991 entsprach der eingeführte Preis auf dem Markt genau dem Preis der Absprachen vom 06. September 1990. Die Kommission ging daher weiterhin von einer Kartellbeteiligung aus.[51] Damit wurde unmissverständlich deutlich, dass für eine erfolgreiche Distanzierung weder die Anweisung einer Muttergesellschaft, nicht mehr an einem Kartell teilzunehmen, noch das Fernbleiben von den Sitzungen den Anforderungen genügt. Vielmehr schloss die Kommission aus den gleichen Preisen, dass der Hersteller auch weiterhin Informationen zugespielt bekam.[52]

aa. Enso Española

Manche Unternehmen wandten ein, dass sie das auf der Sitzung Gesagte nicht umgesetzt hätten bzw. dass das tatsächliche Marktverhalten nicht der Absprache entsprochen habe.[53] So auch der Kartonhersteller Enso Española. Das Gericht entgegnete dem Einwand das Argument, dass die

---

50 Kommission v. 13.07.1994 – IV/C/33.833, ABl. 1994 Nr. L 243/1, Rn. 1 f. – Karton.

51 Kommission v. 13.07.1994 – IV/C/33.833, ABl. 1994 Nr. L 243/1, Rn. 163 – Karton.

52 Kommission v. 13.07.1994 – IV/C/33.833, ABl. 1994 Nr. L 243/1, Rn. 163 – Karton.

53 EuG, Urt. v. 14.05.1998 – T-348/94, ECLI:EU:T:1998:102, Rn. 189 (Enso Española/Kommission); siehe auch unter: EuG, Urt. v. 14.05.1998 – T-347/94, ECLI:EU:T:1998:101, Rn. 18 (Mayr-Melnhof Kommission); EuG, Urt. v. 14.05.1998 – T- 310/94, ECLI:EU:T:1998:92, Rn. 14 (Gruber + Weber/Kommission).

Preisabsprache nicht mit der Durchführung der Preiserhöhung verwechselt werden dürfe. Insoweit hätten solche Behauptungen keinen Einfluss darauf, die Vermutung, die von einer Beteiligung ausgehe, zu erschüttern. Die Behauptung könne allenfalls belegen, dass Enso Española sich auf dem Markt nicht so verhalten habe, wie es im Rahmen des Karton-Kartells abgesprochen gewesen sei.[54] Aus dieser Sicht erscheint es folgerichtig, dass für eine offene Distanzierung mehr verlangt wird, als nur ein anderes Verhalten auf dem Markt. Das Instrument soll nämlich den Zweck erfüllen, die Verantwortlichkeit (von Anfang an oder ab einem bestimmten Zeitpunkt) von sich abzuwenden, so dass der Tatbestand ausgeräumt wird. Des Weiteren wendet das Gericht ein, dass ein unabhängiges Verhalten auf dem Markt nur dafür sprechen könne, dass das Unternehmen das Kartell zu seinem Vorteil ausnutzen möchte.[55] Das Unternehmen müsse für eine erfolgreiche Distanzierung vortragen, dass es sich offen von den Beschlüssen, welche auf der Sitzung über die Preiserhöhungen gefasst wurden, distanziert habe.[56]

bb. Sarrió

Im Verfahren gegen Sarrió hat sich Generalanwalt *Mischo* mit der Frage auseinandergesetzt, ob aufgrund einer fehlenden offenen Distanzierung bei einer Sitzung mit wettbewerbswidrigen Inhalten tatsächlich darauf geschlossen werden könne, dass das Unternehmen auch dann am Kartell beteiligt sei. Generalanwalt *Mischo* erklärt, dass die Teilnahme an solch einem Treffen den Willen mitzuwirken widerspiegele.[57] Zudem würde es die Ahndungen von Kartellen erschweren, wenn es ihnen erlaubt wäre an solchen Treffen ohne Bedenken teilzunehmen. Es habe nichts mit einem Literaturkreis gemein, wenn sich Führungskräfte treffen, um sich zum Beispiel über Preise zu unterhalten.[58] An der Aussage *Mischos* ist erkenn-

---

54 EuG, Urt. v. 14.05.1998 – T-348/94, ECLI:EU:T:1998:102, Rn. 190 (Enso Española/Kommission).

55 EuG, Urt. v. 14.05.1998 – T-348/94, ECLI:EU:T:1998:102, Rn. 306 (Enso Española/Kommission).

56 EuG, Urt. v. 14.05.1998 – T-348/94, ECLI:EU:T:1998:102, Rn. 309 (Enso Española/Kommission).

57 GA *Mischo* Schlussantrag v. 18.05.2000 – C-291/98, ECLI:EU:C:2000:265, Rn. 45 (Sarrió/Kommission).

58 GA *Mischo*, Schlussantrag v. 18.05.2000 – C-291/98, ECLI:EU:C:2000:265, Rn. 45 (Sarrió/Kommission).

bar, welcher Maßstab im Vorfeld für die offene Distanzierung vorausgesetzt wird. Treffen sich Führungskräfte oder andere Unternehmer, die in einem Konkurrenzverhältnis stehen, und sind sie dazu bereit, auf dem Treffen Informationen auszutauschen, dann ist bereits eine hohe Schwelle überschritten und den Teilnehmern das Risiko unzweifelhaft bewusst; aus diesen Gründen sei auch der Einwand hinfällig, dass die Lehre von der offenen Distanzierung praktisch unmöglich sei, wenn sich das Unternehmen selbst in diese Lage versetzt.[59] Sollte es dagegen dazu kommen, dass ein Teilnehmer erst auf der Sitzung bemerkt, dass diese kartellrechtswidrigen Zwecken dient, dann solle laut *Mischo* trotzdem die Möglichkeit bestehen, sich von dem Kartell zu distanzieren, indem die Sitzung mit dem Hinweis verlassen wird, „in eine Falle“ gelockt worden zu sein.[60] Insoweit verlangt er eine offenkundige Distanzierung in Form einer Äußerung. Protest in Form des bloßen Verlassens der Sitzung genügt somit auch dann nicht den Anforderungen, wenn der Unternehmensvertreter erst später erkennt, welchen Zweck die Sitzung hatte. Dem Urteil des EuGH ist wiederholt zu entnehmen, dass die bloße Nichtumsetzung der Absprache nicht ausreicht, um der Lehre von der offenen Distanzierung gerecht zu werden. Das hängt damit zusammen, dass schon die bloße Teilnahme an den Sitzungen zur Folge hat, dass das Kartell als solches gestärkt werde.[61]

c. Rechtssache Tréfileurope Sales SARL

Tréfileurope ist ein Betonstahlmattenhersteller. Die Kommission warf Tréfileurope sowie anderen Herstellern (insgesamt vierzehn Unternehmen) vor, dass auf dem französischen, dem deutschen und dem Benelux-Markt unzulässige Absprachen und Praktiken stattfanden, so dass wegen Verstoßes gegen Art. 101 Abs. 1 AEUV (früher Art. 85 Abs. 1 des EWG-Vertrages) Bußgelder verhängt wurden.[62] Tréfileurope räumte im Verfahren vor dem EuG ein, dass sie zwar an allen Sitzungen teilgenommen, aber an einer Vereinbarung kein Interesse gehabt habe und sich auch nicht immer aktiv

59 GA *Mischo*, Schlussantrag v. 18.05.2000 – C-291/98, ECLI:EU:C:2000:265, Rn. 46 (Sarrió/Kommission).
60 GA *Mischo*, Schlussantrag v. 18.05.2000 – C-291/98, ECLI:EU:C:2000:265, Rn. 45 (Sarrió/Kommission).
61 EuGH, Urt. v. 16.11.00 – C-291/98 P, ECLI:EU:C:2000:631, Rn. 50 (Sarrió/Kommission).
62 Kommission v. 02.08.1989 – IV/31.553, Nr. L260/1 – Betonstahlmatten.

beteiligt habe.[63] Die Tatsache, dass die Betonmattenherstellerin nur teilgenommen hat, löst gleichwohl das Erfordernis einer offenen Distanzierung aus; eine aktive Beteiligung ist nicht notwendig, da selbst bei einem passiven Verhalten die Mitstreiter davon ausgehen, dass der Inhalt gebilligt wird.[64] Im konkreten Fall warf die Kommission ein, dass es keinen anderen Grund geben könne, weshalb die Klägerin viele Jahre teilnehme, ohne tatsächlich von den Absprachen betroffen gewesen zu sein.[65] Eine passive Teilnahme an wettbewerbswidrigen Sitzungen rechtfertigt somit die Annahme einer Beteiligung und löst das Erfordernis einer offenen Distanzierung aus.

d. Zitronensäurekartell

Beim Zitronensäurekartell haben sich Zitronensäurehersteller zusammengeschlossen, um im Gebiet des EWR an fortgesetzten Kartellabsprachen und/oder an aufeinander abgestimmten Verhaltensweisen teilzunehmen. Die Verstöße beinhalteten u.a. Absprachen über Preise sowie die Festsetzung von Marktanteilsquoten.[66] Zwei der Hersteller behaupteten, dass sie sogenannte „Trittbrettfahrer“ seien. Eines der Unternehmen sei hierzu immer unterhalb des vereinbarten Preises geblieben und habe sich somit geweigert den Plan einzuhalten. Das andere Unternehmen trug vor, dass es sich 1994 offen distanziert habe und ebenfalls Preise unterhalb der Vereinbarung angeboten habe. Zudem habe es nie die vereinbarten Marktanteile beachtet und an der Beendigung des Kartells mitgewirkt.[67] Auch hier wurde durch die Kommission nochmal auf die Rechtsprechung des EuG mit dem Hinweis verwiesen, dass lediglich eine Abkehr von dem Abgesprochenen nicht ausreicht.[68] Ein Kartellbetrug kann andere Motive

---

63 EuG, Urt. v. 06.04.1995 – T-141/89, ECLI:EU:T:1995:62, Rn. 80 (Tréfileurope/Kommission).

64 EuG, Urt. v. 06.04.1995 – T-141/89, ECLI:EU:T:1995:62, Rn. 85, 158 (Tréfileurope/Kommission).

65 EuG, Urt. v. 06.04.1995 – T-141/89, ECLI:EU:T:1995:62, Rn. 81 (Tréfileurope/Kommission).

66 Kommission v. 05.12.2001 – COMP/E-1/36.604, ABl. 2002 L 239/18, Rn. 2 – Zitronensäure.

67 Kommission v. 05.12.2001 – COMP/E-1/36.604, ABl. 2002 L 239/18, Rn. 217 – Zitronensäure.

68 Kommission v. 05.12.2001 – COMP/E-1/36.604, ABl. 2002 L 239/18, Rn. 218 – Zitronensäure.

haben. Dies widerlegt nicht, dass der Betroffene nicht dennoch beteiligt war. Außerdem ist dadurch nicht sichergestellt, dass das Unternehmen nicht bei anderen Absprachen wieder mitzieht. Den Wettbewerbern ist ohne eine offene Distanzierung nicht klar, mit welcher Motivation das jeweilige Unternehmen eine andere Strategie am Markt verfolgt.

e. Adriatica di Navigazione SpA (Adriatica)

In der Rechtssache Adriatica gegen die Kommission wurde sich intensiv mit der Rechtsfigur der offenen Distanzierung auseinandergesetzt. Die Kommissionsentscheidung zu dem Fall betraf griechische und italienische Schifffahrtsgesellschaften, welche für den Roll-on-roll-off-Fährschiffverkehr zwischen Griechenland und Italien Preise absprachen.[69] Adriatica ist eine dieser Schifffahrtsgesellschaften. Adriatica machte geltend, dass sie in einem Schreiben ihrem Vertreter mitgeteilt habe, dass er sich nicht an Absprachen mit den anderen Schifffahrtsgesellschaften beteiligen solle. Zudem habe sie diese Information dem Organisator der Treffen zukommen lassen, damit dieser darüber Bescheid wisse und dies auch den anderen Teilnehmern der Treffen mitteile.[70] Die Klägerin Adriatica verlangte im Rahmen des Prozesses eine Präzisierung des Begriffes „offene Distanzierung“, da der Nachweis ihres Erachtens unmöglich sei.[71] „ In einem Kontext, in dem das Fehlen von Protokollen (…) die Regel sei, verlange das Kriterium der Distanzierung keine schriftliche Erklärung an die Konkurrenten. Sollte das Gericht es nicht für ausreichend halten, wenn so klar Position bezogen werde, wäre daraus zu schließen, dass das Erfordernis der Distanzierung (…) [nicht] für die Beurteilung der Glaubwürdigkeit (…), sondern als solches bereits Bestandteil des Vorwurfs der Zuwiderhandlung [sei] (…).“[72] Dem internen Schreiben lies die Kommission kaum Beweiskraft zukommen, da es laut ihrer Aussage sonst zu einfach wäre, sich von Vereinbarungen loszusagen und ein bloßer Anruf genüge nicht, um nach

---

69 Kommission v. 09.12.1998 – IV/34.466, ABl. 1999 L 109/24, Rn. 1,3 – Griechische Fährschiffe.

70 EuG, Urt. v. 11.12.2003 – T-61/99, ECLI:EU:T:2003:335, Rn. 132 (Adriatica di Navigazione/Kommission).

71 EuG, Urt. v. 11.12.2003 – T-61/99, ECLI:EU:T:2003:335, Rn. 133 (Adriatica di Navigazione/Kommission).

72 EuG, Urt. v. 11.12.2003 – T-61/99, ECLI:EU:T:2003:335, Rn. 133 (Adriatica di Navigazione/Kommission).

außen erkennbar einen solchen Willen kundzutun.[73] Für das Erfordernis einer Distanzierung hätte das interne Schreiben publik gemacht werden müssen.[74] Es habe eine enge Auslegung des Begriffes der offenen Distanzierung zu erfolgen.[75] Entgegen der Ansicht der Klägerin ist das Gericht nicht der Meinung, dass es unmöglich sei, sich offen zu distanzieren. Es müsse den anderen nur hinreichend und entschlossen deutlich gemacht werden, mit den Inhalten nicht einverstanden zu sein. Dabei seien die Behauptungen der Wettbewerber nicht maßgeblich, sondern der Nachweise darüber, dass das sich distanzierende Unternehmen seine fehlende Zustimmung den anderen Kartellanten bekannt gemacht habe.[76]

Aus diesem Urteil ist ersichtlich, dass eine wichtige Komponente der offenen Distanzierung die Äußerung gegenüber den anderen Wettbewerbern ist und dass ein strenger Maßstab für die Auslegung verlangt wird. Vor dem Hintergrund der anderen Entscheidungen, die selbst einen Kartellbetrug alleine nicht gelten lassen, um sich von einem Kartell abzukehren, ist diese Beurteilung nicht verwunderlich. Einem Unternehmen wird durch die offene Distanzierung ein Instrument gegeben, um sich seiner kartellrechtlichen Verantwortlichkeit zu entziehen. Dabei soll sichergestellt werden, dass den anderen Kartellanten hinreichend zu verstehen gegeben wurde, dass das Unternehmen sich vom Kartell distanziert, um keine andere Auslegungsmöglichkeit zuzulassen und das Kartell in Gänze zu schwächen.

f. Zement-Kartell

Die Zement-Entscheidung[77] der Kommission betraf Unternehmen und Unternehmensvereinigungen, die auf dem Weißzementmarkt und auf dem Grauzementmarkt tätig waren und bei denen kartellrechtswidrige Absprachen festgestellt wurden. So wurde bezüglich des Grauzementmarktes eine Vereinbarung getroffen, die den Eintritt von Wettbewerbern auf

73 EuG, Urt. v. 11.12.2003 – T-61/99, ECLI:EU:T:2003:335, Rn. 134 (Adriatica di Navigazione/Kommission).

74 EuG, Urt. v. 11.12.2003 – T-61/99, ECLI:EU:T:2003:335, Rn. 136 (Adriatica di Navigazione/Kommission).

75 EuG, Urt. v. 11.12.2003 – T-61/99, ECLI:EU:T:2003:335, Rn. 135 (Adriatica di Navigazione/Kommission).

76 EuG, Urt. v. 11.12.2003 – T-61/99, ECLI:EU:T:2003:335, Rn. 135 (Adriatica di Navigazione/Kommission).

77 Kommission v. 13.10.1994 – IV/33.126 und 33.322, Abl. 1994 L 343/1 – Zement.

dem Inlandsmarkt vermeiden sollte und die Reglementierung der grenzüberschreitenden Zementlieferungen vorgesehen hatte.[78] Es handelte sich um eine einheitliche und fortgesetzte Zuwiderhandlung, die sowohl Vereinbarungen als auch abgestimmte Verhaltensweisen beinhaltete.[79]

aa. Heracles und Titan (griechische Hersteller)

Der EuG hatte die Beteiligung an der abgestimmten Verhaltensweise (nach 1986) in Bezug auf die griechischen Hersteller zu beurteilen. Heracles und Titan beriefen sich auf einen Anstieg des Exporthandels[80], wodurch sie sich konträr zu der Vereinbarung verhalten hätten. Während es grundsätzlich unschädlich für die Erfüllung der offenen Distanzierung ist eine andere Strategie am Markt zu verfolgen als ursprünglich vereinbart wurde,[81] verhielt es sich im vorliegenden Fall anders. Die Konkurrenten verstanden dieses Verhalten als Distanzierungshandlung und gingen davon aus, dass sich die griechischen Hersteller der Vereinbarung entziehen wollten. In einer Erklärung hieß es, dass davon ausgegangen würde, dass die griechischen Hersteller auf dem britischen Markt bleiben wollen und sie der Respektierung der Inlandsmärkte also nicht zustimmten.[82] Wenngleich sogar die Teilnahme der griechischen Hersteller an der Sitzung, bei der es um die angefochtene Entscheidung ging, festgestellt werden konnte, so kam das Gericht zu dem Ergebnis, dass aus Sicht der anderen Kartellanten

---

78 EuG, Urt. v. 15.3.2000 – Verb. Rs. T-25/95,T-26/95,T-30/95 bis T-32/95,T-34/95 bis T-39/95,T-42/95 bis T-46/95,T-48/95,T-50/95 bis T-65/95,T-68/95 bis T-71/95,T-87/95,T-88/95,T-103/95 und T-104/95, ECLI:EU:T:2000:7, Rn. 12 (Cimentries CBR u.a./Kommission).

79 EuG, Urt. v. 15.3.2000 – Verb. Rs. T-25/95,T-26/95,T-30/95 bis T-32/95,T-34/95 bis T-39/95,T-42/95 bis T-46/95,T-48/95,T-50/95 bis T-65/95,T-68/95 bis T-71/95,T-87/95,T-88/95,T-103/95 und T-104/95, ECLI:EU:T:2000:77, Rn. 13 (Cimentries CBR u.a./Kommission).

80 EuG, Urt. v. 15.3.2000 – Verb. Rs. T-25/95,T-26/95,T-30/95bisT-32/95,T-34/95 bis T-39/95,T-42/95 bis T-46/95,T-48/95,T-50/95 bis T-65/95,T-68/95 bis T-71/95,T-87/95,T-88/95,T-103/95 und T-104/95, ECLI:EU:T:2000:77, Rn. 3952 (Cimentries CBR u.a./Kommission).

81 Siehe zum Beispiel unter: EuGH, Urt. v. 16.11.00 – C-291/98, ECLI:EU:C:2000:631, Rn. 50 (Sarrió/Kommission).

82 EuG, Urt. v. 15.3.2000 – Verb. Rs. T-25/95,T-26/95,T-30/95 bis T-32/95,T-34/95 bis T-39/95,T-42/95 bis T-46/95,T-48/95,T-50/95 bis T-65/95,T-68/95 bis T-71/95,T-87/95,T-88/95,T-103/95 und T-104/95, ECLI:EU:T:2000:77, Rn. 3956, 3959 (Cimentries CBR u.a./Kommission).

die Griechen nicht die gleichen Ziele verfolgten, vielmehr sogar unter Druck gesetzt werden sollten, da sie zur Besorgnis der anderen Teilnehmer beitrugen und somit nicht an der Zuwiderhandlung beteiligt waren.[83]

Das Urteil stellt eines der wenigen Urteile dar, in dem eine erfolgreiche Distanzierung angenommen wurde. Auffällig ist hier, dass nicht die typischen Merkmale diskutiert und gefordert wurden, namentlich ein klares und hinreichendes Äußern gegenüber den Mitbewerbern, dass an der Sitzung mit einer anderen Zielrichtung teilgenommen wird. Vielmehr hat es sogar ausgereicht, dass sich die griechischen Hersteller entgegen der Vereinbarung verhalten haben. Der Unterschied liegt darin, dass aus den Erklärungen und internen Vermerken eindeutig hervor ging, dass alle am Kartell Beteiligten dieses Verhalten nicht anders verstehen konnten als eine Distanzierung vom Kartell und damit als Nichtzustimmung zur Vereinbarung auf der Sitzung. Das wichtigste Element der offenen Distanzierung wird damit deutlich. Maßgeblich ist der Empfängerhorizont der anderen Wettbewerber. Da aus ihrer Sicht kein anderer Schluss gezogen werden konnte, musste das Gericht die Distanzierung anerkennen. Zu den zuvor ergangenen Entscheidungen, die auf die Voraussetzungen der offenen Distanzierung beharrten und eine Nichtumsetzung der Inhalte noch als Distanzierungshandlung verneinten, kann der Unterschied nur darin liegen, dass der Beurteilungsspielraum für diese Handlung aus Sicht der Konkurrenten noch zu groß war. Die Nichtumsetzung der Inhalte war nicht mit Sicherheit so zu verstehen, dass eine Nichtzustimmung oder eine gänzliche Abkehr von der Zuwiderhandlung gemeint waren. Insoweit ist stets entscheidend, ob die anderen Wettbewerber eine Handlung als Distanzierung vom Kartell verstehen durften oder nicht.

bb. Aalborg Portland A/S (Aalborg)

Ein weiterer Beteiligter beim Zementkartell war das dänische Unternehmen Aalborg Portland A/S. Im Rechtsmittelverfahren gegen das erstinstanzliche Urteil hat sich der EuGH auch näher zu dem Kriterium der

83 EuG, Urt. v. 15.3.2000 – Verb. Rs. T-25/95,T-26/95,T-30/95 bis T-32/95,T-34/95 bis T-39/95,T-42/95 bis T-46/95,T-48/95,T-50/95 bis T-65/95,T-68/95 bis T-71/95,T-87/95,T-88/95,T-103/95 und T-104/95, ECLI:EU:T:2000:77, Rn. 3962 ff. (Cimentries CBR u.a./Kommission).

offenen Distanzierung geäußert.[84] Zunächst verwies der EuGH nochmal auf die Rechtsprechung zur Lehre von der offenen Distanzierung und erklärte, dass die Teilnahme an einer wettbewerbswidrigen Sitzung ausreiche, um die Beteiligung an einem Kartell zu beweisen und es dann dem Unternehmen obliege, Indizien vorzutragen, die darauf schließen ließen, dass der Betroffene darauf hingewiesen habe, dass dieser mit einer anderen Zielsetzung teilnehme; und dass dies erforderlich sei, da sonst der Eindruck erweckt würde, dass den Inhalten zugestimmt und sich daran gehalten würde.[85] Das Gericht führt darüber hinaus an, dass dieser Rechtsgrundsatz auch für einheitliche Vereinbarungen gelte. Zudem würde eine stillschweigende Billigung die Fortsetzung des Kartells begünstigen und die Entdeckung des Kartells erschweren. Es handele sich um eine passive Form der Beteiligung, so dass auch die Verantwortlichkeit i.S.d. Kartellverbotes ausgelöst werden könne.[86]

Im Anschluss lassen sich dem Urteil Negativbeispiele entnehmen, die nicht ausreichen, um dem Kriterium zu entsprechen. So sei eine Nichtumsetzung der Regelung unschädlich,[87] ferner sei es irrelevant, wenn ein Unternehmen nur eine untergeordnete Rolle spiele und zuletzt sei es ebenfalls irrelevant, wenn ein Unternehmen nicht an allen Tatbestandsmerkmalen eines Kartells beteiligt (gewesen) sei.[88]

Die Teilnahme an einem Kartell wird hier in dem Urteil als passive Beteiligung bezeichnet. Der EuGH nimmt damit im Gegensatz zu der bisherigen Rechtsprechung eine materielle Begründung vor. Zusammengefasst liege in der Teilnahme, ohne sich zu distanzieren, eine passive Beteiligung vor und diese solle damit einen Verstoß gegen Art. 101 Abs. 1 AEUV (frü-

---

84 EuGH, Urt. v. 07.01.2004 – verb. Rs. C-204/00 P, C-205/00 P, C-211/00 P, C-213/00 P, C-217/00P und C-219/00 P, ECLI:EU:C:2004:6, Rn. 81 ff. (Aalborg Portland/Kommission).

85 EuGH, Urt. v. 07.01.2004 – verb. Rs. C-204/00 P, C-205/00 P, C-211/00 P, C-213/00 P, C-217/00P und C-219/00 P, ECLI:EU:C:2004:6, Rn. 81, 82 (Aalborg Portland/Kommission) m.w.N.

86 EuGH, Urt. v. 07.01.2004 – verb. Rs. C-204/00 P, C-205/00 P, C-211/00 P, C-213/00 P, C-217/00P und C-219/00 P, ECLI:EU:C:2004:6, Rn. 84 (Aalborg Portland/Kommission).

87 EuGH, Urt. v. 07.01.2004 – verb. Rs. C-204/00 P, C-205/00 P, C-211/00 P, C-213/00 P, C-217/00P und C-219/00 P, ECLI:EU:C:2004:6, Rn. 84 (Aalborg Portland/Kommission); EuGH, Urt. v. 16.11.00 – C-291/98 P, ECLI:EU:C:2000:631, Rn. 50 (Sarrió/Kommission).

88 EuGH, Urt. v. 07.01.2004 – verb. Rs. C-204/00 P, C-205/00 P, C-211/00 P, C-213/00 P, C-217/00P und C-219/00 P, ECLI:EU:C:2004:6, Rn. 86 (Aalborg Portland/Kommission).

her Artikel 85 EG-Vertrag) begründen. Die Fragen, die damit einhergehen, sind zum einen unter welches Tatbestandsmerkmal die passive Beteiligung zu fassen ist, d.h. ob sie überhaupt im Kartellverbot zu lesen ist und zum anderen auf welcher Grundlage dann die offene Distanzierung beruht, wenn es einen materiellen Ansatz für den entwickelten Rechtsgrundsatz gibt. Jedenfalls ist an dieser Stelle erkennbar, dass die offene Distanzierung zwei Komponenten besitzt. Sie hat sowohl materielle als auch verfahrensrechtliche Bedeutung.

g. Dansk Rørindustri

Die Klage vor dem EuGH, die das Unternehmen Dansk Rørindustri betraf[89], lag einer Bußgeldentscheidung der Kommission zugrunde, in der Unternehmen, die Fernwärmerohre produzieren und vermarkten, sich zu einem Kartell zusammengeschlossen hatten, um für Dänemark (als Inlandsmarkt) und das Ausland diverse Absprachen, wie zum Beispiel die Aufteilung der Märkte über ein Quotensystem oder Preisabsprachen, zu treffen.[90] Dansk Rørindustri bemängelte im erstinstanzlichen Urteil gegen die Kommissionsentscheidung, dass das Gericht ihre Position nicht berücksichtigt habe. Sie ist der Ansicht, dass eine andere Beurteilung erfolgen müsse, sofern es um wirtschaftlich schwächer positionierte Unternehmen gehe, da diese unter Druck gesetzt würden und es weitaus schwieriger sei, sich gegenüber den anderen Kartellanten zu distanzieren. An dieser Stelle solle kein Verstoß angenommen werden, wenn eine offene Distanzierung unterbleibe, die Inhalte jedoch trotzdem nicht umgesetzt würden.[91] Generalanwalt Tizzio wendet dagegen zu Recht ein, dass entgegen den Grundsätzen des Wettbewerbsrechts und konkret des Art. 101 Abs. 1 AEUV (früher Art. 81 EG) gehandelt würde, wenn die Gerichte einen Unterschied bei den Unternehmen nach „ihrer wirtschaftlichen Stellung und Funktion“ vornehmen würden oder die Position des Unterneh-

89 EuGH, Urt. v. 28.06.2005 – verb. Rs. C-189/02 P, C-202/02 P, C-205/02 P bis C-208/02 P und C-213/02 P, ECLI:EU:C:2004:415 (Dansk Rørindustri u.a./Kommission).

90 Kommission v. 21.10.1998 – IV/35.691/E-4, ABl. 1999 L 24/1, Rn. 2 – Fernwärmetechnik-Kartell.

91 EuGH, Urt. v. 28.06.2005 – verb. Rs. C-189/02 P, C-202/02 P, C-205/02 P bis C-208/02 P und C-213/02 P, ECLI:EU:C:2004:415, Rn. 136 (Dansk Rørindustri u.a./Kommission).

mens auf dem Markt berücksichtigten[92]. Zudem wird dieser Aspekt auf der Bußgeldebene berücksichtigt.[93] Mit Hinblick auf den Unternehmensbegriff, dass „jede eine wirtschaftliche Tätigkeit ausübende Einrichtung unabhängig von ihrer Rechtsform und der Art ihrer Finanzierung (...)" umfasst,[94] kann dies auch nur folgerichtig sein. Eine Einschränkung wäre dahingehend auch kaum denkbar, da dann überlegt werden müsse, an welchen Faktoren dies genau gemessen werden könne. Es müsse sich überlegt werden, ob dies generell für den Markt gelten solle, der abgegrenzt werde oder ob es im Verhältnis zu den Unternehmen betrachtet werden solle, welche die wettbewerbswidrige Absprache vornehmen möchten, usw. Der EuGH bestätigt insoweit das Urteil des EuG und die Wertungen durch die Kommission.[95] Ferner sagte der EuGH, dass es für die Verantwortlichkeit auch unschädlich sei, wenn entgegen der Absprache das Unternehmen nicht in der Lage sei, die Absprache (hier eine Boykottmaßnahme) umzusetzen.[96] Diese Bewertung kann aus Sicht der Rechtsprechung nur folgerichtig sein, da es keinen Unterschied machen kann, ob das Unternehmen die Maßnahme nicht umsetzen wolle oder es nicht in der Lage ist die Maßnahme durchzuführen, nachdem es an der wettbewerbswidrigen Sitzung teilgenommen hat ohne sich offen zu distanzieren.

h. Westfalen Gassen Nederland BV (Westfalen Gassen)

Auf dem Markt für Industriegase und medizinische Gase haben nach Angaben der Kommission Absprachen in Form von fortdauernden Vereinbarungen und/oder abgestimmten Verhaltensweisen in den Niederlanden

---

92 GA *Tizzio*, Schlussantrag v. 08.04.2004 – verb. Rs. C-189/02 P, C-202/02 P, C-205/02 P bis C-208/02 P und C-213/02 P, ECLI:EU:C:2004:415, Rn. 184 (Dansk Rørindustri u.a./Kommission).

93 GA *Tizzio* Schlussantrag, v. 08.04.2004 – verb. Rs. C-189/02 P, C-202/02 P, C-205/02 P bis C-208/02 P und C-213/02 P, ECLI:EU:C:2004:415, Rn. 186 (Dansk Rørindustri u.a./Kommission).

94 EuGH, Urt. v. 14.03.2019 – C-724/17, ECLI:EU:C:2019:204, Rn. 36 f. (Vantaan kaupunki/Skanska Industrial u.a.); EuGH Urt. v. 27. 04.2017 – C-516/15 P, EU:C:2017:314, Rn. 48 (Akzo Nobel u. a./Kommission).

95 EuGH, Urt. v. 28.06.2005 – verb. Rs. C-189/02 P, C-202/02 P, C-205/02 P bis C-208/02 P und C-213/02 P, ECLI:EU:C:2004:415, Rn. 150 (Dansk Rørindustri u.a./Kommission).

96 EuGH Urt. v. 28.06.2005 – verb. Rs. C-189/02 P, C-202/02 P, C-205/02 P bis C-208/02 P und C-213/02 P, ECLI:EU:C:2004:415, Rn. 146 (Dansk Rørindustri u.a./Kommission).

stattgefunden. Es ging um die Festsetzung von Preiserhöhungen, Moratorien sowie Mindestpreisen.[97] Westfalen Gassen ist eines der Unternehmen, die im Zuge dessen von einer Bußgeldentscheidung betroffen waren. Im Verfahren gegen die Kommissionsentscheidung wandte Westfalen Gassen hinsichtlich der Preiserhöhungen ein, dass sie sich bei jedem Treffen geweigert habe darüber zu sprechen, ob eine Preiserhöhung ihrerseits stattfinden werde und sich auch sonst nicht zu einer Höhe geäußert habe, weil die Preise für das Jahr noch nicht festgelegt werden konnten, da die Muttergesellschaft dazu hinzugezogen werden musste.[98] Zudem habe sie erklärt, dass sie zwar grundsätzlich kein Problem mit Preissteigerungen habe, gleichwohl ein Kartell nicht befürworte und dass sie ihre Marktpolitik autonom bestimmen würde, um Druck auf die Preise auszuüben.[99] Sie habe somit keine Auskunft über ihr zukünftiges Marktverhalten gegeben und die anderen im Zweifel darüber gelassen.[100] Hinsichtlich der Moratorien habe sich die Klägerin zwar geäußert, sie habe dies jedoch nur getan, um klarzustellen, dass sie sich der Maßnahme widersetze. Kleinere Wirtschaftsteilnehmer hätten sie in der Aussage unterstützt.[101] Dem Urteil ist auch zu entnehmen, dass der Kommission Informationen vorlagen, welche die Erwartungen der anderen Teilnehmer gegenüber Westfalen Gassen enthielten. Die Klägerin wandte hierzu jedoch ein, dass es nur Erwartungen seien und dies nicht widersprüchlich zu ihren Aussagen zum tatsächlichen Ablauf sei.[102] Die Festsetzung von Mindestpreisen könne durch Westfalen Gassen schon deshalb nicht stattgefunden haben, da sie bei den etwaigen Treffen nicht anwesend gewesen sei. Der Besitz der Mindestpreisliste beweise keine Beteiligung an einer Vereinbarung, ihr wurde die Liste nach dem Treffen bloß überreicht.[103] Insgesamt wertete das Unternehmen das eigene Verhalten als offene Distanzierung, insbe-

97 Kommission v. 24. Juli 2002 – COMP/E-3/36.700, ABl. 2003 L 84/1, Rn. 2 – Industriegase und medizinische Gase.

98 EuG, Urt. v. 05.12.2006 – T-303/02, ECLI:EU:T:2006:374, Rn. 41 (Westfalen Gassen/Kommission).

99 EuG, Urt. v. 05.12.2006 – T-303/02, ECLI:EU:T:2006:374, Rn. 41 (Westfalen Gassen/Kommission).

100 EuG, Urt. v. 05.12.2006 – T-303/02, ECLI:EU:T:2006:374, Rn. 42 (Westfalen Gassen/Kommission).

101 EuG, Urt. v. 05.12.2006 – T-303/02, ECLI:EU:T:2006:374, Rn. 53 (Westfalen Gassen/Kommission).

102 EuG, Urt. v. 05.12.2006 – T-303/02, ECLI:EU:T:2006:374, Rn. 54 (Westfalen Gassen/Kommission).

103 EuG, Urt. v. 05.12.2006 – T-303/02, ECLI:EU:T:2006:374, Rn. 56 f. (Westfalen Gassen/Kommission).

sondere das Widersetzen auf den Treffen, die die Preiserhöhungen zum Gegenstand hatten. Zwangsläufig müsse es dann auch zu Diskussionen kommen.[104]

Das Gericht sah dies allerdings anders. Zum einen lässt sich der Begründung entnehmen, dass hinsichtlich der Aussagen von Westfalen Gassen und dessen Vertreter widersprüchliche Aussagen existieren.[105] Zum anderen habe sie sich entgegen ihrer eigenen Auffassung nicht eindeutig distanziert, denn ihr Verhalten, welches vom Gericht als „vage eingestuftes Gebaren" benannt wird, komme einer stillschweigenden Billigung gleich und ist damit durch die Rechtsprechung als passive Beteiligung i.S.d. Kartellverbotes zu qualifizieren.[106] Auch die Behauptung, die Distanzierung wäre mit Rücksicht auf ihre Position als junger und dynamischer Wirtschaftsteilnehmer plausibel, genüge den Anforderungen einer Widerlegung nicht.[107] Des Weiteren würde selbst eine nachgewiesene Distanzierung auf einem Treffen hinfällig, sobald das Unternehmen an weiteren Sitzungen teilnehme, bei denen es keine Distanzierung nachweisen könne.[108] Hätte es sich tatsächlich distanzieren wollen, dann wäre es aus Sicht des Gerichts kein Problem für sie gewesen, den anderen dies nach der Sitzung schriftlich mitzuteilen, wobei es hierauf nicht ankomme.[109] Das Urteil ist dahingehend interessant, dass die Klägerin im Rechtsmittelverfahren viele Einwände hatte und sogar behauptete, auf einer Sitzung protestiert zu haben und die (vermeintlich) offene Distanzierung am Ende gleichwohl keinen Erfolg versprach. Eine wichtige Erkenntnis aus dem Urteil ist, dass die Distanzierung mit den Elementen „offen und unzweideutig" verknüpft ist. Es soll aus Sicht der anderen Kartellanten kein Zweifel übrigbleiben, ob das distanzierende Unternehmen beteiligt sein möchte oder nicht. Es darf keinerlei andere Auslegungsmöglichkeit verbleiben. Im vorliegenden Fall ist das Verhalten von Westfalen Gassen widersprüchlich. Wenn sie sich

---

104 EuG, Urt. v. 05.12.2006 – T-303/02, ECLI:EU:T:2006:374, Rn. 59, 78 (Westfalen Gassen/Kommission).

105 EuG, Urt. v. 05.12.2006 – T-303/02, ECLI:EU:T:2006:374, Rn. 80 ff. (Westfalen Gassen/Kommission).

106 EuG, Urt. v. 05.12.2006 – T-303/02, ECLI:EU:T:2006:374, Rn. 80 ff. (Westfalen Gassen/Kommission).

107 EuG, Urt. v. 05.12.2006 – T-303/02, ECLI:EU:T:2006:374, Rn. 96 (Westfalen Gassen/Kommission).

108 EuG, Urt. v. 05.12.2006 – T-303/02, ECLI:EU:T:2006:374, Rn. 101 f. (Westfalen Gassen/Kommission).

109 EuG, Urt. v. 05.12.2006 – T-303/02, ECLI:EU:T:2006:374, Rn. 103 (Westfalen Gassen/Kommission).

tatsächlich hätte distanzieren wollen, dann hätte sie die Teilnahme an weiteren Treffen unverzüglich eingestellt. Dies ist ein weiterer Grund, welcher das Gericht dazu veranlasst hatte, eine angebliche Distanzierung durch die Klägerin jedenfalls deshalb als hinfällig zu bewerten. Dies ist richtig, denn es würde dem Sinn und Zweck der Abwendung entgegenstehen, wenn ein Unternehmen sich formal distanzieren könnte, allerdings an jedem weiteren Treffen teilnehmen und sich anhören könnte, was besprochen wird. Die anderen Teilnehmer würden selbstverständlich den Eindruck erlangen, dass das Unternehmen sich trotz gegenteiliger Aussage beteiligen möchte; selbst, wenn dies nicht sicher ist, so könnte das Unternehmen jedenfalls den Zweck verfolgen, sich die Informationen zunutze zu machen. Diese verschiedenen Interpretationsmöglichkeiten zeigen bereits, dass aus Sicht der Gerichte ein Erfordernis besteht, dass sich das Unternehmen eindeutig distanziert. Ein vages Äußern und die weitere Teilnahme an den Treffen führten nicht dazu, dass die anderen den Eindruck bekämen, dass sich das Unternehmen distanzieren wolle. Dafür spricht zum Beispiel die Tatsache, dass der Klägerin die Liste mit den Mindestpreisen überreicht wurde. Auch wenn der Besitz nicht sicher für die Beteiligung oder für die Teilnahme sprechen würde,[110] so hatten die anderen Kartellanten anscheinend den Eindruck, dass Westfalen Gassen daran interessiert sei, weil sie den Inhalten und Absprachen grundsätzlich zustimme. Auch der Umstand, dass Tabellen vorliegen, die (möglicherweise nur) die Erwartungshaltung der anderen bezüglich der Klägerin widerspiegeln,[111] sprechen dafür, dass sich die Klägerin nicht eindeutig und klar distanziert hat. Insoweit wird noch einmal deutlich, dass der Empfängerhorizont der anderen Kartellanten maßgeblich ist und dass Unternehmen daher stets entschlossen und klar vorgehen sollten, um einer stillschweigenden Billigung zu entgehen.[112]

Eine schriftliche Distanzierung im Anschluss an das Treffen sei laut dem Gericht möglich, jedoch wird dies nicht zwingend vorausgesetzt. Es wird deutlich, dass es für die Glaubwürdigkeit sprechen würde, da das Gericht der Meinung ist, dass diese Maßnahme unproblematisch möglich sei. Es lässt sich zudem konstatieren, dass die Kommission und das Gericht

110 EuG, Urt. v. 05.12.2006 – T-303/02, ECLI:EU:T:2006:374, Rn. 57 (Westfalen Gassen/Kommission).

111 EuG, Urt. v. 05.12.2006 – T-303/02, ECLI:EU:T:2006:374, Rn. 54 (Westfalen Gassen/Kommission).

112 EuG, Urt. v. 05.12.2006 – T-303/02, ECLI:EU:T:2006:374, Rn. 83 ff. (Westfalen Gassen/Kommission).

die Kausalität einer Distanzierung nicht prüfen. Es kommt alleine darauf an, ob eine offene Distanzierung stattfand und nicht, ob diese wahrscheinlich oder plausibel und daher anzunehmen ist. Es ist somit unerheblich in welcher Position sich das Unternehmen befindet und welche Umstände bestehen. Wenn es sich von einem Kartell abwenden möchte, dann müssen die Anforderungen erfüllt sein und ein Nachweis muss darüber erfolgen. Prinzipiell ist dies eine Fortführung davon, was bereits in der Entscheidung des EuGH zu Dansk Rørindustri gesagt wurde.

i. Kristallzucker-Kartell

Gegenstand einer Kommissionsentscheidung vom 14. Oktober 1998 war die Koordinierung der Preise auf dem Markt für Kristallzucker. Beteiligt waren zwei Zuckerhersteller, British Sugar Plc und Tate & Lyle Plc, sowie die Zuckerhandelsunternehmen Napier Brown & Company Ltd und James Budgetts Sugar Ltd.[113] British Sugar wandte gegenüber der Kommission ein, dass auf den stattgefundenen Sitzungen keine Vereinbarung geschlossen worden sei und es auch nicht zu einer abgestimmten Verhaltensweise gekommen sei, da durch die Teilnehmer nur einseitige Ankündigungen getätigt worden und diese Ankündigungen kein Verstoß gegen den Geheimwettbewerb seien, da die Informationen aufgrund der Transparenz des Marktes ohnehin bekannt gewesen seien.[114] Die Kommission hielt die Einwände für unglaubwürdig, da es sonst nicht zu regelmäßigen Treffen gekommen wäre; der Mehrwert dieser Treffen sei aus Sicht der Unternehmen zum einen die Erkenntnis darüber, dass sie das Marktverhalten der anderen Marktteilnehmer richtig eingeschätzt hätten, und zum anderen eine höhere Gewissheit darüber, wie das Marktverhalten im Gegensatz dazu ist, nur den Markt zu beobachten. Zudem sei ein Argument, dass nur bestimmte Teilnehmer eingeladen wurden.[115] Der EuG bestätigte die Einschätzungen der Kommission und erklärte, dass eine abgestimmte

113 Kommission v. 14.10.1998 – IV/F-3/33.709, ABl. 1999, L 76/1, Rn. 1 – Tate & Lyle Plc, IV/F-3/33.710 – Napier Brown & Company Ltd,. IV/F-3/33.711 – James Budgett Sugars Ltd.

114 Kommission v. 14.10.1998 – IV/F-3/33.709, ABl. 1999, L 76/1, Rn. 90 – Tate & Lyle Plc, IV/F-3/33.710 – Napier Brown & Company Ltd,. IV/F-3/33.711 – James Budgett Sugars Ltd.

115 Kommission v. 14.10.1998 – IV/F-3/33.709, ABl. 1999, L 76/1, Rn. 91f. – Tate & Lyle Plc, IV/F-3/33.710 – Napier Brown & Company Ltd,. IV/F-3/33.711 – James Budgett Sugars Ltd.

Verhaltensweise nicht schon dadurch ausgeschlossen sei, dass nur einseitig Informationen angekündigt werden.[116] In dem Verfahren musste das Gericht darüber urteilen, ob eine Zuwiderhandlung vorlag und ob die Sitzungen einen wettbewerbswidrigen Zweck verfolgten, da angeblich die streitigen Sitzungen aufgrund der Verpflichtungserklärung erfolgt seien.[117] Der EuG wirft hier hinsichtlich der Annahme eines wettbewerbswidrigen Zwecks ein, dass, wenn die Sitzung tatsächlich nur der Durchführung der Verpflichtungserklärung gedient hätte, die Wettbewerber die Preise hätten unterbieten können, was nicht geschehen ist.[118] Die Frage, die sich hier stellt, ist, ob dies auch ausgereicht hätte, um glaubhaft darzulegen, dass kein wettbewerbsfeindlicher Zweck bzw. keine wettbewerbsfeindlichen Vereinbarungen und abgestimmte Verhaltensweisen daraus resultieren. Nur die Nichtumsetzung des Gesagten reicht grundsätzlich gerade nicht, um den Anforderungen an eine offene Distanzierung zu genügen.[119] Auch der Einwand von Napier Brown, dass sie zugleich Kundin der Hersteller sei und daher tatsächlich Informationen über die Preise sammeln und mit den Herstellern als Händlerin scharf konkurrieren müssen, würde dafür sprechen, dass sie auf den Sitzungen keinen wettbewerbswidrigen Zweck verfolgt habe.[120] Dennoch, so der EuG, habe sie an den nachgewiesenen wettbewerbsfeindlichen Sitzungen teilgenommen und damit bei den Wettbewerbern den Eindruck erweckt, sie würde diese Einstellung teilen.[121] Wie das Gericht angibt, ist der Hinweis auch Kundin zu sein kein geeignetes Indiz, da es weiterhin an dem Hinweis an die Wettbewerber fehle, dass die rechtswidrige Einstellung nicht geteilt würde; auch eine andere Sichtweise würde nicht zu einem anderen Ergebnis führen, da die Informationen, die Napier Brown erlangt habe, gewöhnlich unter das Be-

---

116 Kommission v. 14.10.1998 – IV/F-3/33.709, ABl. 1999, L 76/1, Rn. 54 – Tate & Lyle Plc, IV/F-3/33.710 – Napier Brown & Company Ltd. – IV/F-3/33.711 – James Budgett Sugars Ltd.

117 EuG, Urt. v. 12.07.2001 – verb. Rs. T-202/98, T-204/98 und T-207/9, ECLI:EU:T:2001:185, Rn. 47 (Tate & Lyle u.a./Kommission).

118 EuG, Urt. v. 12.07.2001 – verb. Rs. T-202/98, T-204/98 und T-207/9, ECLI:EU:T:2001:185, Rn. 51 (Tate & Lyle u.a./Kommission).

119 EuGH, Urt. v. 07.01.2004 – verb. Rs. C-204/00 P, C-205/00 P, C-211/00 P, C-213/00 P, C-217/00P und C-219/00 P, ECLI:EU:C:2004:6, Rn. 84 (Aalborg Portland/Kommission); EuGH, Urt. v. 16.11.00 – C-291/98 P, ECLI:EU:C:2000:631, Rn. 50 (Sarrió/Kommission).

120 EuG, Urt. v. 12.07.2001 – verb. Rs. T-202/98, T-204/98 und T-207/9, ECLI:EU:T:2001:185, Rn. 62 (Tate & Lyle u.a./Kommission).

121 EuG, Urt. v. 12.07.2001 – verb. Rs. T-202/98, T-204/98 und T-207/9, ECLI:EU:T:2001:185, Rn. 63 (Tate & Lyle u.a./Kommission).

triebsgeheimnis fallen würden und dies schon für eine wettbewerbswidrige Einstellung spreche.[122] Auch wenn weitere Gründe bestanden, die legitimen Zwecken dienten, sei jedenfalls ein Grund, dass Informationen über die Preispolitik der anderen in Erfahrung gebracht werden wollten.[123]

Die Kommissionsentscheidung sowie das EuG Urteil zeigen, dass vorab durch die Kommission ein wettbewerbswidriger Zweck auf den Sitzungen nachgewiesen werden muss. Erst dann besteht das Erfordernis einer offenen Distanzierung. Gewiss kann das Unternehmen auch nachweisen, dass bereits kein wettbewerbswidriger Zweck gegeben ist, dass würde die offene Distanzierung hinfällig machen. So lag auch der Schwerpunkt in dem Verfahren, da die Klägerinnen die Tatsache damit erschüttern wollten, dass schon kein wettbewerbswidriger Zweck vorlag. Dabei fielen Argumente wie beispielsweise, dass nur eine einseitige Ankündigung vorgelegen habe, die sogar bereits am Markt bekannt gewesen sei oder aber auch der Hinweis, Kunde zu sein, das heißt, dass es sich auch um ein Vertikalverhältnis handelte. Jedoch sind dies keine Indizien, die dafürsprechen, dass die Sitzungen kartellrechtlich unbedenklich waren. Vielmehr werden die Gesamtumstände betrachtet und die Anforderungen für eine offene Distanzierung können gleichwohl vorliegen. Wichtig ist auch, dass es unerheblich ist, ob wegen eines Bündels von Motiven an einer Sitzung teilgenommen wird. Es reicht bereits, dass einer von vielen Gründen einen wettbewerbsfeindlichen Zweck verfolgt.

j. Archer Daniel Midlands Co. (ADM)

ADM ist einer von sechs Natriumglukonaterzeugern gegen den sich die Kommissionsentscheidung vom 29. September 2004[124] richtet. Vorgeworfen wurde den Erzeugern, dass sie Preise festgesetzt und Verträge in Form einer fortdauernden Vereinbarung und/oder in Form von aufeinander abgestimmten Verhaltensweisen i.S.d. Art. 101 Abs. 1 AEUV (früher Art. 81 Abs. 1 EG) im gesamten EWR-Gebiet untereinander zugewiesen haben.[125]

---

122 EuG, Urt. v. 12.07.2001 – verb. Rs. T-202/98, T-204/98 und T-207/9, ECLI:EU:T:2001:185, Rn. 65–66 (Tate & Lyle u.a./Kommission).

123 EuG, Urt. v. 12.07.2001 – verb. Rs. T-202/98, T-204/98 und T-207/9, ECLI:EU:T:2001:185, Rn. 67 (Tate & Lyle u.a./Kommission).

124 Kommission v. 29.09.2004 -COMP/E-1/36.756, C(2004)3598 Endgültig – Natriumglukonat.

125 Kommission v. 29.09.2004 -COMP/E-1/36.756, C(2004)3598 Endgültig, Rn. 11 – Natriumglukonat.

Im Rechtsmittelverfahren rügte ADM, dass das Gericht die offene Distanzierung falsch angewandt und dadurch den Beendigungszeitpunkt nicht richtig bestimmt habe. Die offene Distanzierung sei insbesondere deshalb falsch angewandt worden, weil auf eine subjektive Komponente abgestellt worden sei, obwohl die offene Distanzierung nur objektive Komponenten beinhalte.[126] Der EuGH musste sich in dem Verfahren damit befassen, wie das Verlassen einer Sitzung zu werten sei. Dieser kommt allerdings zu dem Schluss, dass es auf das Verständnis der anderen Kartellteilnehmer ankomme, welche Absicht ADM bei Verlassen der Sitzung gehabt habe, so dass das einfache Verlassen einer Sitzung nicht genüge, um die Anforderungen für die offene Distanzierung zu erfüllen.[127] Zwar habe ADM dargetan, dass es die Sitzung verlassen habe, insoweit sei es aber auch Sache dieses Unternehmens, seiner Beweispflicht hinsichtlich dieses Verständnisses zu genügen, das heißt, dass die anderen Kartellanten dieses Verhalten auch als Rückzug werteten.[128] Das erstinstanzliche Gericht hätte die Tatsachen, „dass ADM während dieser Sitzung erstens gedroht habe, sich aus der Kartellvereinbarung zurückzuziehen, wenn ihren Forderungen nicht nachgekommen werde, zweitens ein Ultimatum gesetzt habe und drittens die Sitzung nach erfolglosem Ablauf des Ultimatums verlassen habe“ werten sollen und die Motive von ADM, wie etwa, dass das Verlassen nur als bloße Verhandlungstaktik gewertet.[129] Den Schlussanträgen der Generalanwältin Trstenjak ist zu entnehmen, dass die Absichten sowie der Empfängerhorizont durchaus relevant seien und sie verweist dabei auf die Rechtsprechung Aalborg./.Kommission.[130] Die Einschätzung der Kommission als Verhandlungstaktik[131] ist dahingehend relevant, dass die Wettbewerber ebenfalls nicht von einer Beendigung durch ADM ausgegangen sind. Obwohl ADM die Sitzung nämlich im Oktober 1994 verlassen hat,

126 EuGH, Urt. v. 19.03.2009 – C-510/06, ECLI:EU:C:2009:166, Rn. 118 (Archer Daniels Midland/Kommission).

127 EuGH, Urt. v. 19.03.2009 – C-510/06, ECLI:EU:C:2009:166, Rn. 119 (Archer Daniels Midland/Kommission).

128 EuGH, Urt. v. 19.03.2009 – C-510/06, ECLI:EU:C:2009:166, Rn. 110 (Archer Daniels Midland/Kommission).

129 GA'in *Trstenjak*, Schlussantrag v. 15.05.2008 – C-510/06, ECLI:EU:C:2008:280, Rn. 174 (Archer Daniels Midland/Kommission).

130 GA'in *Trstenjak*, Schlussantrag v. 15.05.2008 – C-510/06, ECLI:EU:C:2008:280, Rn. 182(Archer Daniels Midland/Kommission).

131 Kommission v. 29.09.2004 – COMP/E-1/36.756, C(2004)3598 Endgültig, Rn. 397 – Natriumglukonat.

wurde das Unternehmen trotzdem danach von einem Konkurrenten zu einer Zusammenkunft eingeladen.[132]

Das Urteil zeigt daher wieder einmal, dass der Empfängerhorizont einer der wichtigsten Komponenten ist und dadurch auch wesentlich sein kann, wie die Wettbewerber das Verhalten des die Sitzung verlassenden Unternehmens und dessen Motive dahinter verstehen durften. Ein bloßes Verlassen der Sitzung kann den Anforderungen daher nicht genügen. Auch weil im vorliegenden Fall das Verhalten als Verhandlungstaktik ausgelegt wurde, muss festgestellt werden, dass das Verlassen einer Sitzung jedenfalls keine eindeutige Maßnahme ist, die wie ein Rückzug aus dem Kartell zu werten ist. Daher überraschen die Entscheidungen des erstinstanzlichen Urteils sowie des EuGH nicht.

k. Denka Chemicals

Für den Produktmarkt Chloropen-Kautschuk kam es zu weltweiten wettbewerbswidrigen Absprachen, was eine Kommissionsentscheidung wegen einer einheitlichen und fortgesetzten Zuwiderhandlung zwischen 1993 und 2002 zur Folge hatte. Die Adressaten waren u.a. Denki Kagaku Kogyo Kabushiki Kaisha (Japan) bzw. Denka Chemicals GmbH (Deutschland).[133] Die Betroffenen gaben vor der Kommission an, dass sie sich nicht hätten offen distanzieren können, da sie Angst vor dem Druck und vor Drohungen bzw. vor Vergeltungsmaßnahmen gehabt hätten.[134] Allerdings hatte dieser Einwand und auch die Behauptung, es würde aus Höflichkeit teilgenommen, vor dem EuG keinen Erfolg. Das Gericht wandte ein, dass es den Klägerinnen jedenfalls möglich gewesen sei, eine Meldung bei den zuständigen Behörden oder Beschwerde bei der Kommission einzulegen.[135] Solange es Alternativen zur offenen Distanzierung gibt, wie zum Beispiel eine Anzeige bei den Behörden und diese Alternative nicht wahrgenommen wird, bleibt es bei dem strengen Ansatz, dass eine Distanzierung vorliegen muss.

---

132 Kommission v. 29.09.2004 – COMP/E-1/36.756, C(2004)3598 Endgültig, Rn. 287 – Natriumglukonat.

133 Kommission v. 05.12.2007 – COMP/38629, C(2007) 5910 final, Rn. 2 ff. – Chloroprene Rubber.

134 Kommission v. 05.12.2007 – COMP/38629, C(2007) 5910 final, Rn. 344 – Chloroprene Rubber.

135 EuG, Urt. 02.02.2012 – T-83/08, ECLI: EU: T: 2012: 48, Rn. 62 f. (Denki Kagaku Kogyo und Denka Chemicals/Kommission).

l. Berning und Söhne

Die Entscheidung des EuG im Rechtsstreit Berning&Söhne./.Komission[136] ergibt keine Neuerungen. Sie ist aber ein schönes Beispiel dafür, dass die Rechtsprechung vor allem mit vielen Negativbeispielen gearbeitet hat. So wird auch in diesem Urteil aufgeführt, welche Faktoren nicht genügen, um sich von einem Kartell abzuwenden. Irrelevant sei laut des EuG mit Verweis auf die Rechtsprechung zur offenen Distanzierung, ob ein Unternehmen bei allen Treffen anwesend war oder nicht, ob es vereinzelt von den Absprachen abweichende Entscheidungen getroffen oder sie gar tatsächlich umgesetzt hat bzw. eine andere Marktpolitik verfolgt. Auch Schweigen genügt den Anforderungen nach wie vor nicht, da es keiner klaren Missbilligung entspricht.[137] Es wird zudem ausdrücklich darauf hingewiesen, dass auch kein Rückzug darin ersichtlich ist, dass das Unternehmen bei der Kommission keine Anzeige erstattet hat.[138] Eine offene Distanzierung ist daher nicht das einzige Mittel. Anerkannt wird auch eine Distanzierung mittels Anzeige bei einer Kartellbehörde.

m. Slowakische Banken

Durch die Abteilung Wettbewerbsbeschränkende Vereinbarungen des Kartellamts der Slowakischen Republik wurde ein Verstoß gegen Art. 101 Abs. 1 AEUV (früher Art. 81 EG) festgestellt, welcher durch die Absprache von drei slowakischen Banken verursacht wurde. Nach einem Widerspruch einer der Betroffenen, erließ der sogenannte Rat des Kartellamtes eine Entscheidung, wogegen mithilfe einer Klage vorgegangen wurde. Das Regionalgericht hob die Entscheidung auf und verwies an den Rat zurück.[139] Der Rat wiederum legte dagegen ein Rechtsmittel beim höchsten Gericht in der Slowakischen Republik ein. Dieses Gericht setzte vor dem Hintergrund der Rechtsfragen, die sich ergaben, zunächst das Verfah-

---

136 EuG, Urt. v. 27.06.2012 – T-445/07, ECLI:EU:T:2012:321 (Berning&Söhne/Komission).

137 EuG, Urt. v. 27.06.2012 – T-445/07, ECLI:EU:T:2012:321, Rn. 113 ff. (Berning&Söhne/Komission).

138 EuG, Urt. v. 27.06.2012 – T-445/07, ECLI:EU:T:2012:321, Rn. 118 (Berning&Söhne/Komission).

139 EuGH, Urt. v. 07.02.2013 – C-68/12, ECLI:EU:C:2013:71, Rn. 4 ff. (Protimonopolný úrad Slovenskej republiky/ Slovenská sporiteľňa a.s.).

ren aus, um sie dem EuGH vorzulegen.[140] Eine der Fragen beruhte auf dem Einwand einer Betroffenen, dass der handelnde Mitarbeiter keine Vollmacht für sein Handeln hatte.[141] Hier ergab sich jedoch, dass weder der Inhaber noch ein Geschäftsführer gehandelt haben müsse oder Kenntnis darüber gehabt haben müsse. Es genüge, wenn eine berechtigte Person für das Unternehmen handele; Kartelle liefen gerade im Geheimen ab und unterlägen keinen Formvorschriften, so dass regelmäßig keine Vollmacht vorliegen dürfte.[142] Die Frage, die damit offensichtlich einhergeht ist die, ob es genügt, wenn sich das Unternehmen bzw. ein Vertreter des Unternehmens nach den Voraussetzungen distanziert, die bislang durch die Rechtsprechung gefordert werden oder es möglicherweise genügt, sich von dem Verhalten des Mitarbeiters und sich gegenüber diesem distanziert. Letzteres würde jedoch dem Sinn und Zweck der offenen Distanzierung und der bisherigen Rechtsprechung widersprechen. Insbesondere der Punkt der Offenkundigkeit gegenüber den anderen Kartellanten würde unterlaufen werden.

n. Marineschlauch-Kartell

Die Kommissionsentscheidung in der Rechtssache Marineschläuche betraf den Sektor der Marineschläuche für Öl und Gas, bei dem sich Hersteller an einer einzigen und fortgesetzten Zuwiderhandlung im gesamten EWR beteiligten und damit gegen Art. 101 Abs. 1 AEUV (früher Art. 81 EG) verstießen.[143] Das Kartell umfasste die Zuteilung ausgeschriebener Aufträge, die Festsetzung von Preisen und Quoten sowie Lieferbedingungen, die Aufteilung von Märkten und den Austausch vertraulicher Informa-

---

140 EuGH, Urt. v. 07.02.2013 – C-68/12, ECLI:EU:C:2013:71, Rn. 10 ff. (Protimonopolný úrad Slovenskej republiky/ Slovenská sporiteľňa a.s.).

141 EuGH, Urt. v. 07.02.2013 – C-68/12, ECLI:EU:C:2013:71, Rn. 24 (Protimonopolný úrad Slovenskej republiky/ Slovenská sporiteľňa a.s.).
EuGH, Urt. v. 07.02.2013 – C-68/12, ECLI:EU:C:2013:71, Rn. 10 ff. (Protimonopolný úrad Slovenskej republiky/ Slovenská sporiteľňa a.s.).
EuGH, Urt. v. 07.02.2013 – C-68/12, ECLI:EU:C:2013:71, Rn. 24 (Protimonopolný úrad Slovenskej republiky/ Slovenská sporiteľňa a.s.).

142 EuGH Urt. v. 07.02.2013 – C-68/12, ECLI:EU:C:2013:71, Rn. 25 f. (Protimonopolný úrad Slovenskej republiky/ Slovenská sporiteľňa a.s.).

143 Kommission v. 28.01.2009 – COMP/39406, Rn. 2 f. – Marine Hoses.

tionen über Preise, Liefermengen und Lieferausschreibungen von 1986 bis 2007.[144]

Interessant ist an der Kommissionsentscheidung zunächst, dass für ein Unternehmen der Beendigungszeitpunkt für das Jahr 2006 bestimmt wurde, weil dieses bei einer Ausschreibung die Preise entgegen der Vereinbarung erheblich unterschritt, so dass die Kommission zu der Ansicht gelangte, dass zu diesem Zeitpunkt eine Abwendung vom Kartell stattfand. Obgleich ein sogenannter Kartellbetrug sonst nicht als Distanzierungsmaßnahme zählt,[145] ist die Kommission hier zu einem anderen Ergebnis gekommen.[146] Eine nähere Begründung ist jedoch nicht ersichtlich.

Neben der Zuwiderhandlung selbst muss die Kommission auch die Dauer der Zuwiderhandlung beweisen.[147] Der Verstoß muss nicht ein einzelner sein, sondern kann sich „auch aus einer Reihe von Handlungen oder einem fortgesetzten Verhalten ergeben. Fügen sich die verschiedenen Handlungen wegen ihres identischen Zweckes der Verfälschung des Wettbewerbs innerhalb des gemeinsamen Marktes in einen „Gesamtplan" ein, so ist die Kommission berechtigt, die Verantwortung für diese Handlungen anhand der Beteiligung an der Zuwiderhandlung als Ganzes aufzuerlegen."[148] Die Fortdauer kann ebenfalls durch offene Distanzierung widerlegt werden und zu einer Beendigung oder zu einer Unterbrechung führen.[149] Allerdings war es im Verfahren gegen die Kommissionsentscheidung so, dass es keine Beweise bzw. Indizien gab, dass die Klägerinnen während einer Zwischenphase an der Fortsetzung des Kartells teilgenommen oder davon gewusst hätten. Daher beurteilte das Gericht, anders als die Kommission, die Zwischenphase als Unterbrechung für die Klägerinnen, da sie trotz des Fehlens der offenen Distanzierung nicht den Eindruck vermittelt hätten, dass sie passiv beteiligt gewesen seien.[150]

---

144 Kommission v. 28.01.2009 – COMP/39406, Rn. 2 f., 116 ff. – Marine Hoses.

145 Kommission v. 05.12.2001 – COMP/E-1/36.604, L 239/18, Rn. 218 – Zitronensäure.

146 Kommission v. 28.01.2009 – COMP/39406, Rn. 223 – Marine Hoses; *Jüchser*, Die Beteiligung am Kartell, S. 136.

147 EuG, Urt. v. 17.05.13 – T-147/09 und T-148/09, ECLI:EU:T:2013:259, Rn. 50 (Trelleborg Industrie/Kommission).

148 EuG, Urt. v. 17.05.13 – T-147/09 und T-148/09, ECLI:EU:T:2013:259, Rn. 58 (Trelleborg Industrie/Kommission).

149 EuG, Urt. v. 17.05.13 – T-147/09 und T-148/09, ECLI:EU:T:2013:259, Rn. 68 f. (Trelleborg Industrie/Kommission).

150 EuG, Urt. v. 17.05.13 – T-147/09 und T-148/09, ECLI:EU:T:2013:259, Rn. 68 f. (Trelleborg Industrie/Kommission).

o. Paraffinwachs-Kartell

In einer Entscheidung der Kommission vom 01. Oktober 2008 wurde festgestellt, dass sich Total France mit noch anderen Unternehmen an einer einheitlichen und fortgesetzten Zuwiderhandlung, welche den EWR-Raum und konkret den Markt für Paraffinwachse betraf, beteiligte.[151] Gegen die Total France wurde gesamtschuldnerisch mit ihrer Muttergesellschaft, der Total SA, ein Bußgeld verhängt; die Muttergesellschaft haftete dabei für die Zuwiderhandlung ihrer zu 100 % gehaltenen Tochter voll.[152] Im Rechtsmittelverfahren entschied der EuGH, dass keine offene Distanzierung erforderlich sei, wenn es um die Widerlegung einer dauernden Zuwiderhandlung gehe.[153] In diesem Fall ging es um ein bereits über einen längeren Zeitraum bestehendes Kartell, bei dem ein Unternehmen zwischenzeitlich nicht mehr an den Kartelltreffen teilgenommen hatte. Insoweit genügt das bloße Fernbleiben für die Widerlegung grundsätzlich nicht.[154] Grundsätzlich ist eine offene Distanzierung erforderlich, um sich von einem Kartell abzuwenden. In dieser Entscheidung wird jedoch deutlich, dass der EuGH zwischen den beiden Ebenen – Beendigung an einer dauernden Zuwiderhandlung, bei dem (später) keine Teilnahme mehr feststellbar war und der Begründung der kartellrechtlichen Verantwortlichkeit nach Teilnahme an einer wettbewerbswidrigen Sitzung – unterscheidet, da er für die Widerlegung einer andauernden Zuwiderhandlung ohne Teilnahme an einem Treffen nicht zwingend eine offene Distanzierung verlangt.[155] Der EuG hatte es selbst in der Sache noch anders gesehen und bezeichnete die Rechtsfigur als unverzichtbares Beweismittel.[156] Hiergegen argumentierte der EuGH, dass bei bereits etablierten Kartellen die offene Distanzierung nur einen Gesichtspunkt unter vielen darstellen könne, um der Widerlegung zu genügen.[157] Im vorliegenden Fall, bei dem es

---

151 Kommission v. 01.10.2008 – COMP/39.181 Rn. 2 f. – Kerzenwachse.

152 EuGH, Urt. v. 17.09.2015 – 597/13, ECLI:EU:C:2015:613, Rn. 14 f. (Total SA/Kommission).

153 EuGH, Urt. v. 17.09.2015 – C-634/13, ECLI:EU:C:2015:614, Rn. 23 (Total France/Kommission).

154 EuGH, Urt. v. 17.09.2015 – C-634/13, ECLI:EU:C:2015:614 (Total France/Kommission).

155 EuGH, Urt. v. 17.09.2015 – C-634/13, ECLI:EU:C:2015:614, Rn. 21 ff. (Total France/Kommission).

156 EuG, Urt. v. 13.09.13 – T-566/08, ECLI:EU:T:2013:423, Rn. 372, 374 (Total Raffinage Marketing/Kommission).

157 EuGH, Urt. v. 17.09.2015 – C-634/13, ECLI:EU:C:2015:614, Rn. 20 ff. (Total France/Kommission).

um ein etabliertes Kartell ging und bei dem die Vertreter eines Unternehmens bereits an einigen Treffen nicht mehr teilgenommen hatten, muss die Kommission auch andere Beweise einbeziehen. Bei weiterer Teilnahme an Treffen ist somit eine offene Distanzierung notwendig. Die Kommission kann sich nicht nur auf das Fehlen der offenen Distanzierung stützen. Gleichwohl wird auch betont, dass die offene Distanzierung eine wichtige Tatsache sei, um von einer Beendigung auszugehen und die Kommission sich darauf grundsätzlich stützen könne. Im Paraffinwachs-Verfahren wird der Begriff der offenen Distanzierung wiederum noch weiter konkretisiert. So wurde zum Beispiel festgestellt, dass das Verlassen einer Sitzung unter dem Vorwand, es lägen persönliche Gründen vor, aus der Sicht der anderen Teilnehmer nicht als Willen des Distanzierens verstanden werden könne. Zudem habe ein neuer Vertreter der Total France kurze Zeit später wieder an den Treffen teilgenommen. Dies habe das Verständnis, sich nicht distanzieren zu wollen, nochmal bekräftigt.[158] Auch eine nur interne Anweisung per E-Mail an einen Angestellten sei nicht ausreichend.[159] Vor dem Hintergrund, dass die Muttergesellschaft hier im Rahmen der wirtschaftlichen Einheit für die Zuwiderhandlung der Tochter haftet, stellt sich die Folgefrage, ob und wie sich die Muttergesellschaft distanzieren kann, wobei diese Frage in der Arbeit nicht tiefergehend beleuchtet werden soll.

p. AC-Treuhand AG (AC-Treuhand)

Die AC-Treuhand ist ein Beratungsunternehmen, welches Dienstleistungen für Verbände und Interessengemeinschaften anbietet. Die Kommission hatte im November 2009 ein Bußgeld wegen einer Beteiligung an wettbewerbswidrigen Absprachen u.a. gegen die AC-Treuhand verhängt. Das Dienstleistungsunternehmen habe dabei eine zentrale Rolle gespielt und eine Reihe von Kartelltreffen organisiert.[160] AC-Treuhand ging gegen diese Bußgeldentscheidung vor, da sie der Ansicht war, dass sie als Beratungsunternehmen/Gehilfe nicht Adressat des Kartellverbotes sein könne.

158 EuGH, Urt. v. 17.09.2015 – C-634/13, ECLI:EU:C:2015:614, Rn. 44 (Total France/Kommission); Ein „publik" machen des internen Dokumentes ist hier zu nötig: EuG Urt. v. 11.12.2003 – T-61/99, ECLI:EU:T:2003:335, Rn. 136 (Adriatica di Navigazione/Kommission).

159 EuGH, Urt. v. 17.09.2015 – C-634/13, ECLI:EU:C:2015:614, Rn. 44 (Total France/Kommission).

160 Kommission v. 11.11.2009 – COMP/38589, Rn. 66 ff. – Wärmestabilisatoren.

Sie sei nicht an der Vereinbarung oder abgestimmten Verhaltensweise beteiligt gewesen, sondern habe nur die Treffen organisiert. Es fehle daher vielmehr an einen Bezug zu den betreffenden Märkten.[161] Generalanwalt *Wahl* beschäftigte sich ebenfalls mit der Frage, ob das Beratungsunternehmen, welches nicht auf dem betroffenen Markt tätig ist, Verantwortlicher i.S.d. Kartellverbotes sein kann und kam zu dem Schluss, dass diese nicht für die Zuwiderhandlung verantwortlich gemacht werden könne.[162] Es sei nach seiner Ansicht auch keine Verantwortung als Gehilfe geboten, da dies zum einen im Bereich der Verwaltung unüblich sei und zum anderen auch vom Wortlaut des Art. 101 Abs. 1 AEUV (früher Art. 81 EG) nicht umfasst sei.[163] Der EuGH ist dem Schlussantrag nicht gefolgt. Die Teilnahme könne nur bejaht werden, soweit nachgewiesen sei, dass das Unternehmen mit seinem Verhalten etwas zum gemeinsamen Ziel beitragen möchte, von dem, „von anderen Unternehmen in Verfolgung dieser Ziele beabsichtigten oder an den Tag gelegten tatsächlichen Verhalten wusste oder es vernünftigerweise vorhersehen konnte und dass es bereit war, die daraus erwachsende Gefahr auf sich zu nehmen."[164] Der EuGH stellt dazu auf die zu diesem Zeitpunkt schon gefestigte Rechtsprechung zur passiven Teilnahme und offenen Distanzierung ab und erklärt in diesem Zusammenhang, dass auch andere Formen der Beteiligung eine Komplizenschaft i.S.d. Kartellverbotes ausdrücke, wie zum Beispiel das Schweigen bei der Teilnahme an einer wettbewerbswidrigen Sitzung, also ohne sich von den Inhalten offen zu distanzieren.[165]

Die Herangehensweise zeigt den weiten Anwendungsbereich von Art. 101 Abs. 1 AEUV. Unterstützt wird dies durch den Sinn und Zweck des Kartellverbotes, der für einen unverfälschten Wettbewerb innerhalb des Binnenmarktes sorgen soll. Würde hingegen der Auffassung von AC-Treuhand gefolgt, dann würde es dem Telos zuwiderlaufen, wenn das Verhalten nur nicht erfasst würde, weil das Beratungsunternehmen

---

161 EuGH, Urt. 22.10.2015 – C-194/14 P, ECLI:EU:C:2015:717, Rn. 17 ff. (AC-Treuhand/Kommission).

162 GA *Wahl*, Schlussantrag v. 21.05.201 – C-194/14 P, ECLI:EU:C:2015:350, Rn. 76 (AC-Treuhand/Kommission).

163 GA *Wahl*, Schlussantrag v. 21.05.201 – C-194/14 P, ECLI:EU:C:2015:350, Rn. 82 f. (AC-Treuhand/Kommission).

164 EuGH, Urt. 22.10.2015 – C-194/14 P, ECLI:EU:C:2015:717, Rn. 30 (AC-Treuhand/Kommission) mit Verweis auf die Anic-Rechtsprechung EuGH, Urt. v. 8.7.1999 – C-49/92 P, ECLI:EU:C:1999:356 (Kommission/Anic Partecipazioni).

165 EuGH, Urt. 22.10.2015 – C-194/14 P, ECLI:EU:C:2015:717, Rn. 31 (AC-Treuhand/Kommission).

keine Tätigkeit auf dem von der Wettbewerbsbeschränkung betroffenen Markt ausübt.[166] Hier wurde der Vergleich zur stillschweigenden Billigung aufgrund einer Teilnahme ohne offene Distanzierung gezogen; die Argumentation ist grundsätzlich denkbar, insbesondere da auch bezüglich der offenen Distanzierung keine Regelung ersichtlich ist und der Wortlaut des Art. 101 Abs. 1 AEUV die Rechtsfigur mit all ihren Voraussetzungen auch nicht umfasst.[167]

q. Toshiba Corporation (Toshiba)

Die Kommission warf Toshiba, einer japanischen Gesellschaft, vor, zunächst über ihre Tochtergesellschaft und dann im Rahmen eines Gemeinschaftsunternehmens von ihr und mit Mitsubishi an einer bezweckten Wettbewerbsbeschränkung (Gentlemen's Agreement) im Sektor Leistungstransformatoren beteiligt gewesen zu sein.[168] Zu diesem Zweck hätten zwischen 1999 und 2003 zwei bis dreimal jährlich Treffen stattgefunden.[169] Toshiba ist der Auffassung, dass das Gericht das Kriterium der offenen Distanzierung falsch angewandt habe. Sie habe sich offen distanziert, indem sie auf dem Wien-Treffen zuvor Zweifel über die weitere Teilnahme aufgrund des Joint Ventures mit Mitsubishi geäußert habe. Dies ginge auch aus den Dokumenten hervor. Die Nichtteilnahme an dem nachfolgenden Zürich Treffen bestätige die offene Distanzierung. Diese Tatsachen seien nicht berücksichtigt worden, so dass dem Gericht ein Rechtsfehler unterlaufen sei.[170] Generalanwalt *Wathelet* führte in diesem Zusammenhang an, dass sich die Unternehmen regelmäßig auf die offene Distanzierung berufen würden, obwohl dieses Kriterium von den Gerichten kaum entwickelt sei und auch in der Literatur wenig Interesse wecke.[171] Ob das Kriterium der offenen Distanzierung vorliege, müsse der Tatrichter unter Würdigung

166 EuGH, Urt. 22.10.2015 – C-194/14 P, ECLI:EU:C:2015:717, Rn. 36 (AC-Treuhand/Kommission).
167 Siehe dazu auch unter: B.I.4.d.
168 Kommission v. 07.10.2009 – COMP/39.129, Abl. 2009 C 296/21, Rn. 4 – Leistungstransformatoren.
169 Kommission v. 07.10.2009 – COMP/39.129, Abl. 2009 C 296/21, Rn. 4 – Leistungstransformatoren.
170 EuGH, Urt. v. 20.01.2016 – C-373/14 P, ECLI:EU:C:2016:26, Rn. 50 (Toshiba/Kommission).
171 GA *Wathelet*, Schlussantrag v. 25.06.2015 – C-373/14 P, ECLI:EU:C:2015:427, Rn. 124 (Toshiba/Kommission).

der vorgelegten Koinzidenzen und Indizien und nach einer Gesamtbewertung aller relevanten Beweise und Indizien ermitteln. Es sei somit Aufgabe des Gerichts den Beweiswert zu ermitteln.[172] Nach der Beurteilung des Generalanwaltes ergab sich aus den Dokumenten jedoch, dass die weitere Teilnahme nicht sicher war und das Gentlemen's Agreement bis dahin bestätigt wurde.[173] Auch die Gründung eines Joint Ventures lässt nicht auf eine Beendigung der Kartellbeteiligung schließen. Es kommt wie bislang durch ständige Rechtsprechung gefordert, auf das Verständnis der anderen Teilnehmer an.[174] Der EuGH schloss sich in der Sache den Ausführungen des Generalanwaltes an.[175]

r. Rechtssache Eturas-Lettische Reisebüros (Eturas)

Eturas ist Administrator des System E-TURAS und hat die ausschließlichen Rechte an diesem System, welches ein gemeinsames Online-Reisebuchungssystem darstellt, bei dem verschiedene Reisebüros integriert sind. Über dieses System hatte Eturas eine Mitteilung an die integrierten Reisebüros geschickt, dass die Rabatte für Reisebuchungen auf drei Prozent begrenzt werden sollen.[176] Im Zusammenhang mit dem genannten Sachverhalt wurde der Gerichtshof angerufen. Dieser sollte in einem Vorabentscheidungsverfahren klären, ob vermutet werden könne, dass die Reisebüros bei Erhalt der Mitteilung Kenntnis des Inhalts erlangt hätten und ob der fehlende Widerspruch gegen die Rabattbeschränkung einer stillschweigenden Billigung gleichzusetzen sei, so dass eine abgestimmte

172 GA *Wathelet*, Schlussantrag v. 25.06.2015 – C-373/14 P, ECLI:EU:C:2015:427, Rn. 124 (Toshiba/Kommission) mit Verweisen auf EuGH Urt. v. 03.05.2012 – C-290/11 P, EU:C:2012:271, Rn. 71 (Comap/Kommission), EuGH Urt. v. 30.05.2013 – C-70/12 P, EU:C:2013:351, Rn. 28–30 (Quinn Barlo u. a./Kommission).

173 GA *Wathelet*, Schlussantrag v. 25.06.2015 – C-373/14 P, ECLI:EU:C:2015:427, Rn. 135 (Toshiba/Kommission).

174 GA *Wathelet*, Schlussantrag v. 25.06.2015 – C-373/14 P, ECLI:EU:C:2015:427, Rn. 139 (Toshiba/Kommission); vgl. auch EuGH, Urt. v. 19.03.2009 – C-510/06, ECLI:EU:C:2009:166, Rn. 119 (Archer Daniels Midland/Kommission).

175 EuGH, Urt. v. 20.01.2016 – C373/14 P, ECLI:EU:C:2016:26, Rn. 60 ff., 70 ff. (Toshiba/Kommission).

176 EuGH, Urt. v. 21.01.16 – C-74/14, ECLI:EU:C:2016:42, Rn. 5 ff. (Eturas u.a./Lietuvos Respublikos konkrencijos taryba).

Verhaltensweise i.S.d. Art. 101 Abs. 1 AEUV vorliege.[177] Obwohl es sich im Fall Eturas[178] um die Konstellation handelte, dass die Begründung kartellrechtlicher Verantwortlichkeit durch abgestimmte Verhaltensweise widerlegt werden sollte, wurde ausdrücklich betont, dass die Distanzierung sowie die Anzeige nicht die einzigen Mittel darstellen, um die Vermutung der Beteiligung zu widerlegen. Vielmehr können auch andere Beweise vorgelegt werden. So sei der Nachweis einer systematischen Gewährung eines über die fragliche Obergrenze hinausgehenden Preisnachlasses bereits ausreichend.[179] Der Gerichtshof teilte damit nicht die Ansicht des Generalanwaltes *Szpunar*. Insoweit war er der Auffassung, dass auch in diesem Fall nur eine Widerlegung durch offene Distanzierung oder Anzeige bei den Verwaltungsbehörden möglich sei. Das Unternehmen, welches seine Verantwortlichkeit widerlegen möchte, solle sich sogar neben dem ausdrücklichen Widerspruch auch noch durch unabhängiges Marktverhalten abgrenzen, indem es alle im Rahmen der öffentlichen Distanzierung angemessenen Mittel einsetze.[180] Sein Argument für eine offene Distanzierung und somit gegen die Widerlegung durch objektive Indizien ist, dass es ohne einen öffentlichen Widerspruch schwierig ist, dieses Verhalten von einer bloßen Hintergehung der sonstigen Kartellmitglieder abzugrenzen.[181]

Dieses Urteil ist aus verschiedenen Gründen relevant. Zum einen wird hier durch den EuGH eine weitere Alternative zur Distanzierung genannt, nämlich die Widerlegung durch objektive Indizien.[182] Zum anderen wird diese Alternative hier scheinbar entgegen der bisherigen Rechtsprechung für den Fall gewährt, dass sich ein Unternehmen gänzlich vom Kartell abwenden möchte.[183] Des Weiteren liegt in diesem Fall die Besonderheit

177 EuGH, Urt. v. 21.01.16 – C-74/14, ECLI:EU:C:2016:42, Rn. 25 (Eturas u.a./Lietuvos Respublikos konkrencijos taryba).

178 EuGH, Urt. v. 21.01.16 – C-74/14, ECLI:EU:C:2016:42, Rn. 5 ff. (Eturas u.a./Lietuvos Respublikos konkrencijos taryba).

179 EuGH, Urt. v. 21.01.16 – C-74/14, ECLI:EU:C:2016:42, Rn. 46, 51 (Eturas u.a./Lietuvos Respublikos konkrencijos taryba).

180 GA *Szpunar*, Schlussantrag v. 16.07.2015 – C-74/14, ECLI:EU:C:2015:493, Rn. 86–92 (Eturas u.a./Lietuvos Respublikos konkrencijos taryba).

181 GA *Szpunar*, Schlussantrag v. 16.07.2015 – C-74/14, ECLI:EU:C:2015:493, Rn. 90 (Eturas u.a./Lietuvos Respublikos konkrencijos taryba).

182 EuGH, Urt. v. 21.01.16 – C-74/14, ECLI:EU:C:2016:42, Rn. 46, 51 (Eturas u.a./Lietuvos Respublikos konkrencijos taryba); vgl. auch *Heinrich/Eckel*, NZKart 2017, 106, 107.

183 Im Urteil zum Paraffinwachskartell wurde das Nichterfordernis für die offene Distanzierung für den Fall ausgesprochen, dass ein etabliertes Kartell besteht,

vor, dass es um eine abgestimmte Verhaltensweise ging, die auf digitaler Ebene erfolgte, so dass der EuGH möglicherweise auch diesen speziellen Fall in seiner Entscheidung berücksichtigen musste. Die Zurechnung der Kenntnis für die abgestimmte Verhaltensweise wurde in Frage gestellt. Im Ergebnis wurde sie allerdings bejaht, da keine offene Distanzierung, keine Mitteilung an die Behörden und auch keine Widerlegung vorlag.[184]

2. Ergebnis

Die offene Distanzierung dient den Unternehmen und Unternehmensvereinigungen maßgeblich dazu, die Vermutung zu widerlegen, dass ein Unternehmen, welches an einer wettbewerbswidrigen Sitzung teilgenommen und sich nicht offen dagegen ausgesprochen hat, als Kartellbeteiligter angesehen wird. Bei der Anwendung der einheitlichen und fortgesetzten Zuwiderhandlung hat sie den Zweck, die Zusammenfassung der Verstöße zu einem bestimmten Zeitpunkt zu widerlegen, um die Teilnahme am Kartell zeitlich einzugrenzen. Zunächst wurde die Rechtsfigur nur als eine Art Konzept angewendet mit der Begründung, dass der Teilnehmer den Eindruck vermittele, dass dieser den Inhalten zustimme. Mittlerweile findet die offene Distanzierung regelmäßig Erwähnung in der Unionsrechtsprechung. Dazu lassen sich immer wieder ähnliche Zitate in den Urteilen auffinden. Insoweit spricht Generalanwalt *Wathelet* jedoch das wesentliche Problem bei dieser Anforderung an. Es sei „kaum entwickelt".[185] Zwar haben sich die allgemeinen Anforderungen fortentwickelt und es wurden auch viele Negativbeispiele benannt, allerdings findet weder durch die Kommissionpraxis noch durch die Unionsrechtsprechung eine Ausarbeitung der einzelnen Voraussetzungen statt. Auffällig ist, dass es kaum ein Urteil gibt, bei dem die offene Distanzierung erfolgreich war. In der Rechtsprechungsauswertung ließ sich zunächst nur ein Fall finden, der jedoch nicht die von der Rechtsprechung bis dahin entwickelte Voraussetzungen erfüllte, gleichwohl als Distanzierung bewertet wurde.[186] Die

EuGH, Urt. v. 17.09.2015 – C-634/13, ECLI:EU:C:2015:614 (Total France/Kommission); B.I.1.o.

184 EuGH, Urt. v. 21.01.16 – C-74/14, ECLI:EU:C:2016:42, Rn. 50 (Eturas u.a./Lietuvos Respublikos konkrencijos taryba).

185 GA *Wathelet*, Schlussantrag v. 25.06.2015 – C-373/14 P, ECLI:EU:C:2015:427, Rn. 124 (Toshiba/Kommission).

186 EuG, Urt. v. 15.3.2000 – Verb. Rs. T-25/95,T-26/95,T-30/95 bis T-32/95,T-34/95 bis T-39/95,T-42/95 bis T-46/95,T-48/95,T-50/95 bis T-65/95,T-68/95 bis

Rechtsfigur hat sich grundsätzlich als Anforderung zur Abkehr von einem Kartell etabliert. Trotzdem lassen die Gerichte erkennen, dass sie auch Alternativen zulassen. Insoweit wird ausdrücklich immer wieder die Anzeige bei den Behörden genannt. Weiterhin fand im *Eturas*-Urteil die Widerlegung durch Einbringung von objektiven Indizien zur Distanzierung von einem Kartell Erwähnung. Nachfolgend wird sich diese Arbeit mit diesen drei Möglichkeiten befassen.

3. Bedeutung der Rechtsfigur vor dem Hintergrund der Auswertung der Kommissionspraxis und der Rechtsprechung der Unionsgerichte

a. Die Einordnung der offenen Distanzierung auf der materiellen Ebene

Die offene Distanzierung wurde maßgeblich durch die Unionsgerichte entwickelt und konkretisiert.[187] Die Einordnung der Rechtsfigur ist dabei allerdings nicht eindeutig. Zum Teil wird von der Rechtsprechung angeführt, „dass es ein ausreichender Beleg für die Teilnahme eines Unternehmens am Kartell ist, wenn die Kommission nachweist, dass das betreffende Unternehmen an Zusammenkünften teilgenommen hat, bei denen wettbewerbswidrige Vereinbarungen getroffen wurden, ohne sich offen dagegen auszusprechen."[188] Diese Formulierung sowie die Anwendung durch die Kommission, spricht dafür, dass die Anforderung dem materiellen Tatbestand zuzuordnen ist. Insoweit weist die Kommission die Voraussetzungen des Art. 101 Abs. 1 AEUV anhand der fehlenden Distanzierung nach, um der Beweislastregelung des Art. 2 VO 1/2003 und dem Amtsermittlungsgrundsatz zu genügen.[189] Weiterhin ist den Urteilen der Ausdruck „passive Teilnahme"[190] zu entnehmen. Die Literatur wiederum spricht zum Teil von „konkludentem Handeln ohne Distanzieren".[191] Dadurch wird deutlich, dass eine stillschweigende Billigung der Inhalte

---

T-71/95,T-87/95,T-88/95,T-103/95 und T-104/95, ECLI:EU:T:2000:7, Rn. 12 (Cimentries CBR u.a./Kommission).

187 Vgl. B.I.1.

188 EuGH, Urt. v. 20.01.2016 – C-373/14, ECLI:EU:C:2016:26, Rn. 61 (Toshiba/Kommission).

189 *Weiß*, in: Terhechte, Verwaltungsrecht der Europäischen Union, Rn. 13.

190 EuGH, Urt. v. 07.04.2004 – C-204/00 P, C-205/00 P, C-211/00 P, C-213/00 P, C-217/00 P und C-219/00 P, ECLI:EU:C:2004:6, ECLI:EU:C:2004:6, Rn. 84 (Aalborg/Kommission).

191 *Hengst*, in: Langen/Bunte, Europäisches Kartellrecht, Art. 101 AEUV, Rn. 88.

und somit eine Willenserklärung auf Abschluss einer Vereinbarung i.S.d. Art. 101 Abs. 1 AEUV unterstellt wird.[192]

b. Die offene Distanzierung als bedeutsames Mittel für Unternehmen und Unternehmensvereinigungen auf der Verfahrensebene

Des Weiteren wird die offene Distanzierung im Rahmen der Unionsrechtsprechung als „unverzichtbares Beweismittel“ bezeichnet.[193] Sie dient im Rahmen des Beweisrechts als Mittel zur Widerlegung der Vermutung einer Kartellbeteiligung nach Teilnahme an einer wettbewerbswidrigen Zusammenkunft.[194] Da Kartelle in der Regel im Geheimen stattfinden und somit auch nicht immer Unterlagen zur Verfügung stehen, kommt es oftmals zu Beweisschwierigkeiten für die Kommission.[195] Aus diesem Grund bestehen Beweiserleichterungen.[196] Die Kommission muss nur nachweisen, dass das betroffene Unternehmen an einer Sitzung teilgenommen hat, auf der wettbewerbswidrige Inhalte besprochen wurden. Sodann greift die Vermutung, dass der Betroffene Kartellbeteiligter ist, sofern er sich nicht offen distanziert hat.[197] Das betroffene Unternehmen muss Indizien vortragen, die zum Beweis seiner fehlenden wettbewerbswidrigen Einstellung bei der Teilnahme an den Zusammenkünften geeignet sind und nachweisen, dass es seine Wettbewerber darauf hingewiesen hat, dass es mit einer anderen Zielsetzung als diese an den Zusammenkünften

---

192 *Harrer*, Die Beendigung der Zuwiderhandlung, S. 172; *Jüchser*, Die Beteiligung am Kartell, S. 21.

193 EuGH, Urt. v. 17.09.15 – C-634/13 P, ECLI:EU:C:2015:614, Rn. 22 (Total France/Kommission).

194 EuGH, Urt. v. 17.09.15 – C-634/13 P, ECLI:EU:C:2015:614, Rn. 21 (Total France/Kommission); EuGH, Urt. v. 20.01.2016 – C-373/14, ECLI:EU:C:2016:26, Rn. 71 (Toshiba/Kommission).

195 *Papadelli*, Beweislastverteilung bei der privaten Durchsetzung des Kartellrechts, S. 347.

196 *Böni/Wassmer*, EWS 2017, S. 69; *Papadelli*, Beweislastverteilung bei der privaten Durchsetzung des Kartellrechts, S. 352.

197 Nach st. Rspr. vgl. EuGH, Urt. v. 8.7.1999 – C-49/92 P, ECLI:EU:C:1999:356, Rn. 96 (Kommission/Anic Partecipazioni); EuGH, Urt. v. 07.04.2004- C-204/00 P, C-205/00 P, C-211/00 P, C-213/00 P, C-217/00 P und C-219/00 P, ECLI:EU:C:2004:6, Rn. 81–85 (Aalborg/Kommission).

teilgenommen hat.[198] Problematisch ist, dass es den Unternehmen kaum gelingt erfolgreich eine offene Distanzierung nachzuweisen.[199]

c. Enge Verflechtung zwischen der materiellen Ebene und der Verfahrensebene

Die offene Distanzierung weist eine enge Verknüpfung zwischen der materiellen Ebene und der Verfahrensebene auf. Einerseits, da die Kommission mithilfe der Vermutung nach Teilnahme an einer wettbewerbswidrigen Sitzung, ohne sich offen zu distanzieren, den materiellen Tatbestand erleichtert nachweisen kann. Andererseits besteht dann die Obliegenheit für das Unternehmen, solch eine offene Distanzierung nachzuweisen, um die Vermutung seinerseits zu widerlegen. Das Verständnis darüber richtet sich nach den anderen Kartellanten.[200] Gelingt dem Unternehmen dieser Nachweis, dann gilt die Zuwiderhandlung als beendet, es hat sich erfolgreich distanziert. Dies stellt für Unternehmen und Unternehmensvereinigungen die Wichtigere der beiden Komponenten dar. Bei der gänzlichen Abwendung der kartellrechtlichen Verantwortlichkeit stellt die offene Distanzierung nach derzeitigem Stand sogar das einzige Mittel dar, um diese Vermutung zu widerlegen.[201] Umso erstaunlicher ist, dass es den Unternehmen bislang kaum gelungen ist, den Anforderungen an die Widerlegung zu genügen. So müsste ein Umkehrschluss dafür sprechen, dass die Beweiserleichterung auf Seiten der Kommission dazu führt, dass an die Betroffenen ebenfalls keine allzu strengen Anforderungen an die Widerlegung der Vermutung gestellt werden. Die Praxis sieht augenscheinlich anders aus. Die Frage, die sich daher stellt, ist, ob dies zulässig sein kann.[202]

---

198 EuGH, Urt. v. 20.01.2016 – C-373/14, ECLI:EU:C:2016:26, Rn. 61 (Toshiba/Kommission); EuGH, Urt. v. 28.06.2005 – verb. Rs. C-189/02 P, C-202/02 P, C-205/02 P bis C-208/02 P und C-213/02 P, ECLI:EU:C:2004:415, Rn. 142 (Dansk Rørindustri u.a./Kommission); EuGH, Urt. v. 07.04.2004- C-204/00 P, C-205/00 P, C-211/00 P, C-213/00 P, C-217/00 P und C-219/00 P, ECLI:EU:C:2004:6, Rn. 81 (Aalborg/Kommission).

199 Vgl. *Abenhaim*, World Competition, 413, 413; *Scordamaglia*, CLR 2010, S. 5, 26.

200 EuGH, Urt. v. 19.03.2009 – C-510/06, ECLI:EU:C:2009:166, Rn. 120 (Archer Daniels Midland/Kommission).

201 EuGH, Urt. v. 17.09.2015 – C-634/13, ECLI:EU:C:2015:614, Rn. 23 (Total France/Kommission).

202 Siehe dazu unter: B.I.4.f.

4. Anforderungen an die Beendigung einer Vereinbarung i.S.d. Art. 101 Abs. 1 AEUV

a. Voraussetzungen für eine Vereinbarung

Eine Vereinbarung i.S.v. Art. 101 Abs. 1 AEUV liegt vor, wenn mindestens zwei Unternehmen den gemeinsamen Willen bilden eine bestimmte Verhaltensweise am Markt auszuüben.[203] Eine solche Vereinbarung fällt dann unter das Kartellverbot, wenn sie geeignet ist, den Handel zwischen den Mitgliedstaaten zu beeinträchtigen und eine Verhinderung, Einschränkung oder Verfälschung innerhalb des Wettbewerbs bezweckt oder bewirkt. Erfasst werden nicht nur Vereinbarungen zwischen Wettbewerbern, also auf horizontaler Ebene, sondern auch vertikale Vereinbarungen zwischen den Handelsstufen, so zum Beispiel zwischen einem Lieferanten und einem Abnehmer.[204] Maßgeblich sind somit zwei Elemente. Zum einen der gemeinsame Wille und zum anderen die Äußerung dieses Willens, die zum Ausdruck gebracht werden muss.[205] Die Willensäußerung muss dabei nicht einheitlich nach außen treten. Auch die Form ist unerheblich. So kann auch konkludentes Handeln dazu führen, dass eine Willensübereinstimmung zum Ausdruck kommt.[206] Eine rechtliche Verbindlichkeit wird nicht verlangt. Es handelt sich somit nicht um den gleichen Vereinbarungsbegriff wie bei einem zivilrechtlichen Vertrag im nationalen Recht. Es geht vielmehr um die Einigung auf einen gemeinsamen Plan.[207] Daher fällt auch ein sogenanntes Gentlemen's Agreement unter das Kartellverbot, bei dem es keine rechtliche, sondern eine tatsächliche Bindung gibt, die sich aus gesellschaftlichen, moralischen oder wirt-

---

203 EuGH, Urt. v. 22.10.2015 – C-194/14 P, ECLI:EU:C:2015:717, Rn. 28 (AC Treuhand/Kommission); ausführlich *Grave/Nyberg*, in: Loewenheim/Meesen/Riesenkampf/Kersting/Meyer-Lindemann, Kartellrecht 2020, Art. 101 Abs. 1, Rn. 196; *Roth/Ackermann*, in: Frankfurter Kommentar zum Kartellrecht, Art. Grundfragen Art. 81 Abs. 1 EG, Rn. 151.

204 *de Bronett*, in: Schulte/Just, Kartellrecht 2016, Art. 101 AEUV, Rn. 45.*Wiedemann*, in: Wiedemann, Kartellrecht 2020, § 2 Rn. 1.

205 *Weck/Camesasca*, WuW 2013, 17, 18.

206 *Hengst*, in: Langen/Bunte, Europäisches Kartellrecht, Art. 101 AEUV, Rn. 88 f.; *Roth/Ackermann*, in: Frankfurter Kommentar zum Kartellrecht, Art. Grundfragen Art. 81 Abs. 1 EG, Rn. 166.

207 *de Bronett*, in: Schulte/Just, Kartellrecht 2016, Art. 101 AEUV, Rn. 41; *Roth/Ackermann*, in: Frankfurter Kommentar zum Kartellrecht, Art. Grundfragen Art. 81 Abs. 1 EG, Rn. 153.

schaftlichen Aspekten bestimmt.[208] Die Willensäußerung kann bereits in der Teilnahme an einer Sitzung, auf der wettbewerbswidrige Absprachen getroffen wurden, bestehen.[209] Sie wird von der Rechtsprechung auch als passive Teilnahme verstanden.[210] Es obliegt dann den einzelnen Beteiligten der Vereinbarung darzulegen, dass sie nicht diesen gemeinsamen Willen zum Ausdruck bringen möchten. Fraglich ist, welche Anforderungen erfüllt sein müssen, um sich gänzlich von der Vereinbarung und somit vom Kartell abzuwenden.

b. Die Negation des Tatbestandsmerkmals Vereinbarung i.S.d. Art. 101 Abs. 1 AEUV zur Beendigung des Kartells

Zunächst ist die Frage zu stellen, wann eine „Rückgängigmachung" des Tatbestandmerkmales der Vereinbarung i.S.v. Art. 101 Abs. 1 AEUV vorliegt und was dieses bewirkt. Von einer „Rückgängigmachung" der Vereinbarung könnte bereits auszugehen sein, wenn der vermeintliche Beteiligte vorträgt, dass dieser sich nicht an die wettbewerbswidrige Vereinbarung halten möchte bzw. diese zurückweist, indem er die Absprachen nicht umsetzt und sich so nach den Grundsätzen des actus-contrarius von der (vermeintlichen) Vereinbarung löst. Wenn es für die Willensäußerung ausreicht, dass ein Vertreter eines Unternehmens an der Sitzung teilnimmt, dann könnte man im Umkehrschluss davon ausgehen, dass es dem Unternehmen auch möglich sein dürfte, den Ausdruck dieser Willensäußerung wieder zu negieren, indem erklärt wird, dass kein gemeinsamer Wille existiere. Aus Vorstehendem könnte nun zunächst geschlossen werden, dass sich der vermeintliche Kartellant bereits durch die bloße Negation des Tatbestandsmerkmals „Vereinbarung" und somit das Wegfallen der Voraussetzung des Art. 101 Abs. 1 AEUV formal von einem Kartell abwenden kann. Dies insbesondere vor dem Hintergrund, dass die Nachweisvoraussetzungen für die Kommission für das Vorliegen der Vereinbarung

208 *Roth/Ackermann*, in: Frankfurter Kommentar zum Kartellrecht, Grundfragen Art. 81 Abs. 1 EG, Rn. 155; *Zimmer*, in: Immenga/Mestmäcker, Wettbewerbsrecht 2019, Art. 101, Rn. 70.

209 Nach st. Rspr. EuGH, Urt. v. 8.7.1999 – C-49/92 P, ECLI:EU:C:1999:356, Rn. 96 (Kommission/Anic Partecipazioni); EuGH, Urt. v. 07.04.2004 – C-204/00 P, C-205/00 P, C-211/00 P, C-213/00 P, C-217/00 P und C-219/00 P, ECLI:EU:C:2004:6, Rn. 81 (Aalborg/Kommission).

210 EuGH, Urt. v. 07.04.2004 – C-204/00 P, C-205/00 P, C-211/00 P, C-213/00 P, C-217/00 P und C-219/00 P, ECLI:EU:C:2004:6, Rn. 84 (Aalborg/Kommission).

geringen Anforderungen unterliegen, da eine Teilnahme an einer wettbewerbswidrigen Sitzung (ohne dass sich das Unternehmen aktiv beteiligt haben muss) bereits ausreicht.[211] Sodann wäre es dem Teilnehmer möglich seine Verantwortung in Gänze abzuwenden. Die Negation einer Vereinbarung allein genügt jedoch der rechtlichen Qualität einer Abwendung der Kartellbeteiligung eines Einzelnen nicht.

c. Das Erfordernis der offenen Distanzierung als eine über die Negation hinausgehende Anforderung

Es besteht das Erfordernis einer offenen Distanzierung, um sich gänzlich von einer wettbewerbswidrigen Vereinbarung im Rahmen einer Sitzung abzuwenden, auch wenn sich der Betroffene[212] während der Absprache passiv verhalten hat.[213] Um die Kartellbeteiligung zu widerlegen, wird demzufolge in Form der offenen Distanzierung ein „Mehr" als das bloße Negieren der Verhaltensweise nach Art. 101 Abs. 1 AEUV verlangt. Die offene Distanzierung bringt sogar gleich mehrere Voraussetzungen mit sich, die das Unternehmen erfüllen muss.[214] Auf den ersten Blick ist nicht ersichtlich, woher das Erfordernis stammt, da keine geschriebene normative Anknüpfung gegeben ist, so dass eine Erörterung geboten ist. Im Folgenden wird daher erarbeitet, auf welcher Grundlage es beruht, dass eine offene Distanzierung zur Anwendung kommen soll und ob das Erfordernis gerechtfertigt ist, statt die Zulässigkeit einer Handlung actus-contrarius anzunehmen.

---

211 *Weck/Camesasca*, WuW 2013, 17, 20.

212 Im Rahmen des ersten Anwendungsbereiches wird in der Arbeit überwiegend von „Betroffener" gesprochen, da nicht sicher ist, ob das Unternehmen tatsächlich beteiligt ist.

213 EuGH, Urt. v. 16.11.2000, – C-291/98, ECLI:EU:C:2000:631, Rn. 43 (Sarrió/Kommission); EuGH, Urt. v. 07.04.2004 – C-204/00 P, C-205/00 P, C-211/00 P, C-213/00 P, C-217/00 P und C-219/00 P, ECLI:EU:C:2004:6, Rn. 81 (Aalborg/Kommission); EuG, Urt. v. 06.04.1995 – T-141/89, ECLI:EU:T:1995:62, Rn. 85, 158 (Tréfileurope/Kommission); siehe auch unter: Bellamy&Child, Rn. 2.054.

214 Siehe zu den einzelnen Voraussetzungen: B.I.4.g.

d. Herleitung der offenen Distanzierung als Anforderung zur Beendigung der Vereinbarung

aa. Anwendung der Auslegungsmethoden zur Feststellung der offenen Distanzierung

Grundsätzlich muss durch Auslegung des Gesetzestextes der Sinn der Regelung ergründet werden. Dabei sollte der Text so interpretiert werden, „wie er sich jedem Kundigen darbietet“.[215] Der Richter kann sich dabei der anerkannten Auslegungsmethoden bedienen. So kann er den Gesetzestext nach dem Wortlaut, nach dem Sinn und Zweck, nach der Systematik oder historisch auslegen, wobei alle Auslegungsformen nebeneinander anwendbar sind.[216] Auf der Ebene des EU-Rechts kommt zudem noch die rechtsvergleichende Methode, allerdings als untergeordnete Methode in Frage.[217] Der Gerichtshof muss zudem im Wege des „effet utile“ auslegen.[218]

Legt man Art. 101 AEUV nach dem Wortlaut aus, dann wird dem Adressaten ersichtlich, welche Voraussetzungen vorliegen müssen, um diesen Tatbestand zu erfüllen. Auch die Rechtsfolge der verbotenen Verhaltensweise (Abs. 2) und mögliche Freistellungen in Bezug auf die Absprachen (Abs. 3) sind der Norm zu entnehmen. Anhand des Wortlautes des Art. 101 Abs. 1 AEUV lässt sich jedoch nicht feststellen, wann der Tatbestand nicht mehr erfüllt ist. Erst recht lässt sich kein Erfordernis für ein konkretes Kriterium erkennen, welches einer Abwendung aus dem Kartell gleichkommen würde oder als eine Art negatives Tatbestandsmerkmal aufzufassen wäre. Bei der Auslegung ist die Wortlautgrenze zu beachten, die sich aus dem Gesetzlichkeitsprinzip – verankert in Art. 49 GrCharta und Art. 7 ERMK – ableiten lässt.[219] Welche Voraussetzungen und welche Verhaltensweise für die Beendigung einer Vereinbarung erforderlich sind, sind jedoch im AEUV nicht definiert. Zu beachten ist allerdings, dass der Sinn und Zweck des Kartellverbotes die Gewährleistung eines unverfälschten Wettbewerbs im Binnenmarkt i.S.d. Art. 3 Abs. 3, 4 EUV ist, der nicht durch rechtswidrigen Verhaltensweisen von Unternehmen be-

---

215 *Geserich*, DStR-Beih 2011, 59, 59.

216 *Geserich*, DStR-Beih 2011, 59, 60.

217 *Pechstein/Drechsler*, in: Riesenhuber, Methodenlehre, § 7, Rn. 36.

218 *Everling*, JZ 2000, 217, 223; *Seyr*, Der effet utile in der Rechtsprechung 2008, S. 272 ff.

219 *Eser*, in: Meyer/Hölscheidt, Charta der Grundrechte, Art. 49 GRC, Rn. 12 ff., 21.

schränkt werden soll.[220] Es liegt daher nahe das Tatbestandsmerkmal „Vereinbarung" grundsätzlich weit auszulegen.[221] Für eine weite Auslegung spricht zudem, dass Art. 101 Abs. 1 AEUV auch tatbestandseinschränkende Kriterien aufweist, wie zum Beispiel die ungeschriebene Voraussetzung der Spürbarkeit.[222] Nach der grammatikalischen Auslegung ist gleichwohl ersichtlich, dass Art. 101 AEUV als Tatbestandsvoraussetzung kein „offenes Distanzieren" verlangt. Auch vom Wortlaut des Tatbestandsmerkmals „Vereinbarung" kann das Verlangen der Distanzierungshandlung nicht gedeckt sein, da der Begriff gerade den Erfolg ausdrücken soll, welcher vorliegen muss, um gegen das Kartellverbot zu verstoßen und nicht, was den Tatbestand negieren würde. Ferner hilft eine systematische Betrachtung nicht weiter, da es auch außerhalb des Art. 101 AEUV keine Regelung gibt, die vorgibt, wie sich die betroffenen Unternehmen während der Begründung des Tatbestandes des Art. 101 Abs. 1 AEUV wieder von diesem abwenden können.[223] Der Telos, also der Sinngehalt der Norm, gibt wiederum Aufschluss darüber, dass zum Zwecke eines unverfälschten Wettbewerbs eine weite Anwendung der Norm gewollt ist. Damit ist aber auch ausdrücklich gemeint, dass viele Sachverhalte unter den Art. 101 Abs. 1 AEUV zu fassen sind. Aus dem Telos lässt sich allerdings nicht ableiten, wann dies nicht der Fall sein soll, namentlich ob sich ein Unternehmen von seiner Verantwortung wieder abwenden kann und unter welchen Anforderungen. Nur im Zusammenhang mit den Kommissionsentscheidungen und Entscheidungen der europäischen Gerichte lässt sich feststellen, dass eine Negation des Tatbestandes nicht ausreicht, um den Tatbestand des Art. 101 Abs. 1 AEUV entfallen zu lassen und um sich von einem Kartell wieder abzukehren, sondern eine vom Tatbestand unabhängige Handlung erforderlich ist.[224] Mithilfe der Auslegungsmethoden lässt sich die

---

220 *Hengst*, in: Langen/Bunte, Europäisches Kartellrecht, Art. 101 AEUV, Rn. 1.

221 *Hengst*, in: Langen/Bunte, Europäisches Kartellrecht, Art. 101 AEUV, Rn. 91; *Hoffmann*, in: Dauses/Ludwigs, EU-Wirtschaftsrechts, H.I. § 2, Art. 101 AEUV, 53. EL 2021, Rn. 4.

222 *Grave/Nyberg*, in: Loewenheim/Meesen/Riesenkampf/Kersting/Meyer-Lindemann, Kartellrecht 2020, Art. 101 Abs. 1, Rn. 259; *Stockenhuber*, in: Grabitz/Hilf/Nettesheim, 74. EL 2021, Art. 101, Rn. 217; *Zimmer*, in: Immenga/Mestmäcker, Wettbewerbsrecht 2019, Art. 101, Rn. 138.

223 *Pechstein/Drechsler*, in: Riesenhuber, Methodenlehre, § 7, Rn. 46 ff.; Im nationalen Recht wäre die Rücktrittsnorm § 24 des Strafgesetzbuches damit vergleichbar.

224 EuGH, Urt. v. 16.11.2000 – C-291/98, ECLI:EU:C:2000:631, Rn. 43 (Sarrió/Kommission); EuGH, Urt. v. 07.04.2004 – C-204/00 P, C-205/00 P, C-211/00 P, C-213/00 P, C-217/00 P und C-219/00 P, ECLI:EU:C:2004:6, Rn. 81 (Aal-

offene Distanzierung damit nicht dem Art. 101 Abs. 1 AEUV entnehmen. Es gibt auch schlichtweg keine andere gesetzliche Regelung für dieses Kriterium. Die Frage, die mit der Nichtnormierung dann einhergeht, ist, ob die geforderte offene Distanzierung trotzdem gerechtfertigt sein kann.

Das Gesetzlichkeitsprinzip, welches den ungeschriebenen Bestimmtheitsgrundsatz beinhaltet, verlangt, dass der Adressat einer Norm die verbotene Verhaltensweise eindeutig erkennen kann (Tatbestandsebene) und die Rechtsfolge für ihn vorhersehbar ist.[225] Unter Berücksichtigung dieses Grundsatzes ist fraglich, ob die Anforderungen, die für die Beendigung der verbotenen Verhaltensweise verlangt werden, zu hoch sind. In materieller Hinsicht sollte es für den Adressaten des Gesetzes erkennbar sein, wann er gerade nicht (mehr) die wettbewerbswidrige Verhaltensweise erfüllt. Sollte man die Anforderung der offenen Distanzierung und dessen Voraussetzungen, als Haftungsausschließungsgrund[226] oder als Strafaufhebungsgrund[227] anerkennen, so stellt sich erst recht die Frage, warum dies nicht ausdrücklich normiert wurde. Vor allem der Gesichtspunkt der Rechtssicherheit steht hier maßgeblich im Vordergrund, da für den Betroffenen nicht sofort erkennbar ist, wie er nicht gegen die Verhaltensweise verstößt, also sich distanziert. Vom Bestimmtheitsgrundsatz ist jedenfalls auch die Bestimmbarkeit einer Norm gefasst. Das heißt, dass die Normen auch auslegungsfähig sind[228] und durch die Rechtsprechung präzisiert werden können.[229] Mangels ausdrücklicher Ermächtigungsgrundlage für die offene Distanzierung ist jedoch fraglich, ob die Anforderungen zulässig sind und was der Anknüpfungspunkt für eine mögliche Rechtfertigung ist. Ein Einwand gegen die Zulässigkeit, die in Erwägung gezogen werden muss, ist, dass der Unionsgesetzgeber möglicherweise mit dem Schweigen im Gesetz gerade zum Ausdruck bringen möchte, dass gerade keine weiteren Anforderungen gewollt sind.

---

borg/Kommission); EuG, Urt. v. 06.04.1995 – T-141/89, ECLI:EU:T:1995:62, Rn. 85, 158 (Tréfileurope/Kommission).

225 *Biermann*, in: Immenga/Mestmäcker, Wettbewerbsrecht 2019 Vor Art. 23 VO 1/2003, Rn. 41 ff.

226 *Heinrich/Eckel*, NZKart 2017, 106, 106 ff.

227 Da die offene Distanzierung auch unverzüglich nach der Zuwiderhandlung erfolgen kann.

228 *Dästner*, Bestimmtheitsgrundsatz und Schuldprinzip, S. 32.

229 *Biermann*, in: Immenga/Mestmäcker, Wettbewerbsrecht 2019, Vor Art. 23 VO 1/2003, Rn. 45.

bb. Entwicklung und Ausgestaltung der offenen Distanzierung durch richterliche Rechtsfortbildung auf Unionsebene

Da die Auslegungsmethoden alleine nicht weiterhelfen, die offene Distanzierung aber „in ständiger Rechtsprechung“[230] verlangt wird, könnte das Kriterium im Zuge der richterlichen Rechtsfortbildung in zulässiger Weise präzisiert und entwickelt worden sein. Die Rechtsfortbildung ist als Fortsetzung der Auslegung zu verstehen.[231] Die Unionsgerichte sind grundsätzlich zu solch einer Rechtsfortbildung befugt. Diese Legitimation ist den Grundsätzen des Art. 19 Abs. 1 EUV zu entnehmen.[232] Hiernach hat der Gerichtshof die „Wahrung des Rechts bei der Auslegung und Anwendung der Verträge zu wahren.“ Die Unionsgerichte verwenden hier jedoch nicht die Terminologie „Rechtsfortbildung“, sondern sie sprechen allgemein von „interprétation“.[233] Dies lässt erkennen, dass die Übergänge zwischen Auslegung und Rechtsfortbildung fließend und teilweise gar nicht zu trennen sind. Im Rahmen dieser „interprétation“ darf das Gericht nicht die Rolle des Gesetzgebers übernehmen, da den Richtern die demokratische Legitimation zu dieser Befugnis fehlt.[234] Nicht immer lässt sich jedoch eine richterliche Entscheidung auf Grundlage des Gesetzestextes treffen. Teilweise ist eine Fortentwicklung des Rechtssatzes durch die Gerichte sogar erforderlich.[235] „Gesetzgebung und Rechtsprechung verhalten sich zueinander nicht wie Befehl und Ausführung, sondern wie Grundsatz und Konkretisierung“.[236] Richterliche Rechtsfortbildung ist somit immer dann gegeben, wenn sich in Urteilen nicht bloß das Wiedergeben von Rechtssätzen vorfinden lässt, sondern wenn in ihnen generell-abstrakte Regeln angewendet werden, was über die bloße Wiedergabe unter Überschreitung der möglichen Wortlautgrenze hinausgeht.[237] Man unterschei-

230 Siehe ab: B.I.1.b.bb.
231 *Pechstein/Drechsler*, in: Riesenhuber, Methodenlehre, § 7 Rn. 56; Zudem seien laut *Biermann* die Tatbestandsmerkmale des Art. 101 AEUV auf eine Rechtsfortbildung angelegt, in: Immenga/Mestmäcker, Wettbewerbsrecht 2019, Vorb. zu Art. 23 VO 1/2003, Rn. 46.
232 *Pechstein/Drechsler*, in: Riesenhuber, Methodenlehre, § 7 Rn. 57.
233 *Neuner*, in: Riesenhuber, Methodenlehre, § 12 Rn. 2 ff.
234 *Neuner*, in: Riesenhuber, Methodenlehre, § 12 Rn. 2 ff.
235 *Kirchhof*, NJW 1986, 2275, 2275.
236 *Kirchhof*, NJW 1986, 2275, 2275.
237 *Larenz*, Methodenlehre, S. 502.

det auch im Unionsrecht grundsätzlich zwischen gesetzesimmanenter und gesetzesübersteigender Rechtsfortbildung.[238]

(1) Gesetzesimmanente Rechtsfortbildung

Auch wenn sich „der Gerichtshof nicht systematisch einer planwidrigen Regelungslücke in seiner Begründung bedient“[239], sieht der methodische Ansatz, nach Anwendung der Auslegungsmethoden, zunächst vor, dass das Vorliegen einer Gesetzeslücke erwogen wird, die der Richter ausfüllen muss. Man spricht auch von sogenannter gesetzesimmanenter Rechtsfortbildung.[240] Der Maßstab ist dabei das Unionsrecht.[241] Grundsätzlich sind die Richter zur Rechtsfortbildung und Lückenschließung befugt. Die gesetzesimmanente Rechtsfortbildung stellt per se keinen Verstoß gegen den Gewaltenteilungsgrundsatz dar.[242] Vielmehr ist es im Unionsrecht sogar erforderlich, dass der Gerichtshof zur Fortentwicklung des Rechts beiträgt, da die Gesetze durch ein erschwertes Zusammenspiel von Organen der europäischen Union und Mitgliedstaaten zustande kommen und es so zwangsläufig dazu kommt, dass die Rechtsakte unvollkommen sind.[243] Es kann entweder eine Lücke vorliegen, die schon nach dem Wortlaut gegeben ist, so dass eine Lückenschließung für die Anwendbarkeit der Norm notwendig ist.[244] Daneben gibt es aber auch Normen, deren Wortlaut dem Grunde nach vollständig ist und die Anwendbarkeit zunächst keine Widersprüche zulässt, die aber aus teleologischen Gründen einer Ausfüllung bedürfen.[245] Art. 101 Abs. 1 AEUV nennt die Voraussetzungen für ein Kartellverbot, dabei ist das Kriterium der offenen Distanzierung und die damit einhergehenden Voraussetzungen nicht geregelt worden. Es liegt somit eine Lücke vor. Das Kartellverbot ist zwar grundsätzlich auch ohne

238 *Ukrow*, Richterliche Rechtsfortbildung durch den EuGH, S. 70.

239 *Grosche*, Rechtsfortbildung im Unionsrecht, S. 109.

240 *Larenz*, Methodenlehre, S. 413; *Grosche*, Rechtsfortbildung im Unionsrecht, S. 96.

241 *Everling*, JZ 2000, 217, 226.

242 *Ehricke*, in: Streinz, AEUV, Art. 267, Rn. 9; vgl. *Schwarze/Wunderlich*, in: Schwarze/Becker/Hatje/Schoo, EU-Kommentar 2019, Art. 19, Rn. 42.

243 *Everling*, JZ 2000, S. 217, 221.

244 *Zippelius*, Methodenlehre, S. 52; *Bydlinski*, Methodenlehre und Rechtsbegriff, S. 473 f.

245 *Zippelius*, Methodenlehre, S. 52; *Bydlinski*, Methodenlehre und Rechtsbegriff, S. 474.

die Nennung der offenen Distanzierung anwendbar, allerdings besteht das Bedürfnis für die Adressaten auch zu wissen, wann das Kartellverbot gerade nicht (mehr) besteht. Es kommt damit nur die zuletzt genannte – eine „wertend feststellbare – Lücke“[246] in Betracht. Selbst bei der Annahme, dass die offene Distanzierung als passive Beteiligung bei dem Tatbestandbestandsmerkmal „Vereinbarung“ einzuordnen ist,[247] ist von einer Lücke auszugehen, da die offene Distanzierung eigene Anforderungen mit sich bringt, die das Verständnis der Vereinbarung oder Beteiligung i.S.v. Art. 101 Abs. 1 AEUV überschreiten[248] und dessen ungeachtet nicht geregelt sind. Mit der Schaffung der Anforderung der offenen Distanzierung werden jedoch Voraussetzungen an die Adressaten des Art. 101 Abs. 1 AEUV gestellt, die anscheinend über den Plan des Gesetzes hinausgehen. Insoweit ist gewissermaßen eine Rechtsfrage vorangestellt. Namentlich ob und wie sich der Adressat des Kartellverbotes der Verantwortlichkeit entziehen kann. Wie das Unternehmen also tatsächlich die Verhaltensweise beendigen kann, um auch auf Rechtsfolgenebene der Sanktion zu entgehen oder einzugrenzen. Da sich aber keine gesetzliche Anknüpfung zu dieser Rechtsfrage finden lässt, würde eine Fortentwicklung im Zuge einer gesetzesimmanenten Rechtsfortbildung zu weit führen. Das Kriterium der offenen Distanzierung kann daher nur innerhalb einer gesetzesübersteigenden Rechtsfortbildung entwickelt worden sein.

(2) Gesetzesübersteigende Rechtsfortbildung

Sogenannte gesetzesübersteigende Rechtsfortbildung liegt dann vor, wenn mangels Regelungslücke kein Raum für eine ausfüllende Rechtsfortbildung besteht, es aber dennoch zu einer Fortentwicklung durch die Richter kommt.[249] Sinn und Zweck der Wettbewerbsregeln ist der Schutz gegen Beschränkungen des Wettbewerbs, um die Ziele der Europäischen Union, die Errichtung eines gemeinsamen Binnenmarktes i.S.v. Art. 3 Abs. 3, 4 EUV, zu erreichen.[250] Die Wirtschaftsteilnehmer sollen sich autonom verhalten, so dass ein unverfälschter Wettbewerb gewährleistet ist.[251] Unter

246 *Zippelius*, Methodenlehre, S. 52.
247 Siehe dazu unter: B.I.4.e.
248 Genauer unter: B.I.4.g.
249 *Larenz*, Methodenlehre, S. 413.
250 *Bunte*, in: Langen/Bunte, Europäisches Kartellrecht, Überblick Rn. 1 ff., Art. 101 AEUV, Rn. 165; *Emmerich/Lange*, Kartellrecht, S. 11.
251 *Emmerich/Lange*, Kartellrecht, S. 12.

dieser Prämisse ist davon auszugehen, dass der Gesetzgeber im Rahmen des Kartellverbotes nach Art. 101 Abs. 1 AEUV zunächst nicht vorgesehen hat, dass sich ein Unternehmen nach Begründung des Tatbestandes wieder von diesem abwenden kann, um sich seiner Verantwortung wieder zu entziehen. Folglich steht das Institut des Wettbewerbs maßgeblich im Vordergrund und nicht der einzelne Wirtschaftsteilnehmer. Dafür spricht auch der weite Tatbestand des Kartellverbotes[252]. Da der Gesetzgeber bei Schaffung des Art. 101 AEUV die Abwendung vom Kartell mangels Bedarfs wohl nicht regeln wollte, besteht keine Lücke, die gefüllt werden kann. Somit handelt es sich bei der offenen Distanzierung um eine Rechtsfigur, die in Form gesetzesübersteigender Rechtsfortbildung entwickelt wurde und nicht um eine „planwidrige Regelungslücke" zu füllen.

cc. Zusammenfassung

Mithilfe der anerkannten Auslegungsmethoden lässt sich die Anforderung der offenen Distanzierung den Regelungen des europäischen Kartellrechts nicht entnehmen. Es handelt sich vielmehr um eine richterliche Rechtsfortbildung. Die Rechtsfrage, die mit dem Kriterium der offenen Distanzierung einhergeht, ist die, wie sich ein Unternehmen der kartellrechtlichen Verantwortung nach Art. 101 Abs. 1 AEUV wieder entziehen kann. Das Kartellverbot knüpft an diese Frage allerdings nicht an. Es soll vielmehr das Gegenteil klarstellen, inwieweit eine Verhaltensweise eine wettbewerbswidrige Handlung darstellt, die dann auf Rechtsfolgenseite die Nichtigkeit bewirkt und Sanktionen auslöst. Es handelt sich somit zwar um eine Rechtsfortbildung, gleichwohl ist von einer gesetzesübersteigenden und nicht von einer immanenten Rechtsfortbildung zum Zwecke einer Lückenfüllung, zu sprechen. Nach der Herleitung der offenen Distanzierung ist weiterhin zu erwägen, welche Aufgabe die Anforderung der offenen Distanzierung bezwecken soll.

252 Siehe auch unter: B.I.4.d.aa.

e. Die Einordnung der offenen Distanzierung

aa. Kein Tatbestandsmerkmal i.S.v. Art. 101 Abs. 1 AEUV

Teilweise wird angenommen, dass die offene Distanzierung als Teil der Vereinbarung zu verstehen ist. So ist der Rechtsprechung zu entnehmen, dass die stillschweigende Billigung von wettbewerbswidrigen Initiativen auf Sitzungen, ohne sich offen zu distanzieren, eine passive Form der Komplizenschaft darstellt und somit eine Verantwortlichkeit nach Art. 101 Abs. 1 AEUV begründen kann.[253] In der Literatur wird ebenfalls das Fehlen der offenen Distanzierung als ein konkludenter Wille, sich an der vorliegenden Vereinbarung zu beteiligen verstanden,[254] so dass das Kriterium dann unter das Tatbestandsmerkmal der Vereinbarung zu fassen wäre. Für diese Einordnung sprechen andere Beispiele, die aufzeigen, dass eine sehr weite Auslegung des Art. 101 Abs. 1 AEUV übliche Praxis ist. Insoweit kann man die Rechtsfigur der fortgesetzten und einheitlichen Zuwiderhandlung, bei der die Gerichte Verhaltensweisen zusammenfassen, unabhängig davon, ob es sich tatsächlich um eine Vereinbarung oder um eine Abstimmung handelt, anführen.[255] Auch ein Kartellgehilfe, der nicht der Adressat des Kartellverbotes ist, kann nach jüngster Rechtsprechung zum Schutz des unverfälschten Wettbewerbs gegen Art. 101 Abs. 1 AEUV verstoßen.[256] Dies spricht für eine weite Anwendung des Kartellverbotes. Allerdings bringt die von der Rechtsprechung bezeichnete „passive Beteiligung"[257], die sich dadurch auszeichnet, dass keine offene Distanzierung vorliegt, nicht nur eine Anforderung, sondern gleich mehrere Vorausset-

---

253 EuGH, Urt. v. 07.04.2004 – C-204/00 P, C-205/00 P, C-211/00 P, C-213/00 P, C-217/00 P und C-219/00 P, ECLI:EU:C:2004:6, Rn. 84 (Aalborg/Kommission); EuGH, Urt. v. 28.06.2005 – C-189/02 P, C-202/02 P, C-205/02 P bis C-208/02 P und C-213/02 P, ECLI:EU:C:2005:408, Rn. 143 (Dansk Rørindustri/Kommission); EuGH, Urt. v. 22.101.2015 – C 194/14 P, ECLI:EU:C:2015:717, Rn. 31 (AC-Treuhand/Kommission).

254 GA Mischo, Schlussantrag v. 18.05.00 – C-291/98 P, ECLI:EU:C:2000:265 (Sarrió/Kommission); *Hengst*, in: Langen/Bunte, Europäisches Kartellrecht, Art. 101 AEUV, Rn. 88.

255 Siehe unter: C.I.

256 EuGH, Urt. v. 22.10.2015 – C 194/14 P, ECLI:EU:C:2015:717 (AC-Treuhand/Kommission); *Schumacher*, ZfRV 2009, 9, 9 ff.

257 EuGH, Urt. v. 07.04.2004 – C-204/00 P, C-205/00 P, C-211/00 P, C-213/00 P, C-217/00 P und C-219/00 P, ECLI:EU:C:2004:6, Rn. 84 (Aalborg/Kommission); EuGH, Urt. v. 28.06.2005 – C-189/02 P, C-202/02 P, C-205/02 P bis C-208/02 P und C-213/02 P, ECLI:EU:C:2005:408, Rn. 143 (Dansk Rørindustri/Kommis-

zungen mit sich.[258] Entgegen der vorgenannten Auffassungen, handelt es sich bei der offenen Distanzierung daher vielmehr um ein Konzept eigener Art. Jedenfalls kann das Konzept aufgrund der verlangten Anforderungen, die sich gerade nicht nur in einem bloßen Unterlassen widerspiegeln, sondern in einem positiven Tun, nicht einfach als passive Beteiligung qualifiziert werden. Solch eine „passive Beteiligung", die mithilfe einer negativen Abgrenzung (Nichtvorliegen der offenen Distanzierung) verschiedene Voraussetzungen verlangt, könnte nur als Zuwiderhandlung i.S.d. Art. 101 Abs. 1 AEUV eingeordnet werden, wenn sie als eigene und somit weitere Zuwiderhandlung geregelt wäre. Es handelt sich daher nicht um ein (ungeschriebenes) Tatbestandsmerkmal des Art. 101 Abs. 1 AEUV.

bb. Die offene Distanzierung als Anforderung an die Unternehmen zum Beweis der Abwendung eines Kartells

Nicht alle Stimmen sind indes so konsequent und auch durch die Rechtsprechung wird das Kriterium auf materieller Ebene nicht zwingend als Teil der Vereinbarung in Gestalt einer passiven Beteiligung bezeichnet. So wird das Kriterium zum Beispiel als „Verantwortlichkeitsentlastungselement"[259] oder als „Haftungsausschließungsgrund bzw. Haftungsbegrenzungsgrund"[260] eingeordnet. Vertritt man die Ansicht, dass die offene Distanzierung ein Mittel ist, um sich der kartellrechtlichen Verantwortung zu entziehen, dann findet das Kriterium *nach* Vorliegen des Tatbestandes Anwendung und erfüllt damit eine Anforderung zur Abwendung. Es ähnelt damit einem Rücktrittsrecht.

Die offene Distanzierung soll nach Teilnahme an einer Sitzung, bei der wettbewerbswidrige Inhalte besprochen wurden, dazu dienen, den anderen Kartellanten nicht den Eindruck zu vermitteln, die Initiative zu billigen und das Kartell zu bestärken.[261] Die Anforderung dient daher

---

sion); EuGH, Urt. v. 22.101.2015, – C 194/14 P, ECLI:EU:C:2015:717, Rn. 31 (AC-Treuhand/Kommission).

258 Siehe dazu unter B.I.4.g.: Offen und unzweideutig, den anderen gegenüber, autonomes Verhalten etc.

259 EuG, Urt. v. 05.12.2006 – T-303/02, ECLI:EU:T:2006:374, Rn. 103 (Westfalen Gassen Nederland/Kommission); EuG, Urt. v. 30.11.2011 – T-208/06, ECLI:EU:T:2011:701, Rn. 50 (Quinn Barlo/Kommission).

260 *Heinrich/Eckel*, NZKart 2017, 106, 108.

261 EuGH, Urt. v. 16.11. 2000 – C-291/98 P, ECLI:EU:C:2000:631, Rn. 50 (Sarrió/Kommission); EuG, Urt. v. 17.12.1991 – T-7/89, ECLI:EU:T:1991:75, Rn. 232

nicht nur dazu, dass ein Kartell erst gar nicht entsteht, sondern vor allem bestehende Kartelle zu zerschlagen. Dies spricht dafür, dass die offene Distanzierung in einer Phase relevant wird, in dem die kartellrechtliche Verantwortlichkeit bereits begründet worden ist und sich das betroffene Unternehmen dieser wieder entziehen möchte, also zeitlich nach Erfüllung der Tatbestandsvoraussetzungen. Die offene Distanzierung fungiert einerseits als Anreiz für die Unternehmen, um die kartellrechtliche Verantwortung komplett von sich abzuwenden. Andererseits ist sie das Mittel im Beweisrecht, um die Widerlegung an die Kartellteilnahme zu erfüllen. Des Weiteren beinhaltet die Anforderung nicht nur, dass man sich offen und unmissverständlich von den Inhalten distanziert, sondern es sind weitere Voraussetzungen zu erfüllen. Die bloße Negation des Tatbestandes reicht nicht aus. Nicht abschließend ist insoweit das autonome Verhalten am Markt durch das Unternehmen, welches unabhängig von den besprochenen Inhalten sein muss, zu nennen.[262] Die besseren Argumente sprechen daher dafür, die offene Distanzierung als Konzept nach Vorliegen des Tatbestandes und nicht als Bestandteil des Tatbestandes der Vereinbarung zu qualifizieren. Schließlich handelt es sich um eine Anforderung im Rahmen des Beweisrechts an die Unternehmen zur Abwendung von einem Kartell.

cc. Zusammenfassung

Entgegen einiger Stimmen in der Literatur und der Unionsrechtsprechung, handelt es sich bei der offenen Distanzierung nicht um einen Unterfall der Vereinbarung in Form einer passiven Beteiligung und damit um ein Tatbestandsmerkmal des Art. 101 Abs. 1 AEUV. Die offene Distanzierung ist vielmehr eine Anforderung nach Begründung des Tatbestandes. Es ähnelt daher einem Rücktrittsrecht, da der Kartellant die wettbewerbswidrige Verhaltensweise i.S.d. Kartellverbots beenden möchte. Um die Anforderungen an die offene Distanzierung zu erfüllen, muss der Beteiligte alle Voraussetzungen erfüllt haben, die mit der Anforderung einhergehen.[263] Aus diesem Grund erscheint es nicht sachgerecht, die passive Beteiligung durch Nichtvorliegen der offenen Distanzierung unter Art. 101 Abs. 1

(Hercules Chemicals/Kommission); siehe auch unter: EuG, Urt. v. 10.03.1992 – T-12/89, ECLI:EU:T:1992:34, Rn. 98 (Solvay/Kommission).

262 *Bailey*, World Competition 2008, 177, 177 ff.; siehe unter: B.I.4.g.bb.(1).

263 Siehe unter: B.I.4.g.

AEUV zu fassen und als Tatbestandsmerkmal zu qualifizieren. Es handelt sich um eine Anforderung im Beweisrecht, um seine Teilnahme am Kartell abzuwenden.

f. Erwägungen über die Anwendung der offenen Distanzierung oder rechtswidrige Schaffung von ungeschriebenen Voraussetzungen?

Auch wenn keine Einigkeit im europäischen Recht darüber besteht, ob man begrifflich zwischen Auslegung und Rechtsfortbildung unterscheiden sollte bzw. ob die methodischen Grundlagen, die aus dem nationalen Recht bekannt sind, buchstäblich übernommen werden können, sollten dennoch Grenzen eingehalten werden, damit die Kompetenzen zwischen Legislative und Judikative nicht zu sehr verschmelzen.[264] Eine Rechtsfortbildung muss daher im Einklang mit allgemeinen Rechtsgrundsätzen und Prinzipen stehen[265] und ist rechtfertigungsbedürftig.[266] Für eine gesetzesübersteigende Rechtsfortbildung, die über das Maß des Geplanten hinausgeht, sollte dies umso mehr gelten. Die Fragen, die sich aufdrängen, sind, ob rechtswidrig ein ungeschriebener Tatbestand geschaffen, der Tatbestand des Art. 101 Abs. 1 AEUV unzulässig erweitert wurde[267] oder ob sich die offene Distanzierung rechtfertigen lässt und auf welcher Grundlage solch eine Rechtfertigung basiert.

aa. Einhaltung der Ziele des Vertrages und Sinn und Zweck der Regelung

Evident ist, dass sich jedwede Fortentwicklung des Gesetzes an die Teleologie des Gesetzes halten muss.[268] Das Kartellverbot verfolgt das Ziel, der Beschränkung einzelner Wirtschaftsteilnehmer entgegenzuwirken, um ein System unverfälschten Wettbewerbs für einen gemeinsamen Binnenmarkt zu gewährleisten.[269] Damit steht, wie auch in der Präambel des Vertrages (AEUV) verankert, der redliche Wettbewerb im Vordergrund. Im Lichte

264 Vgl. *Vogenauer*, ZEuP 2005, 234, 241 ff.

265 *Augsberg*, in: Terhechte, Verwaltungsrecht der Europäischen Union, Rn. 11; *Larenz*, Methodenlehre, S. 414.

266 *Lochmann*, EuR 2019, 61, 79; *Schroeder*, Jus 2004, 180, 184.

267 Wenn man annimmt, dass die offene Distanzierung als passive Beteiligung unter Art. 101 Abs. 1 AEUV und der „Vereinbarung“ zu qualifizieren ist.

268 *Larenz*, Methodenlehre, S. 366.

269 Art. 3 Abs. 3, 4 EUV.

des effet utile muss die Norm daher so ausgelegt werden, dass das Vertragsziel am besten und einfachsten durchgesetzt wird.[270]

Die offene Distanzierung kann, wie zuvor dargestellt, auf materieller Ebene als eine Anforderung eigener Art, hier als Anforderung im Rahmen des Beweisrechts, oder als Teil der Vereinbarung i.S.d. Kartellverbotes verstanden werden. In beiden Fällen gewährleistet die Rechtsfigur[271], dass das Bestehen und Fortleben eines Kartells unterbunden werden, da den Anwesenden zu verstehen gegeben wird, dass sich das Unternehmen nicht (mehr) an der Absprache beteiligen möchte. Die übrigen Beteiligten, demnach die Empfänger der offenen Distanzierung, müssen dann zwangsläufig eine Entscheidung darüber treffen, wie mit der Situation verfahren werden soll. Kartellanten müssen das Risiko eines Kronzeugenantrages oder einer Anzeige befürchten. Derjenige, der sich offen gegen die Aktivität ausgesprochen hat, möchte sich nämlich möglicherweise zusätzlich durch eine Anzeige absichern, um eine kartellrechtliche Verantwortlichkeit abzuwenden. Das sogenannte „Windhundprinzip", welches besagt, dass nur der Erste bzw. die Ersten, die die Kronzeugenregelung für sich in Anspruch nehmen, einen Bonus erhalten oder gar ganz von einem Bußgeld befreit werden, gilt für die Anzeige als bloße Distanzierungshandlung und Beendigung der Zuwiderhandlung gegenüber der Behörde nicht.[272] Die bloße Möglichkeit dieser Anzeige löst allerdings eine Kettenreaktion aus, da das Aufdecken des Kartells nicht unwahrscheinlich ist. Den übrigen Kartellanten wird geradewegs ein Anreiz geschaffen, da sie aufgrund des „Windhundprinzips" im Rahmen der Kronzeugenregelung schnellstmöglich handeln müssen, um von dessen Vorteilen zu profitieren. Auch bei einem Weiterbestehen des Kartells ist ohne Zweifel, dass durch das Distanzieren eines Unternehmens das Kartell geschwächt wird, da zum Beispiel der jeweiligen Preisabsprache oder Gebietsaufteilung widersprochen wird und die Absprachen nicht in Gänze auf dem Markt erfüllt werden können. Die Rechtsfigur der offenen Distanzierung führt bei ihrer Anwendung somit zur Schwächung oder Zerschlagung eines Kartells und dient damit der Stärkung eines redlichen Wettbewerbs. Sie wirkt sich somit positiv auf die Erreichung der Vertragsziele aus und erfüllt, wenn auch mittelbar, den Sinn und Zweck des Art. 101 Abs. 1 AEUV.

---

270 *Lochmann*, EuR 2019, 61, 77; *Seyr*, Der effet utile in der Rechtsprechung, S. 272 ff.

271 Der Begriff Rechtsfigur wird auch von *Henrich/Eckel*, NZKart 2017, 106, 106, 110 verwendet.

272 *Heinrich, Eckel*, NZKart 2017, 106, 109.

bb. Wahrung des Grundsatzes der Verhältnismäßigkeit

Weiterhin müssen die Voraussetzungen, die für eine zulässige offene Distanzierung verlangt werden, verhältnismäßig, das heißt für das angestrebte Ziel geeignet sein und nicht über das Erforderliche hinausgehen.[273] In Art. 5 EUV ist ausdrücklich niedergeschrieben, dass Maßnahmen der Union inhaltlich und formal nicht über das erforderliche Maß der Ziele der Verträge hinaus gehen sollen. Die Unternehmen sollen, bei der Teilnahme an einer wettbewerbswidrigen Sitzung, nicht den Eindruck vermitteln, dass sie den Inhalten zustimmen.[274] Das Kartell soll in seiner wettbewerbswidrigen Verhaltensweise nicht bestärkt werden und grundsätzlich sorgt die offene Distanzierung dafür, dass eine ablehnende Haltung bekundet wird. Dies kann zur Folge haben, dass wettbewerbswidrige Verhaltensweisen eingestellt, jedenfalls aber nicht durch „mitziehen" gefördert werden. Fraglich ist, ob die einzelnen Anforderungen, die im Rahmen der offenen Distanzierung an das Unternehmen gestellt werden, das Maß des Erforderlichen übersteigen[275]. Die Kriterien sind noch nicht abschließend entwickelt. Gleichwohl dürfte die Anforderung an das Unternehmen, sich nach der Sitzung autonom am Markt zu verhalten[276], d.h. unabhängig von dem auf der Sitzung Gesagten, die problematischste Voraussetzung sein. Im Ergebnis kann es für das Unternehmen bedeuten, dass es sich wirtschaftlich unvernünftig am Markt verhalten muss, um den Anforderungen an eine wirksame offene Distanzierung zu entsprechen. Freilich soll dadurch vermieden werden, dass die Informationen, die das Unternehmen erlangt hat, verwendet werden. Allerdings entspricht es nicht der wettbewerblichen Prinzipien, dass das Unternehmen sich entgegengesetzt verhält. Hätte es an den Treffen nicht teilgenommen, dann würde sich das Unternehmen am Markt so verhalten, wie es betriebswirtschaftlich sinnvoll wäre.

Die hohen Anforderungen könnten jedoch deshalb insgesamt angemessen sein, weil das Unternehmen sich durch das Treffen mit seinen Konkurrenten selbst in die Gefahr gebracht hat, die Schwelle des materiellen Tat-

---

273 *Calliess,* in: Callies/Ruffert, EUV, AEUV, Art. 5, Rn. 44; *Lecheler,* Neue allgemeine Rechtsgrundsätze im Gemeinschaftsrecht? S. 13 f.

274 EuG, Urt. v. 17.12.1991 – T-7/89, ECLI:EU:T:1991:75, Rn. 232 (Hercules Chemicals/Kommission); EuG, Urt. v. 10.03.1992 – T-12/89, ECLI:EU:T:1992:34, Rn. 98 (Solvay/Kommission).

275 *Calliess,* in: Callies/Ruffert, EUV, AEUV, Art. 5, Rn. 44; *Trstenjak/Beysen*, EuR 2012, 265, 269.

276 Siehe unter: B.I.4.g.cc.(2).

bestandes des Kartellverbotes zu überschreiten und eine Sanktion herbeizuführen. Vor dem Hintergrund des Kartellverbotes ist fraglich, weshalb sich konkurrierenden Unternehmen gemeinsam treffen, sofern dies kein gemeinsames Projekt oder Verbandsarbeit betrifft oder ein Zusammentreffen zufällig im Rahmen von Veranstaltungen, wie zum Beispiel Messen, stattfindet. Zudem fungiert die offene Distanzierung als Anforderung zur Abwendung der wettbewerbswidrigen Verhaltensweisen. Wenn man die Rechtsfolge einer erfolgreichen Distanzierung zugrunde legt, nämlich eine Abwendung der kartellrechtlichen Verantwortlichkeit, dann müssen die Anforderungen sehr hoch sein. Zwar soll es einen Anreiz für das Unternehmen bleiben, sich vom Kartell wieder abzuwenden, gleichzeitig dürfen diese Anforderungen nicht so niedrig sein, so dass der Eindruck entsteht, dass ohne Weiteres gegen das Kartellverbot verstoßen werden kann, weil das Abwenden der Verantwortlichkeit im Nachhinein zu leichtfällt. Es hätte sonst zur Folge, dass Unternehmen bewusst an Sitzungen teilnehmen und sich die wettbewerbswidrigen Inhalte anhören, um sich danach „formal" zu distanzieren, die Informationen gleichwohl (vorsätzlich) berücksichtigen.

Angesichts dessen, dass das Unternehmen die Möglichkeit hat, sich durch eine Anzeige bei einer Kartellbehörde zu distanzieren,[277] stellt die offene Distanzierung auch das weniger schärfere Mittel dar. Bei der Anzeige ist die Konsequenz insoweit nicht nur die eigene Distanzierung vom Kartell, sondern zugleich die Aufdeckung des Kartells, so dass die anderen Mitglieder Sanktionen zu erwarten hätten. Der vermeintlich Beteiligte ist jedoch nicht dazu gezwungen eine Anzeige zu erstatten, er kann sich auch nur „offen den anderen Kartellanten gegenüber" distanzieren; ein Dritter (die Behörde) wird damit nicht eingeschaltet. Weder die übrigen Beteiligten müssen dann mit Sanktionen seitens der Kartellbehörde rechnen, noch muss der, der in Erwägung zieht eine Anzeige zu erstatten, mit Sanktionen durch die anderen Unternehmen rechnen. Unter Abwägung der vorgenannten Gründe ist es daher zulässig, dass dem Unternehmen so hohe Anforderungen aufgebürdet werden. Die offene Distanzierung ist somit mit dem Grundsatz der Verhältnismäßigkeit vereinbar.

277 Dazu unter B.II.

cc. Bestimmtheitsgrundsatz und Grundsatz der Vorhersehbarkeit

Das Bestimmtheitsgebot lässt sich aus dem Grundsatz der Rechtssicherheit herleiten und besagt, dass eine Regelung im Gemeinschaftsrecht so bestimmt sein muss, dass der Adressat seine Rechte und Pflichten daraus erkennen und vorhersehen kann.[278] Dieser Grundsatz ist ebenfalls in Art. 41 sowie Art. 49 der GRCharta verankert und somit Basis der gemeinsamen Verfassungstradition.[279] Auch aus Art. 7 EMRK lassen sich die Grundsätze der Bestimmtheit und Vorhersehbarkeit sowie der Gesetzmäßigkeit von Strafen i.S.d. Art. 49 GrCharta ableiten.[280] Es wird „verlangt, dass eine Regelung der Europäischen Union die Zuwiderhandlungen und die Sanktionen klar definiert".[281] Dabei ist zu beachten, dass diese Grundsätze gerade nicht nur für strafrechtliche Vorschriften, sondern auch „für verwaltungsrechtliche Einzelregelungen, die verwaltungsrechtliche Sanktionen vorsehen oder ihre Verhängung erlauben und nicht nur für Vorschriften, die die Tatbestände von Zuwiderhandlungen festlegen, sondern auch für die Vorschriften, welche die Rechtsfolgen aus der Erfüllung dieser Tatbestände normieren"[282], gelten. Da die offene Distanzierung nach der einen Ansicht als Teil des Tatbestandes der Zuwiderhandlung oder nach der anderen Ansicht als Haftungsausschlusstatbestand in Bezug auf die Zuwiderhandlung verstanden wird,[283] muss die Rechtsfigur demzufolge auch mit den vorgenannten allgemeinen Rechtsgrundsätzen vereinbar sein. Der Europäische Gerichtshof für Menschenrechte hat festgestellt, dass nicht nur der konkrete Wortlaut des Gesetzes maßgeblich ist, sondern die Bestimmbarkeit auch durch die Rechtsprechung präzisiert werden kann und dabei das Merkmal „Recht" i.S.v. Art. 7 EMRK wie „Gesetz" in anderen

---

278 EuGH, Urt. v. 21.07.2007 – C- 158/06, ECLI:EU:C:2007:370, Rn. 25 (ROM-projecten/van Economische Zaken); EuGH, Urt. v. 29.03.2011 – C- 352/09 P, ECLI:EU:C:2011:191, Rn. 81 (Thyssenkrupp/Kommission); EuG, Urt. v. 16.09.2013 – T- 386/10, ECLI:EU:T:2013:450, Rn. 59 ff. (Aloys/Kommission).

279 EuG, Urt. v. 27.09.2006 – T- 43/02, ECLI:EU:T:2006:270, Rn. 41, 73 (Jungbunzlauer/Kommission).

280 EuG, Urt. v. 16.09.2013 – T- 386/10, ECLI:EU:T:2013:450, Rn. 60 (Aloys/Kommission).

281 EuG, Urt. v. 16.09.2013 – T- 386/10, ECLI:EU:T:2013:450, Rn. 60 (Aloys/Kommission).

282 EuG, Urt. v. 27.09.2006 – T- 43/02, ECLI:EU:T:2006:270, Rn. 72 f. (Jungbunzlauer/Kommission), *Dreher*, ZWeR 2007, 276, 288.

283 Siehe unter: B.II.4.e.

Bestimmungen des EMRK zu verstehen ist und hiervon Gesetzes- sowie Richterrecht umfasst ist.[284]

(1) Keine ausreichende Präzisierung durch die Rechtsprechung

Die offene Distanzierung wird in ständiger Rechtsprechung gefordert.[285] Die Anforderungen, die an Unternehmen sowie Unternehmensvereinigungen gestellt werden, wurden durch Rechtsfortbildung fortentwickelt. Die Unionsgerichte halten sich somit an vorangegangene Entscheidungen und schaffen dadurch grundsätzlich Vertrauensschutz und Rechtssicherheit.[286] Des Weiteren steht der Vorhersehbarkeit und damit der Rechtssicherheit auch nicht entgegen, dass Unternehmen, die das Kartellverbot zu beachten haben, sich Rechtsrat einholen müssen, um beurteilen zu können, ob ihre Handlungen noch als wettbewerbskonform einzuordnen sind.[287] So gilt, wie oben schon dargestellt, „[...] dass [wenn] das betreffende Unternehmen an Sitzungen teilnahm, bei denen wettbewerbswidrige Vereinbarungen getroffen wurden, ohne sich offen dagegen auszusprechen, dies nach ständiger Rechtsprechung ein ausreichender Beleg für die Teilnahme dieses Unternehmens am Kartell [ist].“[288] Es ist daher evident für die Unternehmen, dass die Anforderung der offenen Distanzierung durch die Kommission und die Gerichte gefordert wird. Unternehmen scheinen auch regelmäßig zu wissen, dass sie sich auf das Kriterium berufen können.[289] Problematisch ist allerdings, dass die einzelnen Kriterien noch nicht ausreichend entwickelt sind.[290] Es lässt sich somit nicht und

---

284 EuGH, Urt. v. 28.06.2005 – verb. Rs. C-189/02 P, C-202/02 P, C-205/02 P bis C-208/02 P und C-213/02 P, ECLI:EU:C:2005:408, Rn. 216 (Dansk Rørindustri u.a./Kommission); EuGH, Urt. v. 22.05.2008 – C-266/06 P, ECLI:EU:C:2008:295, Rn. 40 (Evonik Degussa/Kommission).

285 Siehe hier unter: B.I.

286 Vgl. *Ukrow*, Richterliche Rechtsfortbildung durch den EuGH, S. 189 f.

287 EuGH, Urt. v. 28.06.2005 – verb. Rs. C-189/02 P, C-202/02 P, C-205/02 P bis C-208/02 P und C-213/02 P, ECLI:EU:C:2005:408, Rn. 219 (Dansk Rørindustri u.a./Kommission); EuG, Urt. v. 16.09.2013 – T- 386/10, ECLI:EU:T:2013:450, Rn. 86 (Aloys/Kommission).

288 EuGH, Urt. v. 07.04.2004 – C-204/00 P, C-205/00 P, C-211/00 P, C-213/00 P, C-217/00 P und C-219/00 P, E-CLI:EU:C:2004:6, Rn. 81 (Aalborg/Kommission).

289 GA *Wathelet*, Schlussantrag v. 25.06.2015 – C-373/14 P, ECLI:EU:C:2015:427, Rn. 124 (Toshiba/Kommission).

290 Vgl. GA *Wathelet*, Schlussantrag v. 25.06.2015 – C-373/14 P, ECLI:EU:C:2015:427, Rn. 124 (Toshiba/Kommission).

auch nicht mithilfe von Rechtsrat bestimmen, welcher Maßstab erfüllt sein muss, um den Anforderungen gerecht zu werden.[291] Manche Anforderungen lassen noch Fragen offen, wie zum Beispiel, gegenüber wem sich die betreffenden Unternehmen konkret distanzieren müssen, da nicht ausreichend geklärt ist, wer „alle anderen" i.S.d. ständigen Rechtsprechung sind. Bei der Anforderung des „autonomen Verhaltens" am Markt, muss sich ein Unternehmen möglicherweise wirtschaftlich sinnwidrig verhalten und zur „Unverzüglichkeit" ist festzustellen, dass Uneinigkeit besteht, ob dies zwingend vorausgesetzt wird[292]. Folglich lässt sich die offene Distanzierung anhand ihrer Anforderungen nicht konkret bestimmen und vorhersehen. Das Unternehmen erfährt möglicherweise erst im Nachhinein, dass es den Anforderungen nicht gerecht wurde. Andererseits ist der Rechtsprechungsentwicklung bereits von Beginn an zu entnehmen, dass die offene Distanzierung eng ausgelegt wird und hohe Anforderungen an sie gestellt werden.[293] Dadurch vermeiden die Unionsgerichte grundsätzlich eine willkürliche Anwendung des Kriteriums. Die offene Distanzierung müsste dennoch in ihrer konkreten Ausformung so präzisiert werden, dass sie jedem Unternehmen verständlich ist und keine Fragen hinsichtlich der Anwendbarkeit mehr offenlässt.

(2) Keine Tatbestandsausweitung durch Anwendung der offenen Distanzierung

Die offene Distanzierung hat sich als Rechtsfigur etabliert und findet in ständiger Rechtsprechung Anwendung. Es ist daher fraglich, ob es mit den allgemeinen Rechtsgrundsätzen vereinbar ist oder sogar einer Tatbestandsausweitung gleichkommt, wenn ein Unternehmen ohne eigene aktive Handlung Informationen zugespielt bekommt und aufgrund dessen eine offene Distanzierung erforderlich wird.[294] *Schroeder* vergleicht dies mit einer Information, die man aus einer Zeitung erhält und äußert, dass die Grenze sehr schmal ist. Er fragt kritisch, ob man sich wirklich von etwas Aufgedrängtem (ohne eigenes Zutun) lossagen müsse. Ein gegensei-

291 Vgl. unter B.I.4.g.

292 *Heinrich* und *Eckel* arbeiten heraus, dass dies bislang durch Kommission und durch die Rechtsprechung nicht verlangt wurde: *Heinrich/Eckel*, NZKart 2017, 106, 112; Für das Erfordernis: *Bailey*, World Competition 2008, 177, 189; *Jüchser*, Die Beteiligung am Kartell, S. 138.

293 Siehe unter: B.I.1.a. ff.

294 *Schroeder*, WuW 2009, S. 718, 720.

tiger Kontakt sei erforderlich, so dass in der bloßen Beobachtung des Marktes keine abgestimmte Verhaltensweise liege. Etwas anderes gelte, wenn auf eigenen Wunsch Informationen zugetragen oder jedenfalls die Informationen akzeptiert würden. Seiner Ansicht nach könne daher keine abgestimmte Verhaltensweise vorliegen, wenn ein Unternehmen auf der Verbandssitzung von seinem Vorhaben erzähle, sofern die anderen nicht reagieren würden. Er merkt allerdings auch an, dass das Äußern eines Vorbehaltes empfohlen werde.[295] Letztere Anmerkung wird wohl der ständigen Rechtsprechung geschuldet sein, die entgegen seiner Ansicht eine offene Distanzierung in solch einer Situation verlangt.[296] Problematisch ist, dass die Anforderungen und Grenzen der offenen Distanzierung unklar sind. So wird zum Beispiel in der Literatur eine offene Distanzierung empfohlen, sofern bereits der Einladung zu einer Sitzung zu entnehmen ist, dass die Sitzung einen wettbewerbswidrigen Inhalt verfolgt.[297] Muss somit jede Einladung kontrolliert werden oder sollte es in diesem Fall nicht ausreichen, die Einladung zu ignorieren und an der Sitzung nicht zugegen zu sein? Welche Grundsätze gelten für E-Mail oder Social Media Nachrichten? Müssen diese auch auf kartellrechtliche Informationen überprüft werden? Aufgrund dieser Unklarheiten besteht für die Unternehmen sowie Unternehmensvereinigungen noch keine ausreichende Rechtssicherheit. Eine Vereinbarkeit mit den genannten allgemeinen Rechtsgrundsätzen kann daher nur gegeben sein, wenn für die Anforderungen der offenen Distanzierung eine gesetzliche Anknüpfung vorliegt oder sie im Rahmen der Rechtsfortbildung so weit modifiziert sind, dass die Unklarheiten beseitigt werden.

Ob damit allerdings generell eine unzulässige Tatbestandsausweitung oder rechtswidrige Voraussetzungen im Zuge eines eigenen Tatbestands entstanden sind, wird damit nicht beantwortet. Die Erwägungen gelten hier lediglich für die konkrete Ausformung der Rechtsfigur, die nach derzeitigem Stand noch unzureichend ist und der Präzisierung bedarf. Es liegt jedenfalls keine unzulässige Tatbestandsausweitung vor, wenn sie einer zulässigen Anknüpfung unterliegt.

---

295 Vgl. auch *Möhlenkamp*, WuW 2008, 428, 434; *Schroeder*, WuW 2009, 718, 720.

296 EuGH, Urt. v. 07.04.2004- C-204/00 P, C-205/00 P, C-211/00 P, C-213/00 P, C-217/00 P und C-219/00 P, ECLI:EU:C:2004:6, Rn. 81 (Aalborg/Kommission); *Möhlenkamp*, WuW 2008, 428, 434.

297 *Füller*, in: Kölner Kommentar, Europäisches Kartellrecht 2016, Art. 101 AEUV, Rn. 131.

dd. Rechtfertigung der offenen Distanzierung durch Anknüpfung an das Primärrecht

Die offene Distanzierung dient vorrangig dem Zweck sich einer kartellrechtlichen Verantwortlichkeit zu entziehen. Dabei ist es irrelevant, ob die Verantwortung komplett abgewendet oder zeitlich nur eingeschränkt werden soll.[298] Der Unionsrechtsprechung ist zu entnehmen, dass das sich distanzierende Unternehmen darlegen muss, dass es mit keiner wettbewerbswidrigen Absicht an dem Treffen teilgenommen hat.[299] Diese Verantwortung entspricht juristisch dem Vorliegen der Tatbestandsmerkmale des Art. 101 Abs. 1 AEUV, folglich Vereinbarungen zwischen Unternehmen, Beschlüsse von Unternehmensvereinigungen und aufeinander abgestimmte Verhaltensweisen, welche den Handel zwischen Mitgliedstaaten zu beeinträchtigen geeignet sind und eine Verhinderung, Einschränkung oder Verfälschung des Wettbewerbs innerhalb des Binnenmarkts bezwecken oder bewirken, die es zu widerlegen gilt. Der Kern des Gesetzes liegt darin, dass im Hinblick auf das sogenannte Selbstständigkeitspostulat, eine Vermeidung einer Einschränkung der Handlungsfreiheit sowohl für die Teilnehmer selbst, als auch für Dritte erreicht werden soll und damit mittelbar auf den „freien Wettbewerbsprozess“ Einfluss nimmt.[300] Maßgeblich ist daher die Unterscheidung des Bezweckens und des Bewirkens in der Praxis.[301] Dabei ist es nicht wichtig, welche Verhaltensweise vorliegt.[302] Liegt ein „Bezwecken“ vor, dann müssen keine tatsächlichen Auswirkungen festgestellt werden, da die Absprache „schon ihrer Natur nach als schädlich“ einzuordnen ist.[303] Liegt hingegen eine bewirkte Wettbewerbsbeschränkung vor, dann kommt es auf tatsächliche oder potentielle Auswirkungen auf dem Markt an.[304] „Ausgangspunkt für die Annahme eines wettbewerbswidrigen Zwecks sind demnach Inhalt und Ziel der Absprache (…), wobei die subjektiven Absichten der Beteiligten allenfalls ergänzend herangezogen werden, aber nicht ausschlaggebend sind. Ebenfalls

---

298 Die Anforderung findet auf beiden Ebenen Anwendung, siehe unter: A.I.3.

299 *Bailey*, World Competition 2008, 177, 193.

300 *Mohr*, ZWeR 2015, 1, 7 f.

301 *Berg/Mudrony*, in: Berg/Mäsch, Kartellrecht, Art. 101 AEUV, Rn. 78.

302 GA'in *Kokott*, Schlussantrag v. 19.02.2009 – C-8/08, ECLI:EU:C:2009:110, Rn. 38 (T-Mobile Netherlands/Kommission).

303 EuGH, Urt. v. 04.06.2009 – C-8/08, ECLI:EU:C:2009:110, Rn. 38 (T-Mobile Netherlands/Kommission); *Hengst*, in: Langen/Bunte Europäisches Kartellrecht, Art. 101 AEUV, Rn. 239.

304 *Hengst*, in: Langen/Bunte Europäisches Kartellrecht, Art. 101 AEUV, Rn. 257.

zu berücksichtigen ist ferner der wirtschaftliche und rechtliche Zusammenhang, in den sich die abgestimmte Verhaltensweise einfügt."[305] Die Merkmale „Bezwecken und Bewirken" deuten darauf hin, dass die offene Distanzierung nach Vorliegen, jedoch noch vor Beendigung des Kartellverbots, verlangt wird. Die Voraussetzungen, die sich dabei entwickelt haben, kommen jedoch keiner Tatbestandsausweitung gleich. Die Anknüpfung erfolgt unmittelbar an den beiden Tatbestandsmerkmalen Bezwecken und Bewirken, und zwar konkret an das Nichterfüllen der Merkmale. Genauso wie die Tatbestandsmerkmale das Erfüllen oder Vorliegen innehaben, haben diese auch das Nichterfüllen inne, woraus sich die Anforderungen an die offene Distanzierung entwickelt haben, um den Ansprüchen einer nicht bezweckten oder bewirkten Absprache zu entsprechen bzw. umzukehren. Die Voraussetzungen, die mit der offenen Distanzierung einhergehen, gewährleisten, dass ein Nichtvorliegen oder ein Nichterfüllen des Bezweckens oder Bewirkens respektive eine Umkehrung der Tatbestandsmerkmale aus Art. 101 Abs. 1 AEUV erreicht wird.[306] Dabei kommt das Bezwecken einer inneren Zielrichtung gleich, da es hier auf den Zweck der Absprache ankommt. Beim Bewirken wiederum steht die Auswirkung und somit eine äußere Zielsetzung im Vordergrund, die es mithilfe der offenen Distanzierung zu entkräften gilt. Durch diese Einordnung ist festzuhalten, dass die offene Distanzierung nicht in Form einer unzulässigen Tatbestandsausweitung oder eines neuen rechtswidrigen Tatbestandes entwickelt wurde, sondern eine Anknüpfung direkt an das Primärrecht erfahren hat.

ee. Zusammenfassung

Die offene Distanzierung hat sich nach und nach fortentwickelt und gewährleistet die Stärkung des Wettbewerbs, da eine Nichtzustimmung der wettbewerbswidrigen Handlungen kundgetan wird und sich das zu distanzierende Unternehmen entgegen den Absprachen verhalten muss. Zugleich wurde mit der Rechtsfigur eine Anforderung geschaffen, welches es dem Unternehmen ermöglicht, den Tatbestand zu widerlegen und sich auf Rechtsfolgenebene einer Sanktion zu entziehen, in dessen Sphäre es

305 GA'in *Kokott*, Schlussantrag v. 19.02.2009 – C-08/08, ECLI:EU:C:2009:110, Rn. 39 (T-Mobile Netherlands/Kommission).

306 Siehe insbesondere unter B.I.4.g.: Die Würdigung der Kriterien im Einzelnen, die für die offene Distanzierung verlangt werden.

bereits eingetreten ist. Damit ähnelt die offene Distanzierung einem Rücktrittsrecht und schafft einen Anreiz sich redlich zu verhalten, wenngleich die Anforderung ein Konzept eigener Art ist. Die Rechtsfigur knüpft dabei unmittelbar an das Nichtvorliegen der Tatbestandsmerkmale „Bezwecken und Bewirken“ des Art. 101 Abs. 1 AEUV an und ist insoweit unmittelbar durch das Primärrecht gerechtfertigt. Gleichwohl sind die Voraussetzungen noch nicht abschließend entwickelt und die Grenzen, zu welchem Zeitpunkt bzw. in welcher Situation eine offene Distanzierung erforderlich ist, nicht festgelegt, obwohl die Rechtsfigur der offenen Distanzierung in ständiger Rechtsprechung zur Anwendung kommt. Aber auch unter dem Aspekt, dass die offene Distanzierung einem Rücktrittsrecht ähnelt und schließlich eine Anforderung im Rahmen des Beweisrechts darstellt, besteht gerade aus Sicht des Rechtsverkehrs das Bedürfnis, dass die offene Distanzierung gesetzlich normiert oder durch richterliche Rechtsfortbildung hinreichend konkretisiert wird. Die Unternehmen sollen wissen, welche Handlung zu einem Kartellverbot führt und umgekehrt, welche Anforderungen konkret gefordert werden, um sich von dieser Verantwortlichkeit wieder abwenden zu können. Wünschenswert wäre daher die Weiterentwicklung der Voraussetzungen sowie die Regelung der offenen Distanzierung im Hinblick auf die Vorhersehbarkeit und den Bestimmtheitsgrundsatz.

ff. Auswirkungen der Rechtsfigur der offenen Distanzierung auf der Verfahrensebene

Die enge Verknüpfung zwischen der materiellen Ebene und der Verfahrensebene und insbesondere die Einordnung als Anforderung des Beweisrechts haben Auswirkungen auf der Verfahrensebene für das sich distanzierende Unternehmen zur Folge. In der Tat wird die Anwendung der offenen Distanzierung durch die Unternehmen oftmals kritisiert, da den Unternehmen zum einen nur der Nachweis der offenen Distanzierung zur Beendigung und zur Abwendung des Kartelles zur Verfügung steht, andererseits gelingt der Einwand der Distanzierung in der Regel nicht. Dies könnte dazu führen, dass eine unzulässige Beweislastumkehr vorliegt. Allerdings muss dann die Beweislastregelung nach dem europäischen Kartellverfahrensrecht auch betroffen sein.

(1) Die Beweislastverteilung im Unionsrecht

Die Beweislast klärt, wer einen Beweis führen muss[307] und wer das Risiko der Nichtaufklärbarkeit trägt, sogenannte materielle Beweislast.[308] Die Beweislast für einen Verstoß gegen Art. 101 Abs. 1 AEUV bzw. für das Vorliegen der Tatbestandsmerkmale trägt gem. Art. 2 Verordnung Nr. 1/2003 die Behörde bzw. Partei, die den Vorwurf erhebt.[309] Dies hängt insbesondere mit der Unschuldsvermutung zusammen.[310] Der Beweis darf jedoch auch durch Indizien geführt werden, bei dessen Gesamtwürdigung des Indizienbündels das Gericht zu der Überzeugung gelangt, dass ein wettbewerbswidriger Verstoß vorliegt.[311] Problematisch ist jedoch, dass sich die Beweisbarkeit häufig als schwierig erweist, da vor allem im Rahmen von Kartellen die meisten Handlungen im Geheimen geschehen.[312] Die Kommunikation sowie der Austausch von Unterlagen werden auf ein Minimum reduziert und daher muss in der Regel mithilfe der wenigen Beweise konstruiert, also Schlussfolgerungen gezogen werden.[313] Aus diesem Grund „muss deshalb das Vorliegen einer wettbewerbswidrigen Verhaltensweise oder Vereinbarung aus einer Reihe von Koinzidenzen und Indizien abgeleitet werden, die bei einer Gesamtbetrachtung, mangels einer anderen schlüssigen Erklärung, den Beweis für eine Verletzung der Wettbewerbsregelung darstellen können."[314]

---

307 *de Bronett*, Europäisches Kartellverfahrensrecht, Art. 2, Rn. 1; *Schmidt*, in: Immenga/Mestmäcker, Wettbewerbsrecht 2019, VO 1/2003 Art. 2, Rn. 3.

308 *Kamann*, in: Kamann/Ohlhoff, Kartellverfahren und Kartellprozess, § 3, Rn. 20; *Schmidt*, in: Immenga/Mestmäcker, Wettbewerbsrecht 2019, VO 1/2003 Art. 2, Rn. 3.

309 *de Bronett*, Europäisches Kartellverfahrensrecht, Art. 2, Rn. 10; *Kamann*, in: Kamann/Ohlhoff, Kartellverfahren und Kartellprozess, § 3, Rn. 20.

310 *Ritter*, Journal of Antitrust Enforcement 2018, 189, 193.

311 EuG, Urt. v. 27.09.2006 – T-44/02, ECLI:EU:T:2006:271, Rn. 68 (Dresdner Bank/Kommission).

312 *Papadelli*, Beweislastverteilung bei der privaten Durchsetzung des Kartellrechts, S. 347.

313 EuG, Urt. v. 27.09.2012 – T-82/08, ECLI:EU:T:2012:494, Rn. 33 (Guardian Industries und Guardian Europe/Kommission).

314 EuGH, Urt. v. 07.04.2004 – C-204/00 P, C-205/00 P, C-211/00 P, C-213/00 P, C-217/00 P und C-219/00 P, ECLI:EU:C:2004:6, Rn. 55–57 (Aalborg/Kommission).

(a.) Die Anwendung von Beweiserleichterungen im Unionsrecht

Unternehmen bzw. Unternehmensvereinigungen sind in Zeiten vielfältiger kartellrechtlicher Ahndungen besonders vorsichtig. Aufgrund der vorgenannten Beweisschwierigkeiten wurden zahlreiche Vermutungen zugunsten der Kommission anerkannt, die der Beweiserleichterung im Rahmen des Art. 101 Abs. 1 AEUV dienen und welche durch das beteiligte Unternehmen widerlegt werden können.[315] Hierdurch werden materielles Recht und Verfahrensrecht untrennbar verknüpft, so dass aufgrund der Prämisse des Vorrangs des EU-Rechts, diese auch für die nationalen Behörden sowie Gerichte verbindlich sind.[316] Als Beispiele sind hier nicht abschließend, die Rechtsfigur der einheitlichen, andauernden und fortgesetzten Zuwiderhandlung sowie die Vermutung des bestimmenden Einflusses durch eine Muttergesellschaft auf die Tochtergesellschaft zu nennen.[317] Teilweise werden diese Vermutungen auch als „prima-facie“ bzw. als Verschiebung der Beweislast eingeordnet.[318] Für die Abwendung von einem Kartell ist wiederum die Vermutung über die Beteiligung an einem Kartell nach Teilnahme an einer Sitzung maßgeblich.[319] Bedeutsam ist weiterhin die sogenannte Anic-Vermutung.[320] Grundsätzlich wird ein zweigliedriger Tatbestand bei der abgestimmten Verhaltensweise anerkannt, das heißt, dass neben der Abstimmung auch ein konkretes Marktverhalten erfolgen muss.[321] Es gilt jedoch die Vermutung, „[dass] die an der Abstimmung beteiligten und weiterhin auf dem Markt tätigen Unternehmen die mit ihren Wettbewerbern ausgetauschten Informationen bei der Bestimmung ihres Marktverhaltens berücksichtigen.“[322] Nach Teilnahme an einer Sit-

---

315 *Böni/Wassmer*, EWS 2017, 69, 69; *Papadelli*, Beweislastverteilung bei der privaten Durchsetzung des Kartellrechts, S. 352.

316 *de Bronett*, Europäisches Verfahrensrecht, Art. 2, Rn. 5.

317 Vgl. *Vilsmeier*, Tatsachenkontrolle und Beweisführung im EU-Kartellrecht, S. 115.

318 *Ritter*, Journal of Antitrust Enforcement 2018, 189, 197.

319 Die sogenannte „einheitliche und fortgesetzte Zuwiderhandlung“ fällt auch hierunter, wird jedoch unter C.I. näher behandelt.

320 EuGH, Urt. v. 8.7.1999 – C-49/92 P, ECLI:EU:C:1999:356, Rn. 121 (Kommission/Anic Partecipazioni); EuG, Urt. v. 24.10.1991 – T-1/89, ECLI:EU:T:1991:56, Rn. 123 (Rhône-Poulenc/Kommission).

321 *Hengst*, in: Langen/Bunte, Europäisches Kartellrecht, Art. 101, Rn. 98.

322 EuGH, Urt. v. 8.7.1999 – C-49/92 P, ECLI:EU:C:1999:356, Rn. 121 (Kommission/Anic Partecipazioni).

zung mit wettbewerbswidrigem Zweck, wird daher angenommen, dass das Unternehmen die Informationen berücksichtigt.[323]

(b.) Erfordernis eines Gegenbeweises durch Anwendung der Vermutungen

Nachdem durch die Kartellbehörde der materielle Tatbestand bewiesen bzw. mithilfe der Beweiserleichterungen der Vermutungstatbestand dargelegt wurde, trägt die Beweislast für die Widerlegung des Verstoßes von Art. 101 Abs. 1 AEUV das Unternehmen oder die Unternehmensvereinigung, dessen Zuwiderhandlung durch die Kommission nachgewiesen wurde. Der Nachweis über eine offene Distanzierung dient dazu, die Vermutungen zu widerlegen, um die Verantwortung gänzlich abzuwenden oder aber bei schon in Vollzug gesetzten Kartellen, diese zeitlich zu beschränken, um eine mögliche Geldbuße auf Rechtsfolgenebene so gering wie möglich zu halten. Die hier relevanten Vermutungen sollen also grundsätzlich widerlegbare Vermutungen sein.[324]

(2) Keine unzulässige Beweislastumkehr und kein Verstoß gegen die Unschuldsvermutung durch Anwendung der Vermutungen

Anlässlich der Tatsache, dass sich eine Widerlegung kaum erbringen lässt,[325] wendeten Unternehmen ein, dass durch die Anwendung der zuvor genannten Beweiserleichterungen eine unzulässige Beweislastumkehr gegeben ist.[326] Die Frage, die man sich in diesem Zusammenhang stellen muss, ist, ob es zulässig sein kann, dass die Kommission sich aufgrund von Beweisschwierigkeiten Beweiserleichterungen bedienen darf und dadurch Unternehmen zwangsläufig in genau dieselbe Situation bringt, nämlich genau vor ebenso hohen Beweisschwierigkeiten zu stellen. Dies gilt insbesondere vor dem Hintergrund, dass die Beweislastverteilung in Art. 2 Verordnung Nr. 1/2003 im Lichte des „in dubio pro reo"-Grundsatzes bewusst

---

323 *Hengst*, in: Langen/Bunte, Europäisches Kartellrecht, Art. 101, Rn. 136.
324 *Ritter*, Journal of Antitrust Enforcement 2018, 189, 197 ff.
325 Vgl. *Scordamaglia*, CLR 2010, 5, 26; *Abenhaim*, World Competition, 413, 413.
326 So zum Beispiel in EuGH, Urt. v. 8.7.1999 – C-49/92 P, ECLI:EU:C:1999:356, Rn. 93 f. (Kommission/Anic Partecipazioni).

zugunsten der Unternehmen geregelt wurde.[327] Um allerdings von einer unzulässigen Beweislastumkehr sprechen zu können, muss zunächst die Beweislast betroffen sein.

(3) Die offene Distanzierung als Teil des Beweismaßes

Generalanwältin *Kokott* hält die Anwendungen von (Kausalitäts-) Vermutungen nicht für eine Frage der Beweislast. Sie erklärt in ihren Schlussanträgen in der Sache T-Mobile Netherlands/Kommission, dass durch die Anwendung lediglich das Beweismaß betroffen ist.[328] Im vorliegenden Fall ging es um einen Rechtsstreit zwischen vier Unternehmen und der niederländischen Wettbewerbsbehörde. Beweismaß und Beweiswürdigung sind im Gegensatz zur Beweislast (Art. 2 Verordnung Nr. 1/2003) gemeinschaftsrechtlich nicht geregelt, so dass das Beweismaß so angewendet werden soll, wie es im nationalen Recht unter Berücksichtigung des effet utile angewendet wird.[329] Beim Beweismaß geht es um den Grad der Überzeugung, der erforderlich ist, damit die Behörde oder das Gericht, die Behauptung als erwiesen anerkennt.[330] Verbleiben dem Gericht Zweifel am Sachverhalt, dann müssen diese in Hinblick auf die Unschuldsvermutung i.S.d. Art. 48 GrCharta zugunsten des Vorgeworfenen entschieden werden.[331] Bei der Beweislast hingegen geht es darum, wer die Beweise vortragen muss.[332] Damit kann aus der Sicht *Kokotts* bereits keine unzulässige Beweislastumkehr vorliegen.[333]

Genauso verhält es sich mit der Anwendung der Vermutung, dass ein Unternehmen als Beteiligter qualifiziert wird, wenn es an einer Sitzung mit wettbewerbswidrigen Inhalten teilgenommen hat. Die Behörde hat dann genau den Beweis beigebracht, welcher den Anforderungen des Be-

---

327 *Vilsmeier*, Tatsachenkontrolle und Beweisführung im EU-Kartellrecht, S. 117 f.

328 GA'n *Kokott*, Schlussanträge v. 19.02.2009–C-8/08, ECLI:EU:C:2009:110, Rn. 80 f. (T-Mobile Netherlands/Kommission).

329 EuGH, Urt. v. 21.01.16 – C-74/14, ECLI:EU:C:2015:493, Rn. 32 (Eturas u.a./Lietuvos Respublikos konkrencijos taryba); *Papadelli*, Beweislastverteilung bei der privaten Durchsetzung des Kartellrechts, S. 340.

330 *de Bronett*, Europäisches Verfahrensrecht, Art. 2, Rn. 23.

331 *de Bronett*, Europäisches Verfahrensrecht, Art. 2, Rn. 34.

332 GA'n *Kokott*, Schlussantrag v. 19.02.2009–C-8/08, ECLI:EU:C:2009:110, Rn. 60 (T-Mobile Netherlands/Kommission).

333 GA'in *Kokott*, Schlussantrag v. 19.02.2009 – C-8/08, ECLI:EU:C:2009:110, Rn. 80 f. (T-Mobile Netherlands/Kommission).

weismaßes genügt. Sie hat darlegen können, dass das Unternehmen an einer wettbewerbswidrigen Sitzung teilgenommen hat, somit ist sie ihrer Beweislast nachgekommen. Aus dem Wechselspiel der Darlegungslast, ergibt sich, dass dann das Unternehmen die Beweislast trägt, indem es die Vermutung widerlegt.[334] Das Erfordernis der Widerlegung mithilfe des Nachweises einer offenen Distanzierung, gehört zum „Wie" der Widerlegung. Es zeigt auf, welche Anforderungen konkret notwendig sind, um dem Grad der Überzeugung zu genügen. Entgegen der Annahme, dass die offene Distanzierung zu einer unzulässigen Beweislastumkehr führe, ist die Anforderung vielmehr als Teil des Beweismaßes zu verstehen.

(4) Unerheblichkeit der Einordnung als Beweislast oder Beweismaß

Auch wenn die besseren Argumente dafürsprechen, dass die offene Distanzierung als Teil des Beweismaßes betrachtet werden kann, so ist schließlich festzustellen, dass die Einordnung dahinstehen kann. Problematisch könnte insoweit sein, ob die offene Distanzierung zu hohe Anforderungen an das zu distanzierende Unternehmen verlangt. Befindet man sich vorliegend auf der Ebene der Beweislast, ist die Problematik in der Tat als mögliche unzulässige Beweislastumkehr zu diskutieren. In Bezug auf das Beweismaß entfällt die Problematik nicht. Vielmehr stellt sich dann die Frage, ob das „Wie" der Widerlegung unzulässig erschwert ist und dadurch ein Verstoß etwa gegen die Unschuldsvermutung vorliegt.[335]

(5) Keine erhöhten Anforderungen an die offene Distanzierung

Insoweit ist zu konstatieren, dass es kaum einen Nachweis zur offenen Distanzierung gibt, der vor den Unionsgerichten Erfolg hatte.[336] So wurde zum Beispiel im Verfahren Westfalen Gassen./.Kommission durch das Gericht festgestellt, dass es nicht genüge, wenn das Unternehmen einen Protest in der Sitzung nachweise, wenn es trotzdem an weiteren Sitzungen

334 GA'in *Kokott*, Schlussantrag v. 19.02.2009 – C-8/08, ECLI:EU:C:2009:110, Rn. 89 (T-Mobile Netherlands/Kommission).

335 So *Abenhaim*, World Competition 2016, 413, 430.

336 Siehe die Entwicklung in der Rechtsprechung unter: B.I.1.

teilnehme.[337] In einem anderen Verfahren ließ man den Einwand nicht zu, dass es eine interne Nachricht an den Vertreter gab, dass er nicht an wettbewerbswidrigen Absprachen teilnehmen solle.[338] Einer Unzulässigkeit ist allerdings nicht zuzustimmen. Es kann keine Hürde für ein Unternehmen darstellen, den anderen Teilnehmern mitzuteilen, dass es sich von den Inhalten distanzieren möchte, sofern es tatsächliche diese Haltung vertreten möchte. Das Unternehmen könnte zudem die ablehnende Haltung schriftlich unter Bezugnahme der Distanzierung verfassen. Dann hätte das Unternehmen auch ein Beweismittel (Urkunde) mit erhöhter Beweiskraft. Zudem ist die enge Verflechtung zwischen materieller und Verfahrensebene zu berücksichtigen. Auf materieller Ebene ist die Tatsache, dass sich Wettbewerber treffen und zusätzlich über kartellrechtswidrige Inhalte sprechen, ein so gewichtiges Indiz, dass die Kommission aufgrund einer hohen Wahrscheinlichkeit davon ausgehen kann, dass die Anwesenden beteiligt sind. Dies ist in der Vermutung zur Kartellbeteiligung begründet. Zugleich kann dies daher auch nur der Maßstab sein, den das Unternehmen widerlegen muss, namentlich den Beweis, dass es nicht diese Inhalte geteilt hat und dies auch dem Eindruck der anderen entsprach. Es erscheint daher sachgerecht, Indizien und Beweise für den Nachweis der offenen Distanzierung zu verlangen, die keine Zweifel offenlassen. Der Wettbewerbsschutz innerhalb des gesamten Binnenmarktes, durch Einwirkungen auf den redlichen Wettbewerb,[339] wäre dann gefährdet, wenn für die Unternehmen die Hürden für den Nachweis der offenen Distanzierung zu gering angesetzt werden, so dass es leicht wäre, sich der kartellrechtlichen Verantwortlichkeit zu entziehen. Schließlich ist es dem Unternehmen sowohl in der Situation, dass es die kartellrechtliche Verantwortlichkeit gänzlich abwenden möchte, als auch im Rahmen der Fixierung des Zeitraums bei der Abwendung aus einem etablierten Kartell, möglich Anzeige zu erstatten. Es steht dem Unternehmen somit eine Alternative zur Verfügung und es muss bei dieser Alternative auch keinen Verstoß zugeben. Damit ist auch der Grundsatz des aus Art. 48 GRC abgeleiteten und garantierten Selbstbelastungsverbotes, dem sogenannten

337 EuG, Urt. v. 05.12.2006 – T-303/02, ECLI:EU:T:2006:374, Rn. 84 (Westfalen Gassen/Kommission).

338 EuG, Urt. v. 11.12.2003 – T-61/99, ECLI:EU:T:2003:335, Rn. 134 (Adriatica di Navigazione/Kommission).

339 Präambel des Vertrages, ABl. 2012 C 326/47.

nemo-tenetur-Grundsatz, gewahrt.[340] Zwar gilt dieser Grundsatz nicht in Gänze bei Unternehmen, viel mehr besteht nur ein Geständnisverweigerungsrecht, jedoch ändert dies im Ergebnis nichts, da es auch hiernach keinen Verstoß zugeben muss.[341] Aufgrund dieser Abwägung besteht keine unzulässig erhöhte Anforderung an die offene Distanzierung und kein Verstoß gegen die Unschuldsvermutung.[342]

(6) Zusammenfassung

Die offene Distanzierung wird in der Literatur oftmals mit einer unzulässigen Beweislastumkehr und einem Verstoß gegen die Unschuldsvermutung in Zusammenhang gebracht. Es sprechen jedoch die besseren Argumente dafür, dass die Rechtsfigur nicht die Beweislast, sondern das Beweismaß, also das „Wie", um den Überzeugungsgrad zu erreichen, betrifft. Problematisch ist die Tatsache, dass die offene Distanzierung einige Voraussetzungen erfordert und bislang kaum Erfolg hatte, so dass sich die Frage nach dessen Unzulässigkeit stellt. Schließlich kann jedoch dahinstehen, ob die Beweislast betroffen ist und die Anknüpfung an eine unzulässige Beweislastumkehr erfolgt oder aber das Beweismaß betroffen und insoweit eine unzulässige Erschwerung an das „Wie" gegeben ist, da die Anforderungen im Ergebnis nicht unzulässig sind. Zwar sind die Anforderungen insgesamt sehr hoch. Diese unterliegen jedoch auch dem Maßstab, welche die Vermutung der Kartellbeteiligung widerspiegelt, dass die Teilnahme an einer Sitzung, bei der wettbewerbswidrige Inhalte besprochen werden, eine hohe Wahrscheinlichkeit aus Sicht der Kommission darstellt, dass der Beteiligte, der sich nicht ablehnend äußert, tatsächlich involviert ist. Zum Zwecke des Wettbewerbsschutzes ist es daher zulässig, aber auch erforderlich, dass die Anforderungen nicht zu niedrig sind, so dass kein Anreiz gegeben ist, sich leichtfertigt in solche Situationen zu begeben. Schließlich darf nicht unberücksichtigt bleiben, dass dem (vermeintlich) Beteiligten immer die Alternative zu steht, sich an die Behörde zu wenden, so dass die offene Distanzierung nicht das einzige Mittel darstellt, welches

340 Siehe unten unter B.I.4.g.bb.(1): Es gibt eine Einschränkung für Unternehmen, jedoch darf ein Unternehmen auch hiernach nicht gezwungen werden, sich selbst zu belasten.

341 Siehe unter: B.I.4.g.bb.(1).

342 A.A. *Abenhaim*, World Competition 2016, 413, 413 ff.

das Unternehmen vorbringen kann, um entweder der Beweislast oder dem Beweismaß zu genügen.

gg. Zusammenfassung

Der EuGH unterscheidet bei seiner Rechtsanwendung nicht zwischen Auslegung und Rechtsfortbildung. Es wird schlicht das Wort „interprétation" verwendet, wodurch erkennbar ist, dass die Grenzen zwischen Auslegung und Rechtsfortbildung ineinander übergehen. Möchte man allerdings die offene Distanzierung methodisch einordnen, dann lässt sich feststellen, dass die offene Distanzierung im Rahmen richterlicher Rechtsfortbildung entwickelt und modifiziert wurde und letztendlich als Rechtsfigur in Erscheinung tritt. Wenngleich diese Rechtsfigur in ständiger Rechtsprechung angewendet wird, fand diese bisher keine gesetzliche Verankerung, womit die Frage einhergeht, ob sie in zulässigerweise entwickelt wurde. Obwohl die offene Distanzierung sowohl auf materieller Ebene als auch auf Verfahrensebene von Bedeutung und daher eine Würdigung auf beiden Ebenen grundsätzlich geboten ist, so ergibt sich, dass beide Ebenen einander bedingen und somit nicht ausschließlich isoliert betrachtet werden können.

In der Literatur wird die offene Distanzierung als Teil der Vereinbarung qualifiziert. In der Unionsrechtsprechung wird sie teilweise als passive Beteiligung in Form einer Komplizenschaft bezeichnet. Aufgrund der vielen Voraussetzungen kommt sie allerdings eher einem Rücktrittsrecht gleich, und zwar in Form einer Abwendung der Verantwortlichkeit *nach* Vorliegen der Tatbestandsmerkmale des Kartellverbotes. Die offene Distanzierung ist schließlich eine Anforderung im Rahmen des Beweisrechts, um sich von einem Kartell (wieder) abzuwenden.

Trotz der Nichtregelung handelt es sich bei der Anwendung der offenen Distanzierung jedoch nicht um eine unzulässige Normschaffung oder Tatbestandsausweitung des Art. 101 Abs. 1 AEUV. Zur Widerlegung des Art. 101 Abs. 1 AEUV kann eine Handlung actus-contrarius nicht ausreichen, die beispielsweise darauf gerichtet ist, dass nicht (mehr) Vorliegen einer Vereinbarung herbeizuführen. Vielmehr muss das Kartellverbot als solches entkräftet werden. Die Anknüpfung erfolgt an den Tatbestandsmerkmalen „Bezwecken" und „Bewirken". Das Bezwecken oder Bewirken einer Wettbewerbsbeschränkung genügt, um das Kartellverbot zu vollenden. Dementsprechend sollen auch solche Anforderungen verlangt werden, die den potentiellen oder tatsächlichen Auswirkungen entgegenwirken. Es muss also ein Nichtvorliegen der bewirkten und bezweckten Verhaltensweise herbeigeführt werden. Genau aus diesem Grund erfordert die offene Distanzierung ein positives Tun und ein „Mehr" als die Absprachen bloß zu negieren. Danach lassen sich die Kriterien der offenen Distanzierung in zwei Lager einordnen. Eine innere Willensrichtung, die es zu widerlegen gilt, die dem Bezwecken entspricht und eine äußere Willensrichtung, die dem Bewirken entspricht. Die Voraussetzungen, die für die offene Distanzierung verlangt werden, lassen sich dann genau diesen beiden Seiten zuordnen. Eine Herleitung erfolgt demnach direkt aus dem Primärrecht und lässt sich somit auch ohne eine ausdrückliche Regelung bzw. nur durch Anwendung des Richterrechts rechtfertigen. Zugleich bedingt die Tatsache auch, dass auch auf Verfahrensebene die Voraussetzungen im Rahmen des Beweisrechts nicht als rechtswidrig zu qualifizieren sind. Die Anforderungen sind zur Widerlegung der Vermutung erforderlich und werden nur insoweit verlangt, wie innere und äußere Willensrichtung widerlegt werden sollen.

Eine gesetzliche Normierung und Präzisierung der einzelnen Voraussetzungen wären dennoch wünschenswert, da Sie dem Rechtsverkehr mehr Rechtssicherheit geben würde und vor dem Hintergrund des Bestimmtheitsgrundsatzes sachgerechter erscheint. Gleichwohl kann man die offene Distanzierung als Chance sehen, da sie ein Mittel ist, sich der bereits entstandenen Verantwortlichkeit wieder zu entziehen und insbesondere keine Notwendigkeit besteht, eine weitere Instanz, wie etwa die Kartellbehörden, mit einzubeziehen.[343] Die Rechtsfigur sollte im Vertrag verankert oder jedenfalls im Rahmen der Rechtsfortbildung so weit konkretisiert werden, dass diese den Unternehmen mehr Rechtssicherheit bringt.

g. Darlegung und Würdigung der einzelnen Kriterien zur Erfüllung des Konzepts der offenen Distanzierung

Vor dem Hintergrund der zuvor ergangenen dogmatischen Einordnung der offenen Distanzierung als Anforderung, welches zur Entkräftung der durch die Kartellbehörde bewiesenen Tatbestandsmerkmale des Art. 101 Abs. 1 AEUV dient und an den Zweck und die Wirkung der Maßnahme anknüpft, erfolgt die nachfolgende Unterteilung der Kriterien, die durch die Kommission sowie die Rechtsprechung entwickelt wurden.

---

343 Zu den „Adressaten", siehe unter: B.I.4.g.bb.(2).

Die Wettbewerbsbeschränkung muss bezweckt oder bewirkt sein.[344] Bezwecken liegt dann vor, wenn das unternehmerische Verhalten von Natur aus geeignet ist, eine Einschränkung des Wettbewerbs mit negativen Auswirkungen hervorzurufen, ohne dass es zu tatsächlichen Auswirkungen kommen muss.[345] Ein Bewirken ist wiederum gegeben, wenn tatsächliche oder potentielle Auswirkungen zu erwarten sind.[346] Möchte man allerdings diesen Auswirkungen entgegentreten, also wieder die Kehrseite erwirken, dann müssen die Anforderungen dafür Sorge tragen, dass genau diese Beschränkungen der wirtschaftlichen Handlungsfreiheit durch die beteiligten Unternehmen[347] und die Auswirkungen auf Dritte[348] weitestgehend gemindert werden. Unter dieser Prämisse lassen sich die Anforderungen an die offene Distanzierung in eine innere (Bezwecken) und eine äußere (Bewirken) Zielsetzung einteilen, die dem Nichterfüllen des Bezweckens oder Bewirkens entsprechen. Im Folgenden werden die Kriterien innerhalb der vorgenannten Ebenen dargestellt und gewürdigt.

aa. Die Ausgangslage: Sitzung mit wettbewerbswidrigem Inhalt

Die „Lehre von der offenen Distanzierung" wird immer dann angewendet, wenn eine Sitzung einen erkennbar wettbewerbswidrigen Inhalt hat. Problematisch ist jedoch, dass für die dort Anwesenden nicht immer sofort erkennbar ist, ob und wann es sich um einen wettbewerbswidrigen Inhalt handelt.[349] So mag es bei Preisabsprachen oder Gebietsaufteilungen noch evident sein, bei einer rechtlichen Einschätzung von sonst zulässigen Marktgesprächen zu bereits unzulässigen Inhalten, fällt die Abgrenzung allerdings schwieriger aus. Die sich somit einhergehenden Fragen sind, was genau eine wettbewerbswidrige Sitzung ist und ab welchem Zeitpunkt diese Beurteilung erfolgen soll. So wird in der Literatur angeführt, dass, wenn sogar der Einladung zu entnehmen sei, dass auf der Sitzung wettbewerbs-

344 *Hengst*, in: Langen/Bunte, Europäisches Kartellrecht, Art. 101 AEUV, Rn. 238; *Füller*, in: Kölner Kommentar, Europäisches Kartellrecht 2016, Art. 101 AEUV, Rn. 205.

345 *Stockenhuber*, in: Grabitz/Hilf/Nettesheim, Das Recht der Europäischen Union, 74. EL 2021, Art. 101 AEUV, Rn. 142 f.

346 *Stockenhuber*, in: Grabitz/Hilf/Nettesheim, Das Recht der Europäischen Union, 74. EL 2021, Art. 101 AEUV, Rn. 145.

347 *Emmerich/Lange*, Kartellrecht S. 57.

348 *Emmerich/Lange*, Kartellrecht S. 57, 59.

349 Vgl. *Möhlenkamp*, WuW 2008, 428, 436.

widrige Inhalte besprochen werden, diese Mitteilung mit dem Hinweis auf wettbewerbsrechtliche Bedenklichkeit abgelehnt werden solle, um den Anforderungen der offenen Distanzierung zu genügen.[350] Daraus ergibt sich die Folgefrage, ob die offene Distanzierung als gescheitert anzusehen ist, wenn der Betroffene trotz „eindeutig wettbewerbswidriger“ Einladung eine Distanzierungshandlung erst bei der Sitzung, also zeitlich nach Erhalt der Einladung, vornimmt oder trotz Einladung der Sitzung fernbleibt. Würde man diesem Ansatz folgen, dann müsste jede Einladung auf kartellrechtliche Relevanz kontrolliert werden. Diese Grundsätze müssten sodann auch auf E-Mails, Faxe, Einladungen via Social Media übertragen und auch mündliche Einladungen müssten unverzüglich auf kartellrechtlich relevante Informationen überprüft werden.[351] Außerdem stellt sich die Frage, ob es einen Unterschied macht, ob die Einladung an eine Privatadresse oder an eine Unternehmensadresse versandt wurde. Dies kann gewiss nicht der Maßstab sein, der für die offene Distanzierung gelten soll, dies hätte eine zu ausufernde Interpretation der Anforderung zur Folge.

Das Erfordernis für die offene und unzweideutige Distanzierung liegt darin begründet, dass ansonsten den anderen Teilnehmern der Eindruck vermittelt wird, man hielte sich an die Ergebnisse der Sitzung.[352] In den zuvor erwähnten Konstellationen ist jedoch bereits die Kenntnisnahme der Einladung bzw. der angekündigten Sitzungsthemen unsicher. Erst recht sind dem Empfänger regelmäßig zu diesem Zeitpunkt keine konkreten Maßnahmen bekannt, die am Markt umgesetzt werden sollen und auf etwaiger Sitzung besprochen werden. Eine Verpflichtung schon in diesem Stadium zu verlangen, würde daher zu weit gehen. Auch das *Eturas*-Urteil ergibt nichts anderes. In diesem Urteil erwog der EuGH, ob durch das bloße Versenden einer Nachricht die Kenntnisnahme unterstellt werden kann und im nächsten Schritt, ob dies für eine Abstimmung i.S.d. Art. 101 Abs. 1 AEUV ausreicht. Der EuGH stellte fest, dass es einen Verstoß gegen die Unschuldsvermutung darstelle, durch das bloße Versenden der Nachricht anzunehmen, dass ihre Adressaten deren Inhalt zwangsläufig kennen mussten. Allerdings könne das Versenden der Nachricht zusammen mit anderen Indizien für eine Vermutung der Kenntnisnahme genügen. Es

---

350 *Füller*, in: Kölner Kommentar, Europäisches Kartellrecht 2016, Art. 101 AEUV, Rn. 131.

351 Vgl. *Eufinger*, GWR 2016, 307, 310.

352 EuGH, Urt. v. 07.04.2004- C-204/00 P, C-205/00 P, C-211/00 P, C-213/00 P, C-217/00 P und C-219/00 P, ECLI:EU:C:2004:6, Rn. 82 (Aalborg/Kommission); EuGH, Urt. v. 25.07.2007 – C-403/04 und C-405/05; ECLI:EU:C:2007:52, Rn. 48 (Sumitomo und Nippon Steel/Kommission).

müsse jedoch die Möglichkeit der Widerlegung ohne zu hohe Anforderungen bestehen bleiben. In diesem Fall war Gegenstand der in Rede stehenden Nachricht bereits eine konkrete Maßnahme, nämlich dass für Preisnachlässe, die bei der Buchung von Reiseleistungen mittels eines bestimmten Systems gewährt werden, fortan eine Obergrenze gelte.[353]

Freilich müsste man insgesamt auch hier erwägen, ob das Erfordernis einer kartellrechtlichen Kontrolle von Einladungen und Nachrichten jedenfalls dann besteht, wenn der Mitteilung weitergehende Informationen und Maßnahmen zu entnehmen sind, die durch die Wettbewerber geplant und besprochen werden sollen. Dann würde eine compliance-rechtliche Verpflichtung eingeführt und eine kartellrechtliche Kontrolle möglicherweise vorverlagert werden, da es nicht erst bei der Sitzung darauf ankommt, den „wettbewerbswidrigen Zweck“ zu erkennen. Im Zuge der immer weitergehenden Digitalisierung muss man über eine Übertragung sowie gegebenenfalls über eine Vorverlagerung der kartellrechtlichen Verantwortlichkeit und die damit einhergehende compliance-rechtliche Verpflichtung nachdenken. Denn der Empfänger der Nachricht oder Einladung muss angesichts des Selbständigkeitspostulates, welches „besagt, dass jedes Unternehmen sein Wettbewerbsverhalten selbstständig zu bestimmen hat“[354], darlegen können, dass er die Information tatsächlich nicht berücksichtigt hat. Gleichzeitig soll der Absender nicht in seinem Tun bestärkt werden, so dass auch hier bereits eine offene und unzweideutige Distanzierung und eine vorgelagerte Sorgfaltspflicht geboten ist.

Neben dem zeitlichen Aspekt müssen die Betroffenen jedoch auch bestimmen können, welcher Maßstab gilt, mit anderen Worten, welcher Grad erreicht sein muss, damit davon ausgegangen werden kann, dass es sich um ein Treffen mit wettbewerbswidrigem Zweck handelt. Teilweise wird ein „offensichtlich“ wettbewerbswidriger Zweck verlangt.[355] Auch hier spiegelt sich die Anknüpfung an das „Bezwecken“ und „Bewirken“ wider. Jedoch darf der Zweck nicht dahingehend verstanden werden, als dass ausschließlich eine Sitzung mit wettbewerbswidrigem Zweck im Sinne einer bezweckten Wettbewerbsbeschränkung vorliegen muss. Das würde dem Tatbestand des Kartellverbotes zuwiderlaufen, der ausdrück-

353 EuGH, Urt. v. 21.01.16 – C-74/14, ECLI:EU:C:2016:42, Rn. 46, 50 (Eturas u.a./ Lietuvos Respublikos konkrencijos taryba).

354 EuG, Urt. v. 11.07.19 – T-582/15, ECLI:EU:T:2019:497, Rn. 28 (Silver Plastics und Johannes Reifenhäuser/Kommission).

355 EuGH, Urt. v. 16.11.00 – C-291/98 P, ECLI:EU:C:2000:631, Rn. 118 (Sarrió/Kommission).

lich eine bezweckte und bewirkte Wettbewerbsbeschränkung erfasst und nach dessen Konzept sich auch die offene Distanzierung richtet, um diese Tatbestandsmerkmale in Form einer Nichterfüllung zu entkräften. Auch der Begriff „offensichtlich" ist mit Zurückhaltung zu verstehen, namentlich bei Sitzungen, die bloß bewirkte Wettbewerbsbeschränkungen zur Folge haben. In der Rechtspechung wird nicht mehr auf einen offensichtlich wettbewerbswidrigen Zweck abgestellt. Vielmehr wird allgemein von wettbewerbswidrigen Zusammenkünften oder nur von wettbewerbswidrigem Zweck gesprochen.[356]

Teilweise wird dazu geraten, die Sitzungen immer genau zu protokollieren, wobei auch hier (im Rahmen von Verbandstreffen) der Einwand besteht, dass es für Geschäftsführer und Sitzungsleiter der Verbände nicht zumutbar sei, wettbewerbswidrige Verstöße oder Beschlüsse zu protokollieren, die zur eigenen kartellrechtlichen Verfolgung führen könnten. Es wird daher auch empfohlen, vorab die Rahmenbedingungen einer kartellrechtskonformen Sitzung anzusprechen.[357] Dieses Vorgehen sollte jeder Sitzung vorangehen und ist auch zumutbar.

Die offene und unzweideutige Distanzierung richtet sich nach dem Empfängerhorizont.[358] Für die rechtliche Einschätzung, ob kartellrechtliche Grenzen überschritten wurden, sollte man sich daher auch nach dem durchschnittlichen Empfängerhorizont richten. Zu beachten ist dabei, dass im Rahmen von Sitzungen, bei denen sich Vertreter konkurrierender Unternehmen versammeln, dieser „durchschnittliche Empfänger" als sensibler für die Thematik über Verstöße gegen das Wettbewerbsrecht zu bewerten ist. Sollten die auf der Sitzung Anwesenden Zweifel haben, ist in jedem Fall eine Distanzierungshandlung geboten.

---

356 EuGH, Urt. v. 22.10.2015 – C-194/14 P, ECLI:EU:C:2015:717, Rn. 17 ff. (AC-Treuhand/Kommission); EuG, Urt. v. 27.09.2012 – T-82/08, ECLI:EU:T:2012:494, Rn. 48 (Guardian Industries und Guardian Europe/Kommission).

357 *Möhlenkamp*, WuW 2008, 428, 436.

358 EuGH, Urt. v. 19.03.2009 – C-510/06, ECLI:EU:C:2009:166, Rn. 120 (Archer Daniels Midland/Kommission); EuG, Urt. v. 11.7.2014 – T-540/08, ECLI:EU:T:2014:630, Rn. 40 (Esso Société/Kommission).

bb. Innere Zielsetzung (Willensrichtung)

(1) Offen und unzweideutig vom Inhalt der Sitzung distanzieren

Erkennt der Vertreter eines Unternehmens, dass die Sitzung wettbewerbswidrige Inhalte zum Gegenstand hat, wird zunächst verlangt, dass das Unternehmen sich offen und unzweideutig vom Inhalt distanziert.[359] Streng genommen muss man somit drei Teilvoraussetzungen unterscheiden. Zum einen geht es um eine Distanzierung, folglich eine Lossagung oder eine Abkehr von den vereinbarten Zielen des Kartells.[360] Eine Abkehr aus zum Beispiel „persönlichen Gründen" reicht nicht, der Wille zur Abwendung vom Kartell muss den Erklärungsempfängern deutlich werden.[361] Des Weiteren muss diese Distanzierung „offen"/„öffentlich" sein. Damit soll zum Ausdruck gebracht werden, dass das Unternehmen, welches sich abwenden möchte, dies nach Außen kundtun muss. Anders ausgedrückt, lässt die Rechtsfigur der offenen Distanzierung es also nicht genügen, nur die Sitzung zu verlassen, selbst wenn dies unverzüglich geschieht.[362] Erst recht kann ein innerer Vorbehalt nicht dem Erfordernis entsprechen, da sonst von einer Zustimmung der wettbewerbswidrigen Verhaltensweise ausgegangen wird.[363] Beide Anforderungen (offen/öffentlich sowie die Distanzierung) lassen sich auch erkennbar dem Wortlaut dieser Rechtsfigur entnehmen.[364]

---

359 EuGH, Urt. v. 19.03.2009 – C-510/06, ECLI:EU:C:2009:166, Rn. 119 f. (ADM/Kommission); vgl. auch *Roth/Ackermann*, in: Frankfurter Kommentar zum Europäisches Kartellrecht, Art. 81 Abs. 1 EG, Rn. 216.

360 Kommission v. 28.01.2009 – COMP/39406, Rn. 273. – Marine Hoses; *Jüchser*, Die Beteiligung am Kartell, S. 135.

361 EuGH, Urt. v. 17.09.2015 – C-634/13, ECLI:EU:C:2015:614, Rn. 44 (Total SA/Kommission).

362 EuGH, Urt. v. 19.03.2009 – C-510/06, ECLI:EU:C:2009:166, Rn. 119 f. (ADM/Kommission); vgl. auch *Roth/Ackermann*, in: Frankfurter Kommentar zum Kartellrecht, Art. 81 Abs. 1 EG, Rn. 216; *Füller*, in: Kölner Kommentar, Europäisches Kartellrecht 2016, Art. 101 AEUV, Rn. 130.

363 EuGH, Urt. v. 07.04.2004- C-204/00 P, C-205/00 P, C-211/00 P, C-213/00 P, C-217/00 P und C-219/00 P, ECLI:EU:C:2004:6, Rn. 81(Aalborg/Kommission); EuGH, Urt. v. 25.07.2007 – C-403/04 und C-405/05; ECLI:EU:C:2007:52, Rn. 48 (Sumitomo und Nippon Steel/Kommission).

364 Vgl. *Harrer*, Die Beendigung der Zuwiderhandlung, S. 176.

Die offene Distanzierung muss schließlich unzweideutig und klar sein. Auch hierbei ist der Empfängerhorizont maßgeblich.[365] Diese Voraussetzung liegt darin begründet, dass andernfalls der Anschein erweckt würde, dass die Unternehmen den wettbewerbswidrigen Inhalten zumindest konkludent zustimmen.[366] Aus Sicht der Gerichte reicht nämlich dieses passive Verhalten bereits aus, um die Kartellanten in ihren Entscheidungen zu bekräftigen und die Aufrechterhaltung des Kartells zu begünstigen.[367] Der Rechtsprechung des EuG sowie des EuGH ist nicht zu entnehmen, dass die offene Distanzierung schriftlich zu erfolgen hat. Gleichwohl ist dem Unternehmen aus Beweisgründen zu empfehlen, ein schriftliches Dokument zu verfassen.[368] Ferner ist bislang nicht konkretisiert worden, welchen Inhalt eine offene Distanzierung haben muss. Umso wichtiger ist die Frage im Zusammenhang mit schriftlichen Dokumenten, da eine schriftliche Aussage im Gegensatz zu einer mündlichen Aussage eine hohe Beweiskraft aufweist. Erachtet man es als erforderlich, einen Verstoß i.S.d. Art. 101 Abs. 1 AEUV einzuräumen und sich davon zu distanzieren, dann könnte ein Verstoß gegen das aus Art. 48 GRC abgeleitete und garantierte Selbstbelastungsverbot bestehen. Zwar steht dem Unternehmen nur ein eingeschränktes Recht aus dem sogenannten nemo-tenetur-Grundsatz zu, allerdings beinhaltet dies dennoch ein Geständnisverweigerungsrecht. Das bedeutet, dass das Unternehmen nicht gezwungen werden darf, sich dadurch selbst zu belasten, dass es über seine Beteiligung aussagt.[369] In Bezug auf die anfängliche und vollständige Abwendung von einem Kartell ist festzustellen, dass das zu distanzierende Unternehmen behaupten möchte, dass es keinen Verstoß begangen hat und nicht am Kartell beteiligt ist. Eine Selbstbelastung in Form eines Geständnisses kommt daher auch mit Darlegung von Absprachen während einer Sitzung nicht in Betracht. Für

---

365 EuGH, Urt. v. 19.03.2009 – C-510/06, ECLI:EU:C:2009:166, Rn. 120 (Archer Daniels Midland/Kommission); EuG, Urt. v. 11.7.2014 – T-540/08, ECLI:EU:T:2014:630, Rn. 40 (Esso Société/Kommission).

366 EuGH, Urt. v. 19.03.2009 – C-510/06, ECLI:EU:C:2009:166, Rn. 119 f. (ADM/Kommission); vgl. auch *Roth/Ackermann*, in: Frankfurter Kommentar, zum Kartellrecht, Art. 81 Abs. 1 EG, Rn. 216.

367 EuG, Urt. v. 06.04.1995 – T-141/89, ECLI:EU:T:1995:62, Rn. 85, 158 (Tréfileurope/Kommission).

368 Obgleich keine Erforderlichkeit gegeben ist, wird die Schriftlichkeit in den Urteilen angesprochen: EuG, Urt. v. 11.12.2003 – T-61/99, ECLI:EU:T:2003:335, Rn. 136 (Adriatica di Navigazione/Kommission); EuG, Urt. v. 05.12.2006 – T-303/02, ECLI:EU:T:2006:374, Rn. 103 (Westfalen Gassen/Kommission).

369 *Eser/Kubiciel*, in: Meyer/Hölscheidt, Charta der Grundrechte, Art. 48 GRC, Rn. 12; *Schmal*, in: Schulze/Zuleeg/Kadelbach, Europarecht, § 6, Rn. 50.

ein Unternehmen, dass bereits längere Zeit im Rahmen eines Kartells mitgewirkt hat und sich später von diesem abkehren möchte, sollte es aufgrund des Selbstbelastungsverbots ausreichen, wenn es sich allgemein von den Inhalten distanziert, ohne konkrete Verstöße einräumen zu müssen. Es kommt ohnehin nur auf die zeitliche Determinierung an. Verstöße, die vor der Distanzierung begangen wurden, müssen grundsätzlich durch die Kommission bewiesen werden. Wobei im Gegensatz zu natürlichen Personen dann auch Unterlagen zum Gegenstand und Ablauf des Treffens sowie dessen Ergebnisse verlangt werden können, ohne dass das Unternehmen dies selbst schildern und sich belasten muss.[370]

(2) Den „anderen" gegenüber distanzieren

(a.) Bestimmung des Erklärungsempfängers unter Berücksichtigung des Unternehmensbegriffes

Maßgeblich für die Distanzierung ist das Verständnis der anderen Kartellanten.[371] Dementsprechend sei es unerheblich, ob man einen inneren Vorbehalt hinsichtlich der abgestimmten Themen hat. Es muss deutlich werden, dass man diesem Verhalten nicht folgen möchte.[372] Allerdings ist der Nachweis der Distanzierung nicht abhängig von Behauptungen der Konkurrenten. Nachzuweisen ist, dass eine Distanzhaltung den Konkurrenten bekannt wurde.[373] Teilweise wird in der Literatur angeführt, der Begriff „öffentlich" sei im Zusammenhang mit der Distanzierung insoweit falsch, als dass man „Jedermann" über seine ablehnende Haltung informieren muss.[374] Dem Wortlaut nach reicht die Distanzierungshandlung ge-

---

370 *Queck*, Die Geltung des nemo-tenetur-Grundsatzes zugunsten von Unternehmen, S. 112; *Schmal*, in: Schulze/Zuleeg/Kadelbach, Europarecht, § 6, Rn. 50.

371 EuGH, Urt. v. 19.03.2009 – C-510/06, ECLI:EU:C:2009:166, Rn. 120 (Archer Daniels Midland/Kommission); EuGH, Urt. v. 25.07.2007 – C-403/04 und C-405/05; ECLI:EU:C:2007:52, Rn. 48 (Sumitomo und Nippon Steel/Kommission); EuGH, Urt. v. 17.09.15 – C-634/13 P, ECLI:EU:C:2015:614, Rn. 15 (Total SA/Kommission).

372 EuGH, Urt. v. 07.04.2004 – C-204/00 P, C-205/00 P, C-211/00 P, C-213/00 P, C-217/00 P und C-219/00 P, ECLI:EU:C:2004:6, Rn. 81 ff. (Aalborg/Kommission); *Füller*, in: Kölner Kommentar, Europäisches Kartellrecht 2016, Art 101 AEUV, Rn. 130.

373 EuG, Urt. v. 11.12.2003 – T-61/99, ECLI:EU:T:2003:335, Rn. 137 (Adriatica di Navigazione/Kommission).

374 *Heinrich/Eckel*, NZKart 2017, 106, 107.

genüber den anderen Teilnehmern.[375] Gleichwohl ist diese Voraussetzung konkretisierungsbedürftig. Unklar ist, wen man als Erklärungsempfänger verstehen darf.

Der EuGH gab in der Rechtssache Lettische Reisebüros-*Eturas* vor, dass es in diesem Fall genüge, nur den Administrator des Informationssystems zu benachrichtigen, welcher die Mitteilung über die Rabattobergrenze initiiert hatte. Denn der Empfänger könne tatsächlich nicht wissen, wer die anderen Adressaten sind.[376] Das Gericht spricht allerdings von „besonderen Umständen"[377]: Diese besonderen Umstände sind die Systemnutzung sowie die Initiierung durch einen Dritten und insbesondere die Tatsache, dass keiner aktiv am Kartell beteiligt sein wollte. Ob man daraus schließen kann, dass auch bei „klassischen" Zusammenkünften grundsätzlich immer nur die Mitkartellanten, die einem bekannt sind oder die dort Anwesenden, informiert werden müssen, wird hierdurch nicht klar. Ginge man davon aus, dass grundsätzlich alle Mitkartellanten informiert werden müssen, müsste man zunächst erwägen, inwieweit dies tatsächlich möglich ist. Ein Unternehmen, das nicht an allen Absprachen beteiligt und zugegen war, kann womöglich nicht alle Teilnehmer des Kartells kennen. Obgleich die Voraussetzung dahingehend verstanden werden kann, dass man nur Mitkartellanten, die einem bekannt sind, über die Beanstandung der wettbewerbswidrigen Ziele informieren muss, ist dieses Erfordernis mit Blick auf den Unternehmensbegriff des Art. 101 AEUV kritisch zu betrachten. „Unternehmen im Sinne von Art. 101 AEUV [meint] jede eine wirtschaftliche Tätigkeit ausübende Einrichtung unabhängig von ihrer Rechtsform und der Art ihrer Finanzierung (…)." „In diesem Zusammenhang ist unter diesem Begriff eine wirtschaftliche Einheit zu verstehen, selbst wenn diese wirtschaftliche Einheit rechtlich aus mehreren natürlichen oder juristischen Personen besteht."[378] Nach diesem (weiten) Unternehmensbegriff i.S.v. Art. 101 Abs. 1 AEUV ist daher weiterhin fraglich, ob der Voraussetzung erst entsprochen wird, soweit alle der wirtschaftlichen Einheit zugehörigen Einheiten informiert werden. Mangels Konkretisierung und

---

375 EuGH, Urt. v. 14.07.2005 – C-57/02 P, ECLI:EU:C:2005:453, Rn. 48 (Acerinox/Kommission); *Heinrich/Eckel*, NZKart 2017, 106, 107.

376 EuGH, Urt. v. 21.01.16 – C-74/14, ECLI:EU:C:2015:493, Rn. 47 f. (Eturas u.a./ Lietuvos Respublikos konkrencijos taryba).

377 EuGH, Urt. v. 21.01.16 – C-74/14, ECLI:EU:C:2015:493, Rn. 47 (Eturas u.a./Lietuvos Respublikos konkrencijos taryba).

378 EuGH, Urt. v. 14.03.2019 – C-724/17, ECLI:EU:C:2019:204, Rn. 36 f. (Vantaan kaupunki/ Skanska Industrial u.a.); EuGH, Urt. v. 27. 04.2017 – C-516/15 P, EU:C:2017:314, Rn. 48 (Akzo Nobel u. a./Kommission).

angesichts dessen, dass ein Unternehmen durch die offene Distanzierung eine Abwendung vom Kartell bezweckt, müsste man das Erfordernis tatsächlich so verstehen, dass unter „andere" die anderen Unternehmen im Ganzen verstanden werden. Eine Unzumutbarkeit kann jedenfalls deshalb nicht angenommen werden, weil neben der offenen Distanzierung alternativ eine Anzeige bei den Kartellbehörden möglich ist. Sollte das Unternehmen, welches sich abwenden möchte, der Ansicht sein, es könne die Voraussetzung, alle Beteiligten zu informieren, nicht erfüllen, steht es dem Unternehmen frei, stattdessen eine Anzeige zu erstatten.[379]

(b.) Entgegenkommen durch Relativierung der Voraussetzung zugunsten der Unternehmen

Da nach dem weiten Unternehmensbegriff somit alle Rechtspersönlichkeiten informiert werden müssen, stellt sich die Frage, ob die Anwendung des Unternehmensbegriffs dem Unternehmensträger auch zugutekommen kann. So könnte es zum Beispiel ausreichen, bei (mehreren) beteiligten Tochterunternehmen eines gemeinsamen Unternehmens, lediglich einen Angestellten, welcher der Muttergesellschaft zuzurechnen ist, zu informieren, um dem Erfordernis zu genügen. Dagegen spricht, dass das Konstrukt der wirtschaftlichen Einheit ein haftungsrechtliches Instrument ist, welches dazu entwickelt wurde, eine gesamtschuldnerische Haftung für etwaige Geldbußen zu begründen, damit sich die Muttergesellschaft nicht aus der Verantwortung ziehen kann.[380] Für die Anwendung des weiten Unternehmensbegriffes im Rahmen der offenen Distanzierung spricht jedoch die enge Verknüpfung der Rechtsfigur zwischen der materiellen Ebene und der Verfahrensebene. Insbesondere für Unternehmen, die sich gänzlich von einem Kartell distanzieren möchten, weil sie behaupten, nie an einem Kartell beteiligt gewesen zu sein, sollte eine Distanzierung zwar hohe Anforderungen mit sich bringen, aber dennoch möglich bleiben und nicht allzu erschwert werden. Zudem erscheint es sachgerecht, wenn das Konzept der wirtschaftlichen Einheit gleichsam zur Anwendung kommt und nicht nur der Kommission als Haftungsinstrument dient.

Eine zeitliche Einschränkung sollte allerdings geboten sein. So kann es je nach Dauer und Umfang des Kartells unmöglich werden, alle Mitkartel-

---

379 Siehe zur Anzeige unter: B.II.

380 Vgl. EuGH, Urt. v. 27. 04.2017 – C-516/15 P, EU:C:2017:314 (Akzo Nobel u. a./Kommission).

lanten zu kennen, die in der Vergangenheit oder in der Zukunft am Kartellleben beteiligt sind. Daher kann es dem Unternehmen nur zumutbar sein, die Beteiligten im Zeitraum der eigenen Kartellbeteiligung bis zur Distanzierungshandlung zu informieren.

(c.) Zugang der Erklärung an die richtige Person zur Zurechnung an den Erklärungsempfänger

Unklar ist des Weiteren, wem genau die Distanzierungserklärung zugehen muss. Grundsätzlich muss dem Unternehmensträger als Rechtssubjekt und somit als Träger von Rechten und Pflichten, die offene Distanzierung zugehen. Tatsächlich wird dies gegenüber einer natürlichen Person erfolgen, welche dem Unternehmensträger als Erklärungsempfänger zugerechnet wird. Dabei muss das sich distanzierende Unternehmen wissen, an welche Person es sich konkret wenden kann. Durch die Kommission und Rechtsprechung ist dies nicht festlegt worden. In Frage kommen zum Beispiel geschäftsführende Organe, leitende Angestellte oder jeder einfache Mitarbeiter des Empfängers. Im Unionsrecht genügt es für die Zurechnung von Sanktionen, wenn ein beliebiger Mitarbeiter für das Unternehmen handelt; gleichwohl ist den Entscheidungen oftmals zu entnehmen, dass eine leitende Person gehandelt hat.[381] Werden somit wettbewerbswidrige Inhalte auf einer Sitzung besprochen und beteiligt sich ein Mitarbeiter eines Unternehmens daran, so wird es dem Unternehmensträger zugerechnet.

(3) Kein widersprüchliches Verhalten auf dem Markt

Es genügt nicht, wenn man gegen einzelne Preiserhöhungen protestiert und im Anschluss an den Sitzungen dennoch teilnimmt. Dies erweckt den Anschein, dass man seine Vorbehalte überwunden hat.[382] Ein tatsächliches Fernbleiben der Sitzung ist daher erforderlich.[383] Ein Verzicht auf diese

---

381 Kommission v. 02.07.2002 – C.37.519, ABl. 2003 L 255/1, Rn. 77 -Methionin.

382 *Füller*, in: Kölner Kommentar, Europäisches Kartellrecht 2016, Art 101 AEUV, Rn. 149.

383 EuGH, Urt. v. 17.09.2015 – C 634/13, ECLI:EU:C:2015:614, Rn. 44 (Total SA/Kommission); EuG, Urt. v. 05.12.2006 – T-303/02, ECLI:EU:T:2006:374, Rn. 101 f. (Westfalen Gassen Nederland/Kommission).

Voraussetzung würde dem Sinn und Zweck der offenen Distanzierung widersprechen, eine unmissverständliche Abwendung vom Kartell herbeizuführen. Die weitere Teilnahme an Sitzungen führt aus Sicht der Empfänger zu einem Verlust der Glaubwürdigkeit, sich tatsächlich distanzieren zu wollen, da das Unternehmen durch seine Teilnahme nach wie vor am Kartellleben beteiligt ist.

(4) Unverzügliches Distanzieren

Wenn das Unternehmen sich nicht bereits vor Ort distanziert hat, sollte zumindest unverzüglich nach der Sitzung eine Mitteilung an die Wettbewerber darüber erfolgen, dass man sich nicht beteiligen und auch keine weitere Einladung erhalten möchte.[384] *Heinrich* und *Eckel* betonen, dass durch die europäische Rechtsprechung bislang noch nicht verlangt wurde, dass die offene Distanzierung unverzüglich zu erfolgen hat.[385] Dennoch wird dieses Erfordernis in der Literatur diskutiert.[386] *Bailey* führt hierzu die anknüpfende Frage an, wann grundsätzlich die offene Distanzierung zu erfolgen hat und wann vor allem der frühestmögliche Zeitpunkt ist.[387] Stellt man auf das Erkennen des wettbewerbswidrigen Zwecks ab, dann müsse man konsequenterweise auch verlangen, dass der Betroffene bereits bei vorgelagerten Maßnahmen, wie zum Beispiel bei Erhalt einer „eindeutig wettbewerbswidrigen" Einladung eine Distanzierungshandlung vornimmt. Des Weiteren ist fraglich, wie es sich verhält, wenn der wettbewerbswidrige Inhalt nicht eindeutig zu erkennen ist oder es zu keiner Vereinbarung gekommen ist. Mit Verweis auf die Polypropylen-Entscheidung gehe Generalanwalt *Vesterdorf* davon aus, dass es vom Kartellverbot nicht erfasst sei, wenn die Kommission noch vor Abschluss einer Vereinbarung in Verhandlungen eingreife.[388]

Es dürfte zu weit gehen, die Unternehmen hinsichtlich Einladungen oder E-Mails bereits dazu zu verpflichten, sich unverzüglich zu distanzieren, da bereits die Kenntnisnahme der Einladung bzw. der angekündigten Sitzungsthemen nicht sicher gegeben ist. Erst recht sind dem Empfän-

---

384 *Roth/Ackermann*, in: Frankfurter Kommentar zum Kartellrecht, Art. 81 Abs. 1 EG, Rn. 204; *Bailey*, World Competition 2008, 177, 191.

385 *Heinrich/Eckel*, NZKart 2017, 106, 112.

386 *Bailey*, World Competition 2008, 177, 189; *Jüchser*, Die Beteiligung am Kartell, S. 138.

387 *Bailey*, World Competition 2008, 177,191.

388 *Bailey*, World Competition 2008, 177, 191.

ger regelmäßig keine konkreten Maßnahmen bekannt, die im Zuge der Sitzung umgesetzt werden sollen. Allerdings sollte es als wesentlicher Bestandteil der offenen Distanzierung gelten, dass ein unverzügliches Abwenden von den wettbewerbswidrigen Inhalten erfolgt, sobald der Repräsentant des Unternehmens, welcher am Treffen teilnimmt, dies erkennt.[389] Eine andere Sichtweise würde dazu führen, dass sich die Vertreter zunächst die Informationen geben lassen könnten, um sich dann erst anschließend (vermeintlich) zu distanzieren. Zum einen wird durch das Schweigen der Prozess der Willensbildung gefördert, zum anderen entspricht es nicht dem Grundsatz des Selbständigkeitspostulates, wenn das Unternehmen das Risiko eingeht, wettbewerblich sensible Informationen zu erhalten und die Möglichkeit besteht, dass diese Informationen, wenn auch unbewusst, berücksichtigt werden. Ohne Zweifel kann nicht abgestritten werden, dass es jedenfalls für das sich distanzierende Unternehmen im Rahmen der Beweisebene umso glaubwürdiger erscheint, je eher es sich distanziert.[390]

(5) Kollusiven Prozess beenden

Ferner sollte der kollusive Prozess beendet werden. Dies wird jedoch als schwierig erachtet, sofern bereits eigene Informationen preisgegeben wurden.[391] „Das betroffene Unternehmen soll entweder von vornherein keine vertraulichen (Preis-)Informationen preisgeben oder nach Offenlegung zurückweisen."[392] Erhält man lediglich Informationen, dann muss es im Sinne der offenen Distanzierung genügen, wenn diese wettbewerbswidrigen Inhalte denunziert werden. Problematischer ist dies in der Tat, wenn eigene Informationen Gegenstand der Absprachen waren. Allerdings müsste es auch in diesem Fall reichen, sich offen von dem selbst Gesagten zu distanzieren und dies deutlich kundzutun. Im Hinblick auf das Geständnisverweigerungsrecht, welches aus Art. 48 GRC hergeleitet wird,[393] muss es sogar ausreichen, wenn das betreffende Unternehmen sich nur von den Inhalten der Sitzung im Allgemeinen löst und nicht die eigenen preis-

---

389 Siehe unter: B.I.4.g.aa.

390 *Bailey*, World Competition 2008, 177, 192.

391 *Jüchser*, Die Beteiligung am Kartell, S. 138.

392 *Bailey*, World Competition 2008, 177, 199.

393 *Voet van Vormizeele*, in: Schwarze/Becker/Hatje/Schoo, EU-Kommentar 2019, Art. 48 GRC, Rn. 9 als Unterfall der Selbstbelastungsverbotes, siehe unter: Fn. 362.

gegebenen Informationen konkret darlegt und einen Verstoß zugibt. Ob das Unternehmen sich tatsächlich von seinen Inhalten abkehrt, lässt sich durch ein autonomes Verhalten am Markt – und damit unabhängig von dem auf der Sitzung Gesagten – bestimmen.[394]

cc. Äußere Zielsetzung (Willensrichtung)

(6) Kein Erfordernis Fortwirkungen zu beseitigen

Des Weiteren wird teilweise verlangt, dass der kollusive Prozess beendet *und* sichergestellt wird, dass der Beitrag des sich distanzierenden Unternehmens nicht mehr fortwirkt.[395] Wobei dies auch hier insbesondere dann als schwierig erachtet wird, sofern bereits eigene Informationen preisgegeben wurden.[396] Diese Ansicht geht allerdings zu weit.

Das Fortwirken eines einzelnen Beitrags an einer Absprache lässt sich nicht einfach bestimmen. Vielmehr werden die Nachlaufeffekte für das gesamte Kartell ermittelt. Wichtig ist dieser Aspekt beispielsweise für sogenannte follow-on-Klagen, das heißt Klagen auf Kartellschadensersatz, nachdem rechtskräftig ein Kartellverstoß angenommen wurde.[397] Auswirkungen von einem Kartell können so lange bestehen, bis das gesamte Kartell beendet wurde. Das Abwenden eines Unternehmens von einem Kartell kann jedoch nicht davon abhängig sein, dass auch alle anderen Beteiligten die Absprachen beenden. Die Anforderung der offenen Distanzierung würde ansonsten ins Leere laufen. Zudem kann von einem abkehrenden Unternehmen nicht verlangt werden, dass mögliche Fortwirkungen bei Dritten oder gar nach Beendigung des Kartells beseitigt werden. Die Beseitigung von Fortwirkungen ist tatsächlich unmöglich. Wenn beispielsweise Teil der Absprache eine Gebietsaufteilung war, müsste das betroffene Unternehmen die Marktstruktur wieder so herstellen, als wenn es keine Auswirkungen durch Absprachen gegeben hätte. Ferner müsste dann auch konkret festgestellt werden können, bis wann und in welchem Ausmaße Nachlaufeffekte auftreten.

---

394 Siehe dazu unter: B.I.4.g.cc.

395 So *Harrer*, Die Beendigung der Zuwiderhandlung, S. 141; *Jüchser* spricht von Auswirkungen, so dass nicht eindeutig hervorgeht, ob Fortwirkungen oder eine Auswirkung i.S.e. späteren Durchführung gemeint ist: *Jüchser*, Die Beteiligung am Kartell, S. 138 f.

396 *Jüchser*, Die Beteiligung am Kartell, S. 138.

397 *Thiede*, NZKart 2019, 275, 376.

Auch die *Karton*-Entscheidung der Kommission[398] verlangt nicht, dass mögliche Fortwirkungen beseitigt werden. Vielmehr wurde dort festgestellt, dass einer der Kartellbeteiligten trotz formalem Ausstieg in Form einer Nichtteilnahme an den Sitzungen, die geplante Absprache, welche wenige Monate später umgesetzt werden sollte, noch einige Zeit mitgetragen hat.[399] Die Anknüpfungspunkte liegen hier darin, dass dem Unternehmen vorgeworfen wird, dass es sich tatsächlich nicht von den Absprachen auf den Sitzungen distanziert hat und dass auf Beweisebene die im vorliegenden Fall angekündigte und durchgeführte Preisinitiative dafür spricht. Zwar spricht die Kommission auch Fortwirkungen der Absprachen an, sie benennt diese jedoch (ohne zeitliche Fixierung) im Zusammenhang mit dem gesamten Kartell und dessen Beendigung.[400]

(7) Autonomes Verhalten auf dem Markt

Weiterhin müsse durch das Unternehmen ein autonomes Verhalten auf dem Markt nachgewiesen werden.[401] Ein autonomes Verhalten zeichnet sich durch ein von der Sitzung unabhängiges Verhalten aus. Diese Voraussetzung soll sicherstellen, dass das in der Sitzung erworbene Wissen das spätere Geschäftsverhalten des Unternehmens nicht absichtlich oder unabsichtlich beeinflusst.[402] Problematisch ist das „Wie“ des Nachweises. Vorausgesetzt, es bestünde keine verbotene Verhaltensweise i.S.d. Art. 101 Abs. 1 AEUV, dann ist es den Unternehmen grundsätzlich erlaubt, den Markt zu beobachten und sich auch aufgrund einer autonomen Entscheidung gleichförmig zu den anderen Unternehmen am Markt zu verhalten.[403] Dieser Grundsatz sollte auch nach Beendigung der Absprache gelten bzw. nachdem sich das Unternehmen distanziert hat. Distanziert

---

398 Kommission v. 13.07.1994 – IV/C/33.833, ABl. 1994 Nr. L 243/1, Rn. 1 f. – Karton.

399 Kommission v. 13.07.1994 – IV/C/33.833, ABl. 1994 Nr. L 243/1, Rn. 163 – Karton.

400 Kommission v. 13.07.1994 – IV/C/33.833, ABl. 1994 Nr. L 243/1, Rn. 164 – Karton.

401 EuG, Urt. v. 05.12.2006 – T-303/02, ECLI:EU:T:2006:374, Rn. 129 (Westfalen Gassen Nederland/Kommission); *Bailey*, World Competition 2008, 177, 199 ff.; A.A. *Heinrich/Eckel* S. 106, 112.

402 *Bailey*, World Competition 2008, 177, 199.

403 EuGH, Urt. v. 04.06.2009 – C-08/08, ECLI:EU:C:2009:110, Rn. 33 (T-Mobile Netherlands/Kommission); Kommission, Horizontalleitlinien, ABl. C 11/1, Rn. 61.

sich ein Unternehmen offen von den Inhalten der Sitzung, behält die Preise jedoch bei oder passt diese sogar entsprechend der Kartellabsprache an, dann geht die Kommission davon aus, dass das Unternehmen nur scheinbar nicht mehr am Kartell beteiligt ist und möglicherweise sogar weiterhin Informationen erhält.[404] In einem Urteil des EuGH, bei dem es um ein einziges Treffen von Unternehmen ging, hatte das Gericht zu entscheiden, ob bereits eine abgestimmte Verhaltensweise vorliegt. Dabei verwies das Gericht auf die Rechtsprechung des EuG und erklärte, dass es für die Kausalitätsvermutung ausreiche, dass eine Abstimmung vorliege und das Unternehmen weiterhin auf dem Markt tätig sei.[405] Findet also ein Treffen statt und ein Unternehmen distanziert sich von den Inhalten, kann es trotz dessen dazu kommen, dass die Kommission und die Gerichte von einer vom Kartellverbot erfassten abgestimmten Verhaltensweise ausgehen, sofern das Unternehmen weiterhin auf dem Markt tätig ist, ohne von dem auf der Sitzung Gesagten abzukehren. Letztlich muss das betroffene Unternehmen daher eine andere Strategie auf dem Markt verfolgen, um den Anforderungen an ein autonomes Verhalten gerecht zu werden. Hierbei kann es jedoch zum Konflikt kommen, wenn ein Unternehmen sich dadurch möglicherweise ökonomisch ineffizient(er) verhalten müsste.

Aus mehreren Gründen kann gleichwohl eine „Pflicht zum Wettbewerb“[406] geboten sein. Zum einen betrifft die Pflicht zum Wettbewerb Unternehmen, die an einer kollusiven Sitzung teilgenommen haben. Diese haben somit bereits die Schwelle zu Art. 101 Abs. 1 AEUV überschritten und stehen ihrerseits nun in der Pflicht diesen Rechtsschein zu durchbrechen. Zum anderen ist zu berücksichtigen, dass der Zustand des einmal erlangten Wissens nicht mehr rückgängig gemacht werden kann und es daher nahezu ausgeschlossen ist, die Informationen nicht zu berücksichtigen. Ein gegenläufiges Verhalten ist folglich das einzige Element, um dieser Tatsache entgegenzuwirken. Freilich wird ein Schein, den es zu durchbrechen gilt, nur gesetzt, wenn ein Kartell bereits in Vollzug gesetzt ist, also eine längere Zeit tätig ist oder wenn bereits zu Beginn konkrete Informationen mitgeteilt wurden. Bei einer Anknüpfung an die Widerlegung einer bezweckten und bewirkten Verhaltensweise, die durch offene Distanzierung erreicht werden soll, ergibt die Anforderung an ein von der

---

404 Kommission v. 13.07.1994 – IV/C/33.833, ABl. 1994 Nr. L 243/1, Rn. 163 – Karton.

405 EuGH, Urt. v. 04.06.2009 – C-08/08, ECLI:EU:C:2009:110, Rn. 58 (T-Mobile Netherlands/Kommission).

406 Vgl. *Jüchser*, Die Beteiligung am Kartell, S. 133, 139.

Sitzung unabhängiges, autonomes Verhalten auf dem Markt umso mehr Sinn. Hier gilt es nämlich nicht nur die Handlungsfreiheit innerhalb des Kartells wiederherzustellen, sondern auch die äußeren Auswirkungen auf dem Markt und somit für Dritte, anders ausgedrückt, potenzielle und tatsächliche Auswirkungen – zur Nichterfüllung des Bewirkens – zu entkräften. Das Kriterium stellt dabei ein wichtiges Glied als öffentliches Element dar, um sich von einem Kartell zu distanzieren.[407] Ein autonomes Verhalten sollte im Rahmen der offenen Distanzierung daher immer dann verlangt werden, wenn sich ein Unternehmen nach längerer Zeit von einem Kartell abkehren möchte und bereits Absprachen mit Auswirkungen für den Markt erfolgt sind oder in dem Fall, wenn bereits beim ersten/bei den ersten Treffen die Inhalte soweit konkretisiert sind, dass diese den gleichen Effekt haben.

dd. Negativbeispiele

Es lassen sich kaum Urteile finden, in denen die Unionsgerichte von einer erfolgreichen Distanzierung ausgingen. Vielmehr lassen sich diverse Beispiele vorfinden, die darlegen, wann das Erfordernis gerade nicht erfüllt wurde. Für die Widerlegung des Verstoßes reicht es zum Beispiel nicht aus, dass sich das Unternehmen nach der Sitzung nicht an die Vereinbarung hält, sich vereinzelnd abweichend verhält oder gar eine ganz andere Strategie verfolgt.[408] In der Rechtsprechung wird eine unabhängige Marktpolitik trotz Absprache innerhalb eines Kartells nämlich dadurch begründet, dass das sich angeblich distanzierende Unternehmen möglicherweise nur das Kartell zu seinem Vorteil nutzen möchte.[409] Zudem führe die Teilnahme an einer Sitzung zu einer Stärkung des Kartells,

---

407 *Bailey*, World Competition 2008, 177, 200.

408 EuGH, Urt. v. 16.11.00 – C-291/98, ECLI:EU:C:2000:631, Rn. 50 (Sarrió/Kommission); EuGH, Urt. v. 07.04.2004 – C-204/00 P, C-205/00 P, C-211/00 P, C-213/00 P, C-217/00 P und C-219/00 P, ECLI:EU:C:2004:6, Rn. 81 ff. (Aalborg/Kommission); EuG, Urt. v. 27.06.12 – T-445/07, ECLI:EU:T:2012:321, Rn. 113 f. (Berning&Söhne/Kommission); *Füller*, in: Kölner Kommentar, Europäisches Kartellrecht 2016, Art 101 AEUV, Rn. 130.

409 EuG, Urt. v. 27.06.2012 – T-445/07, ECLI:EU:T:2012:321, Rn. 115 (Berning&Söhne/Kommission); Die Kommission kam zu dem Schluss, dass ein Beteiligter wegen beträchtlicher Unterschreitung des Preises des Kartells bei einer Ausschreibung nicht mehr zum Kartell gehörte: Kommission v. 28.01.2009 – COMP/39406, Rn. 227 – Marine Hoses.

so dass auch ein Nicht-Umsetzen der Ergebnisse nicht zur Entlastung des Unternehmens von seiner Verantwortung für die Teilnahme führen kann.[410] Sollte sogar der Einladung zu entnehmen sein, dass auf der Sitzung wettbewerbswidrige Inhalte besprochen werden, dann verlangen Stimmen in der Literatur, dass diese Einladung mit der Begründung abgelehnt wird, dass man die Sitzung für wettbewerbsrechtlich bedenklich halte, um den Anforderungen der offenen Distanzierung zu genügen.[411] Wie bereits dargelegt, genügt es ebenfalls nicht, wenn man gegen eine einzelne Preiserhöhung protestiert und im Anschluss an den anderen Sitzungen dennoch teilnimmt. Dies erweckt den Anschein, dass man seine Vorbehalte überwunden hat.[412] Auch grundsätzlich reicht gelegentliches Fernbleiben nicht aus, um eine Beteiligung zu verneinen. Dieser Aspekt ist eher eine Frage des Grades der Beteiligung.[413] Das Argument, man spiele als Unternehmen nur eine untergeordnete Rolle[414] fällt ebenso wenig ins Gewicht, wie der Einwand, dass nicht alle Tatbestandsmerkmale eines Kartells i.S.d. Art. 101 Abs. 1 AEUV erfüllt wurden.[415] Der Nachweis einer Sitzung mit wettbewerbswidrigen Inhalten, ohne sich davon offen zu distanzieren, genügt, um eine Beteiligung am Kartell zu vermuten. Zwar ist auch keine Schriftform erforderlich, gleichwohl muss eindeutig nach außen erkennbar werden, dass sich das betroffene Unternehmen von den Inhalten distanzieren möchte. Aus diesem Grund kann auch der Nachweis einer internen Anweisung, sich nicht (mehr) an den Inhalten des Kartells zu beteiligen, nicht ausreichen.[416] „Mangels urkundlicher Beweise hat auch der Umstand keine Beweiskraft, dass [laut] internen Mitteilung eine mündliche Mitteilung durch Anruf (...) [erfolgt sei]. Hätte sich die

---

410 EuGH, Urt. v. 16.11.00 – C-291/98, ECLI:EU:C:2000:631, Rn. 50 (Sarrió/Kommission).

411 *Füller*, in: Kölner Kommentar, Europäisches Kartellrecht 2016, Art 101 AEUV, Rn. 131.

412 *Füller*, in: Kölner Kommentar, Europäisches Kartellrecht 2016, Art 101 AEUV, Rn. 149.

413 Kommission v. 23.04.1986 – IV/31.149, ABl. 1986 L 230/1, Rn. 80 ff. – Polypropylen.

414 EuGH, Urt. v. 07.04.2004 – C-204/00 P, C-205/00 P, C-211/00 P, C-213/00 P, C-217/00 P und C-219/00 P, ECLI:EU:C:2004:6, Rn. 84 f. (Aalborg/Kommission).

415 EuGH, Urt. v. 07.04.2004 – C-204/00 P, C-205/00 P, C-211/00 P, C-213/00 P, C-217/00 P und C-219/00 P, ECLI:EU:C:2004:6, Rn. 84 f. (Aalborg/Kommission).

416 EuG, Urt. v. 11.12.2003 – T-61/99, ECLI:EU:T:2003:335, Rn. 134 (Adriatica di Navigazione/Kommission).

Klägerin von dem Gegenstand der Vereinbarung wirklich distanzieren wollen, so hätte sie ihren Konkurrenten (...) schriftlich klar mitteilen können, dass sie nicht mehr als Partei der Vereinbarung angesehen werden wolle. Schließlich ist die in einem internen Schriftstück geäußerte Absicht der Klägerin, die Absprache nicht einzuhalten, nicht nach außen erkennbar gemacht worden."[417] Die Beurteilung fällt anders aus, sofern das zu distanzierende Unternehmen den internen Vermerk publik macht. Denn ansonsten könnte man diese Handlung genau gegenteilig auslegen, nämlich sich gegebenenfalls absprachewidrig zu beteiligen.[418]

h. Zusammenfassung und Ergebnis

Spiegelbildlich betrachtet, findet die offene Distanzierung ihre Rechtfertigung direkt im Primärrecht. Es soll dadurch der Vorwurf entkräftet werden, dass eine kartellrechtswidrige Verhaltensweise vorliegt und bedingt, dass Auswirkungen auf dem Markt auftreten können (Bewirken und Bezwecken). Möchte man das Nichterfüllen einer bewirkten oder bezweckten Verhaltensweise beweisen, so müssen die Anforderungen, die maßgeblich durch die Unionsrechtsprechung entwickelt wurden, erfüllt sein. Vor diesem Hintergrund wurden die einzelnen Voraussetzungen an die Rechtsfigur in zwei Ebenen kategorisiert, namentlich eine äußere Ziel-/Willensrichtung und eine innere Ziel-/Willensrichtung. Diese beiden Ebenen geben genau die Anforderungen der offenen Distanzierung wieder, die erforderlich sind, um eine bezweckte Verhaltensweise, die von Natur aus dazu geeignet ist, eine Wettbewerbsbeschränkung herbeizuführen, zu widerlegen bzw. eine bewirkte Verhaltensweise, bei der es zu tatsächlichen Auswirkungen gekommen ist. Folglich reicht die Negation der Verhaltensweise nicht aus. Es muss des Weiteren an das Nichterfüllen der Wirkungen und des Zwecks angeknüpft werden. Wenngleich die weiteren Voraussetzungen dem Grunde nach gerechtfertigt sind, ist insbesondere im Hinblick auf die Rechtssicherheit und auf den Bestimmtheitsgrundsatz eine Konkretisierung der einzelnen Voraussetzungen unerlässlich. So ist bereits vorgelagert fraglich, welcher Grad erreicht sein muss, so dass sicher davon ausgegangen werden kann, dass ein Unternehmensvertreter eine Sitzung

---

417 EuG, Urt. v. 11.12.2003 – T-61/99, ECLI:EU:T:2003:335, Rn. 138 (Adriatica di Navigazione/Kommission).

418 EuG, Urt. v. 11.12.2003 – T-61/99, ECLI:EU:T:2003:335, Rn. 136, 138 (Adriatica di Navigazione/Kommission).

als wettbewerbswidrig einstuft. Im Ergebnis sollte sich diese Einschätzung nach dem durchschnittlichen Empfängerhorizont richten, der sich hier auf Unternehmensvertreter bzw. Wettbewerber einer Branche bezieht. Auch vorgelagerte Maßnahmen, wie zum Beispiel Einladungen oder E-Mails, die bereits auf konkrete Themen und Umsetzungen hinweisen, müssen durch das jeweilige Unternehmen, welches sich nicht beteiligen möchte, abgelehnt werden. Nur so kann sichergestellt werden, dass sich das Unternehmen weiterhin autonom am Markt verhalten möchte und gleichzeitig ein bestehendes oder geplantes Kartell schwächt.

Weiterhin muss geklärt werden, wer informiert wird, wie dies geschieht und auf welchen zeitlichen Rahmen eine offene Distanzierung fußen soll. Da zum Zeitpunkt des Erfordernisses der Rechtsfigur bereits die Schwelle des materiellen Tatbestandes überschritten wurde und neben der offenen Distanzierung auch Alternativen bestehen, wie zum Bespiel eine Anzeige bei den Behörden, ist die Bedingung, alle Mitkartellanten zu informieren, nicht als unzumutbar zu bewerten. Hierbei ist der (weite) Unternehmensbegriff von Art. 101 Abs. 1 AEUV zu berücksichtigen, was zur Konsequenz hat, dass das zu distanzierende Unternehmen alle Rechtspersönlichkeiten informieren muss, die mit einem Unternehmen rechtlich und wirtschaftlich verbunden sind. Jedoch sollte es auf der anderen Seite für das abkehrende Unternehmen auch möglich sein, beispielsweise eine Muttergesellschaft zu informieren, womit durch die Zusammenfassung als wirtschaftliche Einheit auch die beteiligten Tochtergesellschaften erfasst sind. Die Distanzierungshandlung sollte zudem in schriftlicher Form erfolgen, auch wenn dies nur aus Beweisgründen geboten ist. Eine Einschränkung sollte jedoch dahingehend erfolgen, dass das zu distanzierende Unternehmen lediglich solche Unternehmen informieren muss, die im Zeitraum der eigenen Beteiligung dem Kartell angehörten, namentlich also nur solche Unternehmen, von denen das zu distanzierende Unternehmen in zumutbarer Weise Kenntnis erlangen konnte.

Für die erste Ebene muss zuletzt auch der kollusive Prozess beendet werden, wobei unter Berücksichtigung des Selbstbelastungsverbotes bzw. des Geständnisverweigerungsrechtes es genügen sollte, wenn das betroffene Unternehmen sich allgemein von den Inhalten, die auf der Sitzung besprochen wurden, distanziert. Ein unverzügliches Abwenden mag keine zwingende Voraussetzung sein, allerdings spricht eine unverzügliche Handlung für die Glaubwürdigkeit des Unternehmens und sollte als zwingende Voraussetzung anerkannt werden, da so unterbunden wird, dass sich der Repräsentant zunächst die Inhalte der Sitzung anhören kann, um dann zu entscheiden, wie er mit der möglichen wettbewerbswidrigen Sitzung und den Informationen verfährt.

Fraglich ist darüber hinaus, ob noch weitere Voraussetzungen, die insbesondere in der Literatur diskutiert werden, erforderlich sind. Sofern ein Kartell bereits länger besteht, ist es wahrscheinlich, dass bereits Wirkungen auf dem Markt eingetreten sind. Unter dieser Prämisse sollte das zu distanzierende Unternehmen nicht nur Anforderungen innerhalb des Kartells erfüllen, sondern auch eine äußere Zielsetzung. Hier erfolgt die Anknüpfung an das Widerlegen einer bewirkten Maßnahme, da hier tatsächlich Auswirkungen eingetreten sein müssen. Dem Erfordernis würde am Markt dann entsprochen werden, wenn sich das Unternehmen autonom, also unabhängig von dem auf der Sitzung Gesagten, verhalten würde. Dabei kann es zu der Situation kommen, dass sich ein Unternehmen wirtschaftlich nicht so verhält, wie es für das Unternehmen am besten wäre. Folglich erscheint die Voraussetzung auf den ersten Blick als nicht gerechtfertigt, da es mit dem Prinzip des freien Wettbewerbs im Konflikt steht. Hier ist jedoch der Aspekt zu berücksichtigen, dass bereits eine rechtswidrige Verhaltensweise vorliegt, die zu Auswirkungen auf dem Markt geführt hat. Informationen, die bereits erlangt sind, können „nicht mehr vergessen werden." Sie werden zwangsläufig berücksichtigt.[419] Das Selbstständigkeitspostulat, welches ein tragendes Prinzip des Wettbewerbsrechts ist, kann daher nur noch eingehalten werden, wenn gerade eine andere Strategie am Markt verfolgt wird als ursprünglich durch die Kartellanten abgesprochen war. Wird dies durch das betroffene Unternehmen umgesetzt, kann für die Kommission nicht mehr der Eindruck bestehen, das Unternehmen sei noch am Kartell beteiligt. Dieses Erfordernis sollte jedoch nicht von dem Unternehmen verlangt werden, das behauptet, es sei nie am Kartell beteiligt gewesen und nur die Vermutung der Kartellbeteiligung nach Teilnahme an einer wettbewerbswidrigen Sitzung widerlegen möchte. Etwas anderes gilt, wenn bereits konkrete Informationen, die gegen das Kartellverbot verstoßen, erlangt wurden, da die Informationen zwangsläufig berücksichtigt werden.

Eine Anforderung, die jedenfalls nicht durch das Unternehmen erfüllt werden muss, ist die Beseitigung von Fortwirkungen des Kartells. Insoweit müsste sonst das gesamte Kartell beendet werden. Die offene Distanzie-

419 Vgl. die sogenannte Anic-Vermutung: EuGH, Urt. v. 8.7.1999 – C-49/92 P, ECLI:EU:C:1999:356, Rn. 121 (Kommission/Anic Partecipazioni); EuG, Urt. v. 24.10.1991 – T-1/89, ECLI:EU:T:1991:56, Rn. 123 (Rhône-Poulenc/Kommission).

rung ist ein Instrument, welches einem Einzelnen ermöglichen soll, sich von einem Kartell abzuwenden. Außerdem lässt sich auch der Umfang der Fortwirkungen der Beiträge nur schwer oder gar nicht bestimmen. Es ist nicht möglich, das komplette Ausmaß (bei Dritten zum Beispiel) zu beseitigen. Daher muss es genügen, dass der kollusive Prozess durch ein Unternehmen beendet wird, ansonsten würde das Kriterium der offenen Distanzierung leerlaufen, wenn das Unternehmen abwarten müsste, bis das ganze Kartell beendet ist oder man verlangen würde, die Fortwirkungen bestimmen zu müssen.

5. Die Abkehr von Vertikalvereinbarungen i.S.d. Art. 101 Abs. 1 AEUV

a. Voraussetzungen bei Vertikalvereinbarungen

Neben Vereinbarungen im Horizontalverhältnis zwischen Wettbewerbern stellt sich die Frage, wie sich Unternehmen von Vereinbarungen im Vertikalverhältnis, insoweit Vereinbarungen zwischen zwei oder mehr Unternehmen, die auf unterschiedlichen Produktions- und Vertriebsstufen tätig sind, wie zum Beispiel zwischen einem Lieferanten und einem Abnehmer,[420] lösen können. Vertikale Vereinbarungen – einschließlich solcher die wettbewerbsrelevante Parameter betreffen – können dem Grunde nach zulässig sein. So ist beispielsweise eine Preisempfehlung durch den Hersteller an den Händler grundsätzlich erlaubt, soweit sie unverbindlich ist und ohne Druckerzeugung erfolgt.[421] Es liegt daher also kein Verstoß gegen Art. 101 Abs. 1 AEUV vor, solange es sich bei einer Preisempfehlung um eine bloße Äußerung handelt und der Händler jederzeit frei darüber entscheiden kann, inwieweit er dieser Empfehlung folgt oder auch nicht folgt.[422] Sollte es im Vertikalverhältnis jedoch zu einer Vereinbarung kommen, die einer bezweckten und bewirkten Verhaltensweise i.S.d. Art. 101 Abs. 1 AEUV gleichkommt, ist fraglich, wie sich die Beteiligten hiervon lösen können.

---

420 *de Bronett*, in: Schulte/Just, Kartellrecht 2016, Art. 101 AEUV, Rn. 45.*Wiedemann*, in: Wiedemann, Kartellrecht 2020, § 2 Rn. 1.

421 Art. 4 lit. a der Gruppenfreistellungsverordnung Nr. 330/2010; *Hoffmann*, in: Dauses/Ludwigs, EU-Wirtschaftsrechts, H.I. § 2, Art. 101 AEUV, 53. EL 2021, Rn. 36.

422 *Grafunder/Kofler-Senoner*, NZKart 2018, 342, 345.

b. Distanzierung von einer Vertikalvereinbarung am Beispiel der unverbindlichen Preisempfehlung (UVP)

Bei vertikalen Vereinbarungen wird eine Erklärung gegenüber den betroffenen Unternehmen gefordert, also ebenfalls die Anwendung der offenen Distanzierung.[423] Problematisch ist hier jedoch die praktische Umsetzung. Man könne von Herstellern nicht verlangen „sich von seiner eigenen UVP zu distanzieren, wenn ihm der Händler mitteilt, dieser folgen zu wollen. Ausweichen könne ein Mitarbeiter des Herstellers einer solchen Rückäußerung jedenfalls schlecht. Zudem sei es aus Sicht des Händlers lebensfremd und schlicht unhöflich, auf eine Erläuterung und Argumentation mit Schweigen zu reagieren. Solche Heimlichkeiten seien Vertriebs- und Einkaufsmitarbeitern auch in Compliance-Schulungen kaum zu vermitteln, die ansonsten auf klare und unmissverständliche Kommunikation ausgerichtet sind.“[424] Der Hersteller muss im Rahmen der UVP ausdrücklich klarstellen, dass der Händler keine Pflicht hat, diese umzusetzen. Stimmt der Händler dennoch zu, kann ein Verstoß gegen das Kartellverbot vorliegen, obwohl der Hersteller sich insgesamt zulässig verhalten hat. Trotzdem muss eine Distanzierung erfolgen. Hinsichtlich einer UVP könnte dies so ausgestaltet sein, dass er noch einmal klarstellt, dass es sich um eine UVP handelt und dass er sich von der Zustimmung des Händlers distanziert. Wird hingegen nachgewiesen, dass es sich nur scheinbar um eine UVP handelte und der Hersteller Druck auf den Händler ausgeübt hat, die vermeintliche Preisempfehlung umzusetzen, muss eine offene Distanzierung entsprechend den Anforderungen im Horizontalverhältnis erfolgen. Der Hersteller muss sich dann von seiner eigenen UVP distanzieren, auch wenn dies in der Praxis nicht üblich ist.[425] Es fällt allerdings in die alleinige Risikosphäre des Herstellers, wenn er bewusst unter dem Deckmantel des nach Art. 4 lit. a Vertikal-GVO dem Grunde nach zulässigem Instrument der UVP wettbewerbswidrige Maßnahmen durchsetzt.

Vertikale Vereinbarungen können regelmäßig nach Art. 101 Abs. 3 AEUV sowie der Vertikal-GVO von einer Freistellung vom Kartellverbot profitieren, weil es im Rahmen von Absprachen zwischen verschiedenen Handelsstufen häufig zu wirtschaftlichen Effizienzen kommt- wie bspw. einer Verringerung der Transaktions- und Vertriebskosten der beteiligten

---

423 *Biermann*, in: Immenga/Mestmäcker, Wettbewerbsrecht 2019, VO 1/2003 Art. 25, Rn. 12.

424 *Grafunder/Kofler-Senoner*, NZKart 2018, 342, 345.

425 *Grafunder/Kofler-Senoner*, NZKart 2018, 342, 345.

Unternehmen –, die mögliche Beschränkungen des Marktes kompensieren.[426] Aber auch vertikale Vereinbarungen können unzulässig sein, wenn eine Wettbewerbsbeschränkung erfolgt, die der horizontalen Vereinbarung gleich kommt, Verbraucher geschädigt werden o.ä.[427] Daher sind Maßnahmen, wie zum Beispiel die Mindestpreisbindung vom Kartellverbot erfasst und unterliegen keiner Freistellung.[428] Doch auch hiervon muss man sich lösen können. Überträgt man die Anforderungen der offenen Distanzierung, dann muss sich der Hersteller offen und unzweideutig gegenüber seinen Händlern von dem Gesagten lossagen. Dies sollte unverzüglich erfolgen. Stimmt der Händler zwischenzeitlich zu und setzt die Vorgabe des Herstellers am Markt um, führt dies zu unmittelbaren Auswirkungen am Markt. Diese Situation wäre mit einem bereits in Vollzug gesetzten Kartell auf Horizontalebene vergleichbar. Ein autonomes Verhalten ist jedoch insofern nicht möglich, als dass die Händler tatsächlich die Maßnahmen der Hersteller umsetzen. Zwar könnte man in Betracht ziehen, dass der Hersteller sich sodann öffentlich auf dem Markt distanzieren muss, so dass ersichtlich ist, dass die Maßnahme nicht (mehr) durch den Hersteller bedingt wird. Allerdings ist dies keine sachgerechte Anforderung, da die Hersteller im Rahmen einer öffentlichen Distanzierung, wie etwa in einer Pressemitteilung, zugeben müssten, dass sie einen Kartellverstoß begangen haben. Es käme daher zu einem Verstoß gegen das Geständnisverweigerungsrecht, wonach das Unternehmen nicht gezwungen werden darf, sich dadurch selbst zu belasten, dass es über seine Beteiligung aussagt.[429] Daher muss es auch bei einer zum Beispiel bereits zugestimmten oder sogar umgesetzten UVP seitens der Händler ausreichen, wenn der Hersteller sich unzweideutig gegenüber den Händlern von der UVP distanziert. Schließlich zeigt der Hersteller bereits durch seine Abkehr von seiner eigenen UVP, dass es sich autonom verhält.

c. Zusammenfassung

Auch auf Vertikalebene müssen grundsätzlich die Regelungen der offenen Distanzierung übertragen werden. Bei zum Beispiel ernst gemeinten UVP

---

426 Erwägungsgründe (5) ff. der Vertikal-GVO Nr. 330/2010.

427 Art. 5 Vertikal-GVO Nr. 330/2010.

428 *Eilmansberger/Kruis*, in: Streinz, AEUV, Art. 101 AEUV, Rn. 183.

429 *Eser/Kubiciel*, in: Meyer/Hölscheidt, Charta der Grundrechte, Art. 48 GRC, Rn. 12; *Schmal*, in: Schulze/Zuleeg/Kadelbach, Europarecht, § 6, Rn. 50.

des Herstellers kann es problematisch werden, wenn der Händler dieser zustimmt. In diesem Fall sollten abgeschwächte Anforderungen gelten, indem sich der Hersteller von dieser Vereinbarung abwendet und klarstellt, dass es sich nur um eine UVP handelt. Etwas anderes gilt, wenn es nur den Anschein einer UVP macht. Es gelten dann insgesamt die Regeln der offenen Distanzierung. Gleiches gilt für andere unzulässige Maßnahmen im Vertikalverhältnis, wie etwa die Mindestpreisbindung. Wurde die Maßnahme durch den Händler bereits am Markt umgesetzt, erfolgt wieder eine Anknüpfung an das Widerlegen einer bewirkten Verhaltensweise, da hier Auswirkungen am Markt auftreten. Für ein autonomes Verhalten der als Beispiel angeführten Hersteller kann jedoch nicht verlangt werden, dass es sich öffentlich distanziert, um den übrigen Marktteilnehmern das Signal zu geben, dass es nicht mehr für die UVP verantwortlich ist. Dies würde dazu führen, dass der Hersteller in die Ermittlungen der Kartellbehörden gerät, da es öffentlich eine wettbewerbswidrige Zuwiderhandlung zugibt. Es muss daher genügen sich offen und unzweideutig gegenüber den Händlern zu distanzieren. Auch damit ist schließlich das Erfordernis an ein autonomes Verhalten erfüllt.

6. Abwendung von einem Kartell bei abgestimmten Verhaltensweisen i.S.d. Art. 101 Abs. 1 AEUV

a. Voraussetzungen der abgestimmten Verhaltensweise

Neben einer Vereinbarung zählt zu den Absprachen i.S.v. Art. 101 Abs. 1 AEUV auch die abgestimmte Verhaltensweise, welche als Auffangtatbestand anerkannt ist.[430] Ein abgestimmte Verhaltensweise liegt immer dann vor, wenn es sich um „eine Form der Koordinierung zwischen Unternehmen handelt, die zwar noch nicht bis zum Abschluss eines Vertrags im eigentlichen Sinn gediehen ist, jedoch bewusst eine praktische Zusammenarbeit an die Stelle des mit Risiken verbundenen Wettbewerbs treten lässt."[431] Das Tatbestandsmerkmal ist somit vor dem Hintergrund des soge-

---

430 *Stockenhuber*, in: Grabitz/Hilf/Nettesheim, 74. EL 2021, Art. 101, Rn. 106; *Zimmer*, in: Immenga/Mestmäcker, Wettbewerbsrecht 2019, Art. 101 Abs. 1 AEUV, Rn. 88; *Hengst*, in: Langen/Bunte, Europäisches Kartellrecht, Art. 101 AEUV, Rn. 94 f.

431 EuGH, Urt. v. 04.06.2009 – C-08/08, ECLI:EU:C:2009:110, Rn. 26 (T-Mobile Netherlands/Kommission); EuGH, Urt. v. 16.12.1975 – 40/73 bis 48/73, 50/73, 54/73 bis 56/73, 111/73, 113/73 und 114/73, ECLI:EU:C:1975:174, Slg. 1975,

nannten Selbständigkeitspostulats zu betrachten, welches besagt, dass ein Unternehmen auf dem Markt selbständig bestimmen soll, welche Politik es auf dem Markt betreibt.[432] Gleichwohl sind ein Beobachten des Marktes und ein paralleles Verhalten grundsätzlich zulässig.[433] Die Besonderheit an der abgestimmten Verhaltensweise i.S.d. Art. 101 Abs. 1 AEUV, ist der zweigliedrige Tatbestand. Zum einen erfordert der Tatbestand eine Abstimmung selbst, die sogenannte Fühlungnahme oder Koordinierung sowie ein tatsächliches Marktverhalten.[434] Des Weiteren muss zwischen den beiden Merkmalen Ursächlichkeit bestehen.[435] Es gelten hierzu Nachweiserleichterungen bzw. Vermutungen zugunsten der Kommission. Bei einem Informationsaustausch gilt die (widerlegliche) Vermutung, dass das Unternehmen diese Informationen zwangsläufig beim zukünftigen Marktverhalten berücksichtigen wird.[436] Umgekehrt kann auch ein „bloßes Parallelverhalten unter gewissen Umständen ein wichtiges Indiz für eine abgestimmte Verhaltensweise darstellen, wenn es zu Wettbewerbsbedingungen führt, die nicht den normalen Marktbedingungen entsprechen. Allerdings sei eine derartige Abstimmung nicht zu vermuten, „wenn sich das Parallelverhalten durch andere Gründe als das Vorliegen einer Abstimmung erklären ließe."[437] Demnach wird auch eine abgestimmte Verhaltensweise i.S.v. Art. 101 Abs. 1 AEUV angenommen, wenn es die einzige plausible Erklärung für das Marktverhalten ist.

1663 (Suiker Unie u. a./Kommission); EuGH, Urt. v. 14. 7.1972 – 48/69, ECLI:EU:C:1972:70, Rn. 64, 67 (ICI/Kommission).

432 EuGH, Urt. v. 16.12.1975 – 40/73 bis 48/73, 50/73, 54/73 bis 56/73, 111/73, 113/73 und 114/73, ECLI:EU:C:1975:174, Slg. 1975, 1663, Rn. 173 f. (Suiker Unie u. a./Kommission).

433 EuGH, Urt. v. 04.06.2009 – C-08/08, ECLI:EU:C:2009:110, Rn. 3 (T-Mobile Netherlands/Kommission); *Hengst*, in: Langen/Bunte, Europäisches Kartellrecht, Art. 101 AEUV, Rn. 122.

434 *Hengst*, in: Langen/Bunte, Europäisches Kartellrecht, Art. 101 AEUV, Rn. 116, 119.

435 *Grave/Nyberg*, in: Loewenheim/Meesen/Riesenkampf/Kersting/Meyer-Lindemann, Kartellrecht 2020, Art. 101 Abs. 1, Rn. 206.

436 Die sogenannte Anic-Vermutung: EuGH, Urt. v. 8.7.1999 – C-49/92 P, ECLI:EU:C:1999:356, Rn. 121 (Kommission/Anic Partecipazioni); EuG, Urt. v. 24.10.1991 – T-1/89, ECLI:EU:T:1991:56, Rn. 123 (Rhône-Poulenc/Kommission).

437 EuG, Urt. v. 12.04.2013 – T-442/08, ECLI:EU:T:2013:188, Rn. 137 (CISAC/Kommission).

b. Einseitige Maßnahmen als Auslöser einer Beteiligungshandlung i.S.d. Art. 101 Abs. 1 AEUV

Grundsätzlich können einseitige Maßnahmen als unbeachtlich in Bezug auf das Kartellverbot gewertet werden, es sei denn, dass auf eine Koordinierung geschlossen werden kann, weil sich zum Beispiel Konkurrenten der Maßnahme anschließen oder wenn eine Ankündigung mit einem gewissen Vorlauf erfolgt, so dass die anderen Wettbewerber ihr Verhalten daran anpassen können bzw. sollen.[438] Sobald also eine Ankündigung der Information dazu führt, dass die Unsicherheit auf dem Markt verringert wird, kann auch die sonst zulässige einseitige Ankündigung zu einem Verstoß gegen das Kartellverbot führen. Die Fühlungnahme ist zwar für die abgestimmte Verhaltensweise erforderlich, der Anwendungsbereich somit aber weit gefasst. Aus diesem Grunde gilt auch hier, dass für ein Unternehmen, welches nur (einseitig) Informationen auf einer Sitzung erlangt und folglich selbst passiv bleibt, eine abgestimmte Verhaltensweise angenommen werden kann, da die Informationen zwangsläufig in das eigene zukünftige Marktverhalten einfließen werden.[439] Daraus ergibt sich auch, dass ein wettbewerbswidriges Verhalten bereits zu diesem Zeitpunkt angenommen wird, obgleich noch keine Umsetzung am Markt erfolgt ist.[440] Die bisherige Rechtsprechung ist daher auch hier übertragbar. Nach Teilnahme an einer wettbewerbswidrigen Sitzung ist eine offene Distanzierung erforderlich,[441] und zwar auch dann, wenn man die Informationen nur erhält. Der EuGH stellt ausdrücklich klar, dass ein einziges Treffen ausreiche, um von der Vermutung auszugehen, dass die ausgetauschten Informationen Auswirkungen auf das zukünftige Marktverhalten haben.[442] Das Urteil ist grundsätzlich konsequent. Wenngleich es regelmäßig der

---

438 *Hengst*, in: Langen/Bunte, Europäisches Kartellrecht, Art. 101 AEUV, Rn. 122.

439 EuGH, Urt. v. 04.06.2009 – C-08/08, ECLI:EU:C:2009:110, Rn. 51 (T-Mobile Netherlands/Kommission); EuG, Urt. v. 12.07.2001 – verb. Rs. T-202/98, T-204/98 und T-207/9, ECLI:EU:T:2001:185, Rn. 40 (Tate & Lyle u.a./Kommission).

440 Vgl. *Grave/Nyberg*, in: Loewenheim/Meesen/Riesenkampf/Kersting/Meyer-Lindemann, Kartellrecht 2020, Art. 101 Abs. 1, Rn. 207.

441 EuGH, Urt. v. 21.01.16 – C-74/14, ECLI:EU:C:2015:493, Rn. 28 (Eturas u.a./Lietuvos Respublikos konkrencijos taryba); EuGH, Urt. v. 22.10.2015 – C-194/14P, ECLI:EU:C:2015:717, Rn. 31 (AC-Treuhand).

442 EuGH, Urt. v. 04.06.2009 – C-08/08, ECLI:EU:C:2009:110, Rn. 56 f. (T-Mobile Netherlands/Kommission) unter Auslegung der Rspr. EuGH, Urt. v. 8.7.1999 – C-49/92 P, ECLI:EU:C:1999:356 (Kommission/Anic Partecipazioni) und EuGH, Urt. v. 8.7.1999 – C-199/92, ECLI:EU:C:1999:358 (Hüls/Kommission).

Fall sein wird, dass mehrere Treffen erforderlich sind, um eine gewisse Vertrauensbasis zum Austausch von wettbewerbsrelevanten Informationen zu schaffen, kann es bereits dennoch auf der ersten Sitzung dazu kommen, dass zum Beispiel Preise abgesprochen werden, die das eigenen Marktverhalten beeinflussen. Hierfür wären dann keine Sitzungen mehr erforderlich. Allerdings muss die Frage aufgeworfen werden, ob durch die bloße Anwesenheit angenommen werden kann, dass eine Abstimmung erfolgt. In der Literatur wird kritisch angemerkt, dass eine Information, die man ohne eigenes Zutun erhält und somit ein reaktionsloses Zuhören darstellt, keine Abstimmung i.S.d. Kartellverbotes sein könne und man nicht verlangen könne, dass sich der Betroffene von etwas Aufgedrängtem abwenden müsse.[443] Die Grenze zwischen einer wettbewerbsrelevanten Information, die man auf einer Sitzung erhält und Informationen, die in zulässigerweise über die Öffentlichkeit, wie zum Beispiel durch Zeitungen und das Internet preisgegeben werden ist sehr schmal, zumal in beiden Situationen die Möglichkeit besteht, dass die Empfänger der Information nicht reagieren.[444] Der einzige, aber wesentliche Unterschied ist hier die Teilnahme. Zwar erhält derjenige, der die Informationen einseitig mitteilt, ebenfalls keine Reaktion auf seine Aktion, wodurch sich bereits die Frage stellt, ob hier tatsächlich die Unsicherheiten auf dem Markt genommen werden. Jedoch ist die Situation auch eine andere als das Preisgeben in der Öffentlichkeit, gewissermaßen „ins Blaue" hinein. Bei einer Ankündigung von Preisen oder Gebühren, die beispielsweise durch ein Unternehmen zukünftig erhoben werden, via Zeitung o.ä. liegt jedenfalls scheinbar nicht nur eine Ankündigung an die Wettbewerber vor. Vielmehr soll auch der Verbraucher und somit die nachgelagerte Handelsstufe informiert werden. Wenn ein Unternehmen Informationen bei der Zusammenkunft zwischen Wettbewerbern preisgibt und diese Informationen zum einen sein Markthandeln betreffen und zum anderen der Empfängerkreis nur aus Konkurrenten besteht, verfolgt dieser offensichtlich einen wettbewerbswidrigen Zweck, so dass sich die Situation schon demnach grundlegend unterscheidet. Auch wenn die anderen Teilnehmer sodann keine Reaktion zeigen, besteht keine Unsicherheit mehr für die Anwesenden, weil bereits das Treffen der Konkurrenten allein die Sicherheit gewährt, da bekanntlich Treffen sowie der Austausch von Informationen weitestgehend unterlassen werden sollten. In Zeiten, in denen die Kommission und nationale Kartellämter vor hohen Geldbußen nicht zurückschrecken, dürfte dies eine der

443 *Schröder*, Wuw 2009, 718, 120; *Heyers*, NZKart 2013, 99, 102.
444 *Schröder*, Wuw 2009, 718, 120; *Heyers*, NZKart 2013, 99, 102.

grundlegenden Compliance-Maßnahmen jedes Unternehmen darstellen. Etwas anderes mag bei Verbandstreffen gelten. Allerdings dürfte die Unsicherheit über das Marktverhalten im vorgenannten Beispiel auch deshalb nicht bestehen, weil die dort Anwesenden jedenfalls keine ablehnende Haltung kundtun. Eine solche ablehnende Erklärung sollte in einem intimen Kreis von Wettbewerbern erwartet werden. In der Öffentlichkeit ist der potentielle Empfänger bereits ein anderer, so dass nicht die gleichen Erwägungen übertragen werden können. Man könnte zwar behaupten, dass in beiden Situationen in gleicher Weise der Geheimwettbewerb aufgehoben wird,[445] gleichwohl ist bei der Teilnahme an einem Treffen die Unsicherheit über das Marktverhalten der Konkurrenten aufgrund der vorgenannten Umstände weitestgehend genommen, eine Fühlungnahme wesentlich eher zu bejahen und das Erfordernis anderer Anforderungen als legitim zu bewerten.

c. Anforderungen an die öffentliche Distanzierung zur Beendigung der abgestimmten Verhaltensweise

Die Rechtsprechung geht davon aus, dass die passive Duldung eines Verhaltens als Komplizenschaft geeignet sein kann und folglich eine abgestimmte Verhaltensweise vorliegt, soweit keine offene Distanzierung erfolgt ist.[446] Eine Abkehr von der verbotenen Verhaltensweise ist damit genauso wie bei der Vereinbarung durch ein offenes Distanzieren möglich. Es werden durch die Rechtsprechung in Bezug auf das Kriterium keine Unterschiede gemacht. Vielmehr werden in den Urteilen zum Teil die Vereinbarung und die abgestimmte Verhaltensweise nebeneinander genannt, wenn die Gerichte entscheiden sollen, um welche der verbotenen Verhaltensweisen es sich handelt.[447] Der wesentliche Unterschied zwischen der abgestimmten Verhaltensweise und den anderen beiden Verhaltensweisen nach Art. 101 Abs. 1 AEUV ist der zweigliedrige Tatbestand. Es wird im Gegensatz zur Vereinbarung und dem Beschluss eine Umsetzung am Markt sowie Kausalität zwischen der Abstimmung und dem Marktverhal-

---

445 *Heyers*, NZKart 2013, 99, 102.

446 EuGH, Urt. v. 21.01.16 – C-74/14, ECLI:EU:C:2015:493, Rn. 28 (Eturas u.a./Lietuvos Respublikos konkrencijos taryba); EuGH, Urt. v. 22.10.2015 – C-194/14P, ECLI:EU:C:2015:717, Rn. 31 (AC-Treuhand).

447 EuGH, Urt. v. 22.10.2015 – C-194/14P, ECLI:EU:C:2015:717, Rn. 30 f. (AC-Treuhand).

ten verlangt.[448] Möglicherweise hat diese Unterscheidung auch Einfluss auf die offene Distanzierung. So könnte man in Erwägung ziehen, dass erst ab dem Zeitpunkt, wenn die Inhalte der Abstimmung umgesetzt werden, die Notwendigkeit einer offenen Distanzierung besteht, da vorher noch nicht alle Voraussetzungen für die abgestimmte Verhaltensweise i.S.v. Art. 101 Abs. 1 vorliegen.[449] Ferner könnte man überlegen, ob überhaupt eine offene Distanzierung erforderlich ist, wenn erst gar keine Umsetzung erfolgt.[450] Wie die Rechtsprechung jedoch zeigt, nimmt sie bereits eine wettbewerbswidrige Abstimmung an, sobald auf einer Sitzung (auch bei nur einem einzigen Treffen) Informationen ausgetauscht werden, das heißt auch ohne dass jegliche Umsetzung am Markt erfolgt ist. Demnach ist der Zeitpunkt, an dem die offene Distanzierung zu erfolgen hat, der gleiche, wie auch bei den anderen Verhaltensweisen im Rahmen des Kartellverbots, das heißt spätestens, wenn der Vertreter des Unternehmens erkennt, dass es sich um eine Sitzung mit wettbewerbswidrigem Zweck handelt.[451] *Bailey* spricht in diesem Zusammenhang von einem Versuch der Absprache und kommt zu dem Ergebnis, dass die Unionsgerichte noch entscheiden müssten, ob dies ein Fall von Art. 101 Abs. 1 AEUV (früher: Art. 81 EG) sein kann.[452]

d. Notwendigkeit der offenen Distanzierung als Mittel zur Abwendung von einem Kartell

aa. *Eturas*- Ein Ausnahmefall

Die Anwendungsbereiche der offenen Distanzierung haben sich durch die Unionsrechtsprechung herauskristallisiert. Grundsätzlich wird zwischen einem etablierten Kartell und der Begründung eines Kartell nach Teilnahme an einer wettbewerbswidrigen Sitzung unterschieden.[453] Zudem hat der EuGH klargestellt, dass für ein etabliertes Kartell eine offene Distanzierung nur einen Gesichtspunkt von vielen darstellt, soweit keine Kartelltreffen mehr stattfanden und somit die Notwendigkeit verneint, während

448 Siehe dazu unter: B.I.6.a.

449 *Bailey*, World Competition 2008, 177, 192.

450 *Bailey*, World Competition 2008, 177, 192.

451 Siehe unter: B.I.4.g.aa.

452 *Bailey* verweist hier auf GA *Mayras*, der auch den „Versuch“ von Art. 101 Abs. 1 (ex -81 EG) umfassen würde, World Competition 2008, 177, 192.

453 Siehe unter: A.I.3.

er diese im Rahmen der anderen Fallgruppen als unverzichtbares Beweismittel bezeichnet.[454] Obwohl es sich im Fall *Eturas*[455] um die Konstellation handelte, dass die Begründung kartellrechtlicher Verantwortlichkeit durch eine abgestimmte Verhaltensweise widerlegt werden sollte, wurde ausdrücklich betont, dass die Distanzierung sowie die Anzeige nicht die einzigen Mittel darstellen würden, um die Vermutung der Beteiligung zu widerlegen. Vielmehr könnten auch andere Beweise vorgelegt werden, um die abgestimmte Verhaltensweise zu beendigen.[456] Der Gerichtshof teilte damit nicht die Ansicht des Generalanwaltes *Szpunar*. Er war der Auffassung, dass auch in diesem Fall nur eine Widerlegung durch offene Distanzierung oder Anzeige bei den Behörden möglich sei; er verlangt sogar ein unabhängiges Marktverhalten.[457] Die Begründung liege darin, dass man sie sonst schwer vom einfachen Kartellbetrug abgrenzen könne.[458]

Das Urteil macht somit den Anschein, dass auch für abgestimmte Verhaltensweisen im Allgemeinen eine offene Distanzierung nicht notwendigerweise erforderlich ist.[459] Der Fall *Eturas* stellt jedoch keine pauschale Ausnahme für abgestimmte Verhaltensweisen dar, denn wesentliche Gründe sprechen dagegen. Zum einen ist der bisherigen Rechtsprechung keine andere Beurteilung zu entnehmen und eine Rechtsprechungsänderung wird nicht weitergehend begründet. Zum anderen lag hier die Besonderheit vor, dass es zu keinem kollusiven Treffen kam. Als Argument dagegen spricht auch vordergründig, dass keiner der Wettbewerber selbst eine Kartellbeteiligung wollte oder anstrebte. Die Abstimmung wurde durch einen Dritten, den Administrator des Systems veranlasst. Die bisherige Rechtsprechung lässt sich somit nicht einfach übertragen. Die offene Distanzierung ist in ihren Bestandteilen ohnehin noch nicht zu Ende entwickelt[460], im Fall *Eturas* werden die bisherigen Probleme der Anforderung daher sichtbar. Es kann nicht von einer aktiven oder konkludenten Willensäußerung unter Anwesenden gesprochen werden. Im Rahmen von

---

454 Siehe unter: C.II.1.c.

455 EuGH, Urt. v. 21.01.16 – C-74/14, ECLI:EU:C:2016:42, Rn. 5 ff. (Eturas u.a./Lietuvos Respublikos konkrencijos taryba).

456 EuGH, Urt. v. 21.01.16 – C-74/14, ECLI:EU:C:2016:42, Rn. 46, 51 (Eturas u.a./Lietuvos Respublikos konkrencijos taryba).

457 GA *Szpunar*, Schlussantrag v. 16.07.2015-C-74/14, ECLI:EU:C:2015:493, Rn. 86 ff. (Eturas u.a./Lietuvos Respublikos konkrencijos taryba).

458 GA *Szpunar*, Schlussantrag v. 16.07.2015-C-74/14, ECLI:EU:C:2015:493, Rn. 90 (Eturas u.a./Lietuvos Respublikos konkrencijos taryba).

459 *Heinrich/Eckel*, NZKart 2017, 106, 108.

460 Vgl. unter B.I.4.g.

digitalen Systemen ist möglicherweise nicht ersichtlich, welches Unternehmen noch an der Absprache beteiligt ist. Der EuGH musste sich daher in dieser besonderen Konstellation der „digitalen Abstimmung“ mit einer Alternative aushelfen, sogar von der offenen Distanzierung als zwingende Voraussetzung absehen.

bb. Widerlegung der Kausalität als Option zur Annahme der Beendigung der abgestimmten Verhaltensweise

Im Gegensatz zu den Tatbestandsmerkmalen „Vereinbarung“ und „Beschluss“ ist für die abgestimmte Verhaltensweise ein zweigliedriger Tatbestand vorgesehen und ferner die Kausalität zwischen den beiden Merkmalen Abstimmung und Marktverhalten.[461] Es besteht jedoch die Vermutung, dass die Informationen, die ausgetauscht wurden, auch im Marktverhalten berücksichtigt werden.[462] Den Beteiligten trifft sodann die Beweislast, dass keine Ursächlichkeit besteht.[463] Fehlt es an der Ursächlichkeit bzw. an dem Marktverhalten, dann liegt nur ein unbeachtlicher Abstimmungsversuch vor.[464] Grundsätzlich bedeutet dies, dass ein Unternehmen für die Beendigung der abgestimmten Verhaltensweise nach Art. 101 Abs. 1 AEUV nicht unbedingt eine offene Distanzierung nachweisen muss, sondern auch den Einwand der fehlenden Kausalität erbringen könnte. Es handelt sich dabei jedoch nicht um einen Fall der Distanzierung. Die Widerlegung der Kausalitätsvermutung ist eine Möglichkeit, die durch die Konzeption des Tatbestandes stets möglich ist. Die offene Distanzierung ist hingegen ein Instrument, welches entwickelt wurde, um sich vom Tatbestand abzuwenden.

---

461 *Hengst*, in: Langen/Bunte, Europäisches Kartellrecht, Art. 101, Rn. 135; Roth/Ackermann, in FK Kartellrecht, Grundfragen Art. 81 Abs. 1 EG, 195.

462 *Roth/Ackermann*, in: Frankfurter Kommentar zum Kartellrecht, Grundfragen, Art. 81 Abs. 1 EG, Rn. 201.

463 *Roth/Ackermann*, in: Frankfurter Kommentar zum Kartellrecht, Grundfragen Art. 81 Abs. 1 EG, Rn. 201.

464 *Roth/Ackermann*, in: Frankfurter Kommentar zum Kartellrecht, Art. 81 Abs. 1 EG, Rn. 201; *Bailey*, World Competition 2008, 177, 192 unter Verweis auf GA *Mayras*.

e. Zusammenfassung

Für die abgestimmte Verhaltensweise gilt nicht per se, dass keine offene Distanzierung erforderlich ist. Auch der Fall *Eturas* ergibt keine anderen Erkenntnisse. Es handelt sich lediglich um einen Fall, der auf die Besonderheit der Digitalisierung eingeht und verdeutlicht, dass die offene Distanzierung mit ihren einzelnen Voraussetzungen noch nicht ausgereift ist. Der Verzicht auf das Kriterium der offenen Distanzierung in Gänze scheint nicht gewünscht zu sein, gleichwohl sollten die Gerichte die offene Distanzierung weiterentwickeln und flexibel gestalten, damit sie in der Lage sind, das Kriterium auf verschiedene Sachverhalte anzuwenden. Die Besonderheit lag hier darin begründet, dass die Abstimmung durch einen Dritten initiiert worden ist. Den Beteiligten war es entgegen den sonstigen Anforderungen daher erlaubt, sich gegenüber dem Administrator zu distanzieren. Dies zeigt, dass die einzelnen Voraussetzungen anpassungsbedürftig sind. Zwar ist es dem Betroffenen möglich den Einwand zu erbringen, dass die Kausalität zwischen Abstimmung und Marktverhalten fehlt, dies ist jedoch keine Besonderheit im Sinne einer vereinfachten oder alternativen Form der offenen Distanzierung. Es ist lediglich eine Möglichkeit, die bereits durch den Tatbestand der abgestimmten Verhaltensweise selbst bedingt ist.

7. Die offene Distanzierung zur Beendigung von Beschlüssen i.S.d. Art. 101 Abs. 1 AEUV

a. Keine Möglichkeit der offenen Distanzierung durch eine Unternehmensvereinigung

Vom Kartellverbot nach Art. 101 Abs. 1 AEUV können zudem Beschlüsse von Unternehmensvereinigungen umfasst sein. Eine Unternehmensvereinigung ist der Zusammenschluss von Unternehmen, um gemeinsame Interessen wahrzunehmen. Besitzt die Unternehmensvereinigung eine eigene Rechtspersönlichkeit, dann ist sie selbst Normadressat. Andernfalls sind die Mitglieder der Unternehmensvereinigung Adressaten.[465] Die Kommission führte in einem Verfahren vor dem EuG an, dass die Unternehmensvereinigung sich nur der Verantwortung des Kartellverbotes entziehen könne, indem diese die rechtswidrige Maßnahme beende und sich gegen-

---

465 *Stockenhuber*, in: Grabitz/Hilf/Nettesheim, 74. EL 2021, Art. 101 AEUV, Rn. 84 f.

über jedem ihrer Mitglieder öffentlich von ihr distanziere.[466] Es ging in dem besagten Urteil allerdings um ein Gentlemen's Agreement und eine abgestimmte Verhaltensweise. Fraglich ist, ob die Unternehmensvereinigung sich auch von kartellrechtswidrigen Beschlüssen distanzieren kann. Beschlüsse kommen durch parallele Erklärungen der Mitglieder (in der Regel bestehend aus Unternehmen) oder durch die mittels der Mitglieder ermächtigten Organe zustande.[467] Bereits die Willensäußerung der Unternehmensvereinigung darüber, dass die Mitglieder ihr Verhalten auf einem Markt koordinieren sollen, genügt zur Einordnung als Beschlussfassung. Zudem ist es unerheblich, ob der Beschluss nach internen Vereinbarungen oder nationalem Gesellschaftsrecht verbindlich gefasst wurde.[468] Die Besonderheit liegt insbesondere darin, dass Mehrheitsbeschlüsse durch die Mitgliederversammlung möglich sind. Diese gelten bei Überstimmung, Enthaltung von Stimmen sowie Nichtteilnahme.[469]

Demnach kann sich eine Unternehmensvereinigung nicht gänzlich von einem Beschluss abwenden. Entweder wurde der Beschluss verbindlich durch die Mitgliederversammlung gefasst oder durch das Organ; die Beschlüsse sind der Unternehmensvereinigung unmittelbar zurechenbar. In beiden Fällen wurde der Beschluss nämlich in der Unternehmensvereinigung selbst beschlossen, eine Distanzierung ist daher nicht möglich. Auch bei gegenteiliger Annahme zur Abwendung von einem Beschluss, wäre dies nur in Form eines späteren Abwendens möglich, da zunächst der Beschluss besteht, welcher in der Unternehmensvereinigung gefasst wurde und ex tunc nicht beseitigt werden kann. Das hat zur Folge, dass eine gänzliche Abwendung der wettbewerbsrechtlichen Verantwortlichkeit nicht möglich ist.

---

466 EuG, Urt. v. 16.12.2003 – T-5/00, ECLI:EU:T:2003:342, Rn. 388 (Nederlandse Federatieve Vereniging/Kommission).

467 *Zimmer*, in: Immenga/Mestmäcker, Wettbewerbsrecht 2019, Art. 101 AEUV Abs. 1, Rn. 79.

468 *Zimmer*, in: Immenga/Mestmäcker, Wettbewerbsrecht 2019, Art. 101 AEUV, Rn. 81 f; *Füller*, in: Kölner Kommentar, Europäisches Kartellrecht 2016, Art. 101 AEUV, Rn. 133.

469 *Schröter/Voet van Vormizeele*, in: Schröter/Jakob/Klotz/Mederer, Europäisches Wettbewerbsrecht 2014, Art. 101 AEUV, Rn. 49.

b. Keine vergleichbare Interessenlage beim Beschluss in Bezug auf die anderen beiden verbotenen Verhaltensweisen i.S.d. Art. 101 Abs. 1 AEUV

Es drängt sich dann die Frage auf, ob dies die Intention im Rahmen der Rechtsfortbildung gewesen sein kann, da der Beschluss nach Art. 101 Abs. 1 AEUV möglicherweise mit der Vereinbarung und der abgestimmten Verhaltensweise vergleichbar ist und eine Nichtanwendbarkeit der offenen Distanzierung nicht sachgerecht erscheint. Grundsätzlich stehen die Tatbestandsmerkmale gleichrangig nebeneinander, allerdings gilt dies in Bezug auf die zusätzlich geforderten Tatbestandsmerkmale sowie für die Rechtsfolge des Kartellverbotes.[470] Die Tatbestandsvariante des Beschlusses wurde als Umgehungsverbot konzipiert. Das rührt daher, dass Verbände grundsätzlich zulässig sind, somit auch zulässig Beschlüsse fassen und Informationen austauschen dürfen, diese Tatsache aber nicht dahingehend ausgenutzt werden soll, dass unter diesem Vorwand wettbewerbswidrige Handlungen innerhalb der Verbände getätigt werden.[471] Aus diesem Grund könnten daher bereits gefasste Beschlüsse, die gegen das Kartellverbot verstoßen, einer anderen Beurteilung unterliegen als die anderen Tatbestandsvarianten, da hier die Zulässigkeit des Verbunds von konkurrierenden Unternehmen bewusst genutzt wurde, um sich wettbewerbswidrig zu verhalten.

Anders als bei einer Vereinbarung zwischen Unternehmen setzt die Fallgruppe der Beschlüsse von Unternehmensvereinigungen zudem voraus, dass eine Vereinbarung zwischen den Unternehmen bereits besteht, zum Beispiel in Form einer Satzung, eines Gesellschaftsvertrages oder einer Geschäftsordnung.[472] Kommt es dann zu einem Beschluss, dann kann dieser sogar für ein Mitglied verbindlich sein, das nicht einmal an der Beschlussfassung teilgenommen hat.[473] Der Beschluss i.S.v. Art. 101 Abs. 1 AEUV unterliegt somit anderen Prozessen als die Vereinbarung oder abgestimmte Verhaltensweise. Vor diesem Hintergrund kann es daher gerechtfertigt

---

470 *Stockenhuber*, in: Grabitz/Hilf/Nettesheim, 74. EL 2021, Art. 101 AEUV, Rn. 88.

471 *Zimmer*, in: Immenga/Mestmäcker, Wettbewerbsrecht 2019, AEUV Art. 101 AEUV, Rn. 80.

472 *Brinker*, in: Schwarze/Becker/Hatje/Schoo, EU-Kommentar 2019, Art. 101 AEUV, Rn. 39; *Schröter/Voet van Vormizeele*, in: Schröter/Jakob/Klotz/Mederer, Europäisches Wettbewerbsrecht 2014, Art. 101 AEUV, Rn. 49.

473 *Schröter/Voet van Vormizeele*, in: Schröter/Jakob/Klotz/Mederer, Europäisches Wettbewerbsrecht 2014, Art. 101 AEUV, Rn. 49.

sein, dass auch im Hinblick auf die gänzliche Abwendung mithilfe der offenen Distanzierung andere Maßstäbe gelten.

c. Keine Anwendung der Rechtsfigur der offenen Distanzierung auf Beschlüsse durch die Mitglieder von Unternehmensvereinigungen

Eine weitere Frage, die sich stellt, ist, ob das einzelne Mitglied sich offen von dem Beschluss distanzieren kann, wenn dieser gefasst wird. Dem Wortlaut nach sind die Unternehmensvereinigungen Adressaten des Kartellverbotes i.S.d. Art. 101 Abs. 1 AEUV.

Art. 23 Abs. 4 VO 1/2003 regelt für die Rechtsfolgenseite, dass die Kommission bei der Verhängung einer Geldbuße gegen eine Unternehmensvereinigung Beiträge von den Mitgliedern zur Deckung des Betrags verlangen kann, wenn die Unternehmensvereinigung aufgrund von Zahlungsunfähigkeit nicht in der Lage ist, die Geldbuße zu entrichten. Dies ist die sogenannte Ausfallhaftung. Es handelt sich um ein abgestuftes Verfahren, denn nach Uabs. 2 kann die Kommission die Zahlung unmittelbar von jedem Unternehmen fordern, dessen Vertreter in den betreffenden Entscheidungsgremien der Vereinigung waren, die die Zuwiderhandlung initiiert haben, wenn die Beiträge nicht fristgerecht bezahlt wurden. Auf der nächsten Ebene können subsidiär alle Mitgliedsunternehmen in Anspruch genommen werden, die auf dem Markt tätig waren, auf dem die Zuwiderhandlung stattfand. Bei beiden Fällen liegt eine gesamtschuldnerische Verantwortlichkeit vor.[474] Uabs. 4 wiederum gewährt dem jeweiligen Mitgliedsunternehmen hingegen eine Exkulpationsmöglichkeit von der Haftung.[475] Danach darf die Kommission diese Beträge nicht von Unternehmen verlangen, die die Nichtumsetzung des Beschlusses und zudem entweder die Nichtkenntnis oder eine aktive Distanzierung nachweisen können. Das Ganze muss noch, ehe die Kommission mit der Untersuchung des Falls begonnen hat, vorgebracht werden.

Art. 23 Abs. 4 Uabs. 4 VO 1/2003 könnte ein Hinweis darauf sein, dass die offene Distanzierung auch bei Beschlüssen möglich ist, wenn darunter eine Kodifizierung der Rechtsfigur verstanden wird. Dafür sprechen jedenfalls die ähnlichen Anforderungen, die in der Literatur für eine aktive Distanzierung verlangt werden. Um den Anforderungen an die aktive Distanzierung zu genügen, sollten Unternehmensvertreter gegen den Beschluss

474 *Biermann*, Immenga/Mestmäcker, Wettbewerbsrecht 2019, Art 23, Rn. 308 ff.
475 *Klees*, Europäisches Kartellverfahrensrecht, § 10, Rn. 136.

votieren und ggf. wie bei der Vereinbarung und bei der abgestimmten Verhaltensweise, die Sitzung verlassen und ihre ablehnende Haltung dabei kundtun und dies protokollieren.[476] Mitgliedsunternehmen können zur aktiven Distanzierung gegenüber der Unternehmensvereinigung erklären, dass sie den Beschluss nicht umsetzen möchten und dies sollte bestenfalls auch schriftlich erfasst werden.[477] Oftmals wird in der Literatur auf die Anforderung der offenen Distanzierung verwiesen.[478]

Gegen eine Kodifizierung spricht der Wortlaut. Es wird eine „aktive" Distanzierung verlangt und gerade keine „offene" Distanzierung.[479] Zudem ist der Anwendungsbereich unterschiedlich. Bei der offenen Distanzierung wird die kartellrechtliche Verantwortlichkeit abgewendet durch Beendigung der Verhaltensweise nach Art. 101 Abs. 1 AEUV, während bei der aktiven Distanzierung sich die Mitglieder der gesamtschuldnerischen Haftung bei Zahlungsunfähigkeit der Unternehmensvereinigung (die zunächst in Anspruch genommen werden soll) entziehen möchten.[480]

Art. 23 VO 1/2003 dient somit vorrangig dem Zweck einer Deckung der Ausfallhaftung; Abs. 4 Uabs. 4 hat nicht den Sinn und Zweck, eine offene Distanzierung für die Mitglieder (oder gar für die Unternehmensvereinigung) zu kodifizieren. Eine ablehnende Haltung soll nur privilegiert werden, indem von Zahlungen zur Begleichung des verhängten Bußgeldes abgesehen werden kann. Hätte man die offene Distanzierung normieren wollen, dann hätte man eine ähnliche Regelung auch für Vereinbarungen oder abgestimmte Verhaltensweisen geschaffen. Die Bußgeldprivilegierung könnte zudem deshalb eingeführt worden sein, da bei den anderen beiden Merkmalen eine Abwendung der kartellrechtlichen Verantwortlichkeit möglich ist, so dass bei erfolgreicher Abkehr auf materieller Ebene keine Privilegierung auf der Rechtsfolgenseite nötig ist. Die Unternehmensvereinigung wird sich nie gänzlich der Verantwortung entziehen können[481] und damit kann grundsätzlich auch das einzelne Mitglied als Adressat in Anspruch genommen werden. Diese Gründe sprechen dafür, dass bewusst eine Regelung in Form einer Privilegierung geschaffen wurde, die sich jedoch einzig auf die Rechtsfolgenebene, konkret auf das Entfallen der Zahlungsverpflichtung, bezieht, da im Gegensatz zu den ande-

476 *Klees*, Europäisches Kartellverfahrensrecht, § 10, Rn. 136; *Sura*, in: Langen/Bunte, Europäisches Kartellrecht, Art. 23 VO 1/2003, Rn. 20.
477 *Klees*, Europäisches Kartellverfahrensrecht, § 10, Rn. 136.
478 *Harrer*, Die Beendigung der Zuwiderhandlung, S. 190 m.W.N.
479 So auch *Jüchser*, Die Beteiligung am Kartell, S. 142.
480 Vgl. hier *Harrer*, Die Beendigung der Zuwiderhandlung, S. 191.
481 Siehe unter: B.I.7.b.

ren beiden Tatbestandsmerkmalen des Art. 101 Abs. 1 AEUV keine offene Distanzierung möglich ist. Vor dem Hintergrund des Schutzzweckes einer Bebußung, welche einerseits dazu bestimmt ist, die Zuwiderhandlungen zu ahnden, aber andererseits eine präventive Wirkung erzeugen soll,[482] müssen freilich hohe Anforderungen an die Exkulpation gestellt werden. Dies erklärt auch den Gleichlauf einzelner Voraussetzungen zwischen der offenen und aktiven Distanzierung, da es schließlich gerechtfertigt ist, zum Entfallen lassen einer Zahlungspflicht wenigstens ähnliche Anforderungen zu stellen, die auch für das Entfallen der tatbestandlichen Verantwortlichkeit bestehen. Ob die aktive und offene Distanzierung sogar komplett parallel laufen soll, ist nicht ersichtlich, da sich die Kommission sowie die Unionsgerichte bislang nicht dazu geäußert haben. Dennoch wird auch hier der Unterschied zwischen den beiden Distanzierungen nochmal deutlich. Zwar haben sie gemeinsam, dass der Nachweis der Voraussetzungen schwierig sein kann, allerdings ist bei der offenen Distanzierung weitestgehend anerkannt, dass das Unternehmen dazu verpflichtet ist, die Anforderung nachzuweisen, da die Kommission (wenn auch mithilfe einer Vermutung) den materiellen Tatbestand nachgewiesen hat. Im Rahmen der aktiven Distanzierung kursieren unterschiedliche Ansichten in der Literatur. Einerseits wird beim Nachweiserfordernis auf das Unternehmen abgestellt[483], andererseits lässt sich als Gegenargument vorfinden, dass die aktive Distanzierung Tatbestandswirkung habe und die Kommission somit das Vorliegen der Exkulpation von Amts wegen zu prüfen habe.[484][485]

d. Zusammenfassung und Ergebnis

Die Rechtsfigur der offenen Distanzierung ist nicht auf Beschlüsse anwendbar. Dies gilt hinsichtlich der Unternehmensvereinigung, da der Beschluss durch die Mitgliederversammlung oder durch das Organ in der Unternehmensvereinigung selbst gefasst wurde. Ein Gleichlauf in Bezug

---

482 *Kienapfel*, in: von der Groeben/Schwarze/Hatje, Europäisches Unionsrecht 2015, Art. VO (EG) 1/2003 Art. 23, Rn. 3; *Nowak*, in: Loewenheim/Meessen/Riesenkampff/Kersting/Meyer-Lindemann, Kartellrecht 2020, VerfVO Art. 23, Rn. 1 ff.

483 *Van der Hout/Wiemer*, in: Berg/Mäsch, Kartellrecht, Art. 23 VO 1/2003, Rn. 127.

484 *Sura*, in: Langen/Bunte, Europäisches Kartellrecht, Art. 23 VO 1/2003, Rn. 20.

485 Der zeitliche Aspekt – noch ehe die Kommission mit der Untersuchung des Falls begonnen hat – ist ein weiterer Grund, der erkennen lässt, dass der Anwendungsbereich der aktiven und offenen Distanzierung unterschiedlich ist: *Harrer*, Die Beendigung der Zuwiderhandlung, S. 191 f.

auf die anderen Tatbestandsvarianten des Art. 101 Abs. 1 AEUV erscheint nicht zwingend. Die Tatbestandsvarianten sind zwar grundsätzlich hinsichtlich der weiteren Voraussetzungen und der Rechtsfolge des Kartellverbotes vergleichbar, dennoch unterliegt der Beschluss einem anderen Ansatz. Der Beschluss wurde als Umgehungsverbot geschaffen und soll dazu dienen, dass ein grundsätzlich erlaubter Zusammenschluss von Unternehmen nicht ausgenutzt wird, indem wettbewerbswidrige Beschlüsse gefasst werden. Zudem setzt der Beschluss von Unternehmensvereinigungen voraus, dass eine Vereinbarung durch Satzung, zum Beispiel zwischen Unternehmen, bereits besteht. Demnach sind eine andere Beurteilung und Anwendung gerechtfertigt. Die Mitglieder können sich erst recht nicht offen distanzieren. Sie können höchstens Haftungsadressaten sein. Trotz der ähnlichen Voraussetzungen, die daraus folgen, dass eine Exkulpation nur unter strengen Anforderungen möglich sein soll, handelt es sich um unterschiedliche Anwendungsbereiche. Die offene Distanzierung soll die einzelne Zuwiderhandlung beenden, während es bei Art. 23 Verordnung 1/2003 für die Mitglieder um eine Ausfallhaftung geht. Gleichwohl soll den Mitgliedern eine Privilegierung zugutekommen, wenn sie sich ablehnend gezeigt haben. Schließlich kommt die Arbeit daher insgesamt zum Ergebnis, dass sich die Anforderung nach der derzeitigen Ausgestaltung der offenen Distanzierung nicht auf Beschlüsse i.S.v. Art. 101 Abs. 1 AEUV anwenden lässt.

II. Distanzierung durch Anzeige bei den Behörden als Unterfall der offenen Distanzierung

Ein weiteres Instrument, um die eigene Beteiligung an einem nach Art. 101 Abs. 1 AEUV verbotenen Verhalten zu verhindern und zugleich ein Unterfall der sogenannten offenen Distanzierung, ist eine Anzeige bei den Verwaltungsbehörden.[486] Die Anzeige wird bereits durch die Unionsrechtsprechung stets als Alternativhandlung genannt. Sie ist sogar als Unterfall der offenen Distanzierung zu verstehen, wobei sich die Kund-

486 EuGH, Urt. v. 21.01.16 – C-74/14, ECLI:EU:C:2016:42, Rn. 46, 49 (Eturas u.a./Lietuvos Respublikos konkrencijos taryba); EuGH, Urt. v. 28.06.2005 – verb. Rs. C-189/02 P, C-202/02 P, C-205/02 P bis C-208/02 P und C-213/02 P, ECLI:EU:C:2004:415, Rn. 143 (Dansk Rørindustri u.a./Kommission); vgl. *Roth/ Ackermann*, in: Frankfurter Kommentar zum Kartellrecht, Art. 81 Abs. 1 EG, Rn. 204.

gabe jedoch an einen anderen Erklärungsempfänger richtet. Durch die Distanzierung gegenüber der Kartellbehörde erfolgt eine Kundgabe an die Öffentlichkeit. Im Gegensatz zur offenen Distanzierung bleibt die Distanzierungshandlung somit nicht im inneren Kreis des Kartells. Es gibt keine Konkretisierung hinsichtlich der weiteren Anforderungen an die Anzeige, so dass sich einige Fragen in diesem Zusammenhang aufdrängen.

1. Wahl der richtigen Verwaltungsbehörde

Zunächst ist fraglich, bei welcher Verwaltungsbehörde die Anzeige erstattet werden muss. In Frage kommen sowohl die nationale Kartellbehörde als auch die Kommission. Bei der Kronzeugenregelung beispielsweise gilt das Erfordernis, bei der Kommission und bei der nationalen Kartellbehörde einen Antrag zu stellen, da die Kronzeugenregelungen selbständig gelten und auch unterschiedliche Ausgestaltungen haben. Die Beendigung der Absprache kann daher nicht bejaht werden, falls nur ein Antrag bei der nationalen Behörde vorliegt.[487] Eine Zentralisierung ist für die Kronzeugenanträge nicht gegeben und die europäischen Gerichte wollten auch scheinbar keine Rechtsfortbildung diesbezüglich.[488] Für die (Selbst-)Anzeige könnte allerdings eine andere Sichtweise gelten.[489] Ein wesentlicher Punkt, der dafür spricht, dass es ausreichen sollte, einen Antrag bei der nationalen Behörde zu stellen, ist der Zweck, welcher mit der Kronzeugenregelung und mit der (Selbst-)Anzeige verfolgt wird. Die Kronzeugenregelung hat das wesentliche Ziel aus Sicht der Kartellanten, eine Bußgeldreduzierung oder Ermäßigung zu erwirken.[490] Die Anzeige, welche als Distanzierungshandlung eingeordnet werden kann, soll vorwiegend die Beendigung der Verhaltensweise herbeiführen. Zwar liegt zwischen der Beendigung nach Teilnahme an einer wettbewerbswidrigen Sitzung und der Beendigung nach Teilnahme an einem etablierten Kartell noch ein erweiterter Zweck, nämlich die Abwendung der Verantwortlichkeit in Gänze und die Eingrenzung der Dauer der kartellrechtlichen Verantwortlichkeit.[491] Dennoch geht es in beiden Fällen vorrangig um die Beendigung

487 EuGH, Urt. v. 20.01.16-C-428/14, ECLI:EU:C:2016:27 (DHL-Express/Kommission); *Heinrich/Eckel*, NZKart 2017, 106, 109 f.

488 *Hemler*, EuZW 2016, 270, 276.

489 *Harrer*, Die Beendigung der Zuwiderhandlung, S. 179.

490 *Dannecker/Biermann*, in: Immenga/Mestmäcker, EU-Wettbewerbsrecht 2012, VO 1/2003, Art. 23, Rn. 232.

491 *Heinrich/Eckel*, NZKart 2017, 106, 108 f.

der Verhaltensweise. Hier sollte es ausreichen, dass einem Unternehmen die Möglichkeit gegeben wird, die Beendigung der wettbewerbswidrigen Verhaltensweise ohne besondere Hürden herbeizuführen. Das Kartellrecht möchte gerade das Bestehen eines Kartells unterbinden, um einen unverfälschten Wettbewerb zu gewährleisten.[492] Daher sollte es auch möglich sein, sich schnell von einem Kartell abzuwenden, um mögliche Schäden, die von einem Kartell ausgehen, einzudämmen. Ob der Beteiligte zugleich einen Bußgelderlass oder eine Reduzierung erhält ist dann Gegenstand einer Kronzeugenregelung.

2. Anforderungen an den Antrag

Insbesondere ist nicht ersichtlich, welche inhaltlichen Anforderungen für die (Selbst-)Anzeige gelten. In der Praxis muss ein Kartellant jedoch Gewissheit darüber haben, ob sein Antrag bei der Behörde als Mittel zur Kartellbeendigung ausreicht. Daher sollten die Anforderungen festgelegt sein.

a. Keine Angleichung an die Kronzeugenregelung als Erfordernis für die (Selbst-)Anzeige

Die Anzeige könnte sich nach den Voraussetzungen der Kronzeugenregelungen richten. Der Mitteilung der Kommission über den Erlass und die Ermäßigung von Geldbußen in Kartellsachen ist zu entnehmen, dass einem Unternehmen die Geldbuße erlassen wird, wenn es als erstes Informationen und Beweismittel vorlegt, die es der Kommission ermöglichen, gezielte Nachprüfungen hinsichtlich des Kartells durchzuführen und dadurch eine Zuwiderhandlung i.S.d. Art. 101 AEUV festzustellen.[493] Hierzu ist seitens des Unternehmens eine Unternehmenserklärung erforderlich, die u.a. eine eingehende Beschreibung des Kartells beinhaltet, wie etwa die Aktivitäten und Dauer des Kartells sowie eigene Angaben und Angaben zu allen Beteiligten, die der Antragssteller kennt. Neben der bedingungslosen Zurverfügungstellung von relevanten Informationen des Unternehmens, muss das beantragende Unternehmen auch seine Beteiligung am Kartell

492 Vgl. Art. 3 Abs. 3, 4 EUV.

493 Mitteilung der Kommission über den Erlass und die Ermäßigung von Geldbußen in Kartellsachen, 2006/C 298/11, A, 8.

beenden.[494] Es sei denn, die Kommission hält es für die Aufdeckung des Kartells für notwendig, dass das Kartell noch nicht beendet wird.[495] Diese Tatsache könnte dafür sprechen, dass jedenfalls für die Beendigung an andauernden Zuwiderhandlungen die Anforderungen an die Anzeige nicht zugleich die des Kronzeugenantrags sein können, da eine Voraussetzung des Kronzeugenantrags selbst die Beendigung ist.[496]

Die Anforderungen an die Kronzeugenanträge sind sehr hoch, die Kommission bezweckt nämlich mithilfe dieser Regelung die vollständige Aufdeckung eines Kartells. Das beantragende Unternehmen möchte dagegen einen nahezu vollständigen Bußgelderlass oder mindestens eine Reduzierung des Betrages. Dies spricht dafür, dass die Anforderungen des Kronzeugenantrags vorliegen müssen, wenn ein Unternehmen die Verantwortlichkeit erst gar nicht entstehen lassen möchte. Auch dieses möchte nämlich komplett „straffrei" ausgehen. Wohingegen bei der Beendigung einer einheitlichen und fortgesetzten Zuwiderhandlung klar ist, dass auf Rechtsfolgenseite kein Bußgelderlass erfolgt, sondern nur eine „Strafmilderung", indem man darlegt, dass man nicht die gesamte Zeit kartellrechtlich involviert war und man die Zuwiderhandlung vorher schon unterbrochen hat. Im Kartellrecht kennt man zudem das Instrument der Selbstanzeige nicht, vielmehr könnte man davon ausgehen, dass damit die Kronzeugenmitteilung gemeint ist. Dies könnte auch ein Grund sein, weshalb die Gerichte schlicht von einer Anzeige reden und dies nicht konkretisieren, weil es keinen Anlass gibt, die Voraussetzungen zu erläutern, da ohnehin damit ein Kronzeugenantrag gemeint ist. Dagegen spricht jedoch, wie bereits dargelegt, dass die Mitteilung der Kommission zur Kronzeugenregelung eine Beendigung der Teilnahme vorsieht. Daher kann nicht von einem Gleichlauf der beiden Instrumente ausgegangen werden.[497]

Heinrich und *Eckel* gehen davon aus, dass man hier ebenso zwischen der Beendigung und der Begründung der kartellrechtlichen Verantwortlichkeit unterscheiden muss. So dürfe es für die bloße Beendigung zumindest vordergründig ausreichen, wenn bei der Verwaltungsbehörde der Zeitraum der Kartellbeteiligung fixiert wird. Bei der Abwendung der Verantwortlichkeit hingegen, soll die Anzeige auch der Aufdeckung des Kar-

494 Mitteilung der Kommission über den Erlass und die Ermäßigung von Geldbußen in Kartellsachen, 2006/C 298/11, A, 12.

495 Mitteilung der Kommission über den Erlass und die Ermäßigung von Geldbußen in Kartellsachen, 2006/C 298/11, A, 12.

496 *Heinrich/Eckel*, NZKart 2017, 106, 109.

497 *Heinrich/Eckel*, NZKart 2017, 106, 109.

tells – jedenfalls im Hinblick auf die eigene Kartellbeteiligung – dienen. Begründet wird dies damit, dass bei unterlassener Anzeige oder unterlassener offener Distanzierung sowohl die Fortdauer der Zuwiderhandlung als auch die Verhinderung der Entdeckung des Kartells begünstigt werde.[498] Das Argument überzeugt nur teilweise. Zwar ist Sinn und Zweck jeglicher Distanzierungshandlung aus Sicht der Kartellbehörden die Aufdeckung und Verhinderung der Fortsetzung eines Kartells (vgl. Art. 3, 4 EUV), jedoch möchte das zu distanzierende Unternehmen im Falle der Vermutung der Beteiligung nach Teilnahme an einer wettbewerbswidrigen Sitzung vorbringen, dass es nicht die Inhalte, die besprochen wurden, teilt und dass es sich diesem Kartell nicht anschließt bzw. nie angeschlossen hat. Demjenigen kann dann nicht das Erfordernis aufgebürdet werden, alles Erdenkliche zu tun, um die Aufdeckung eines vermeintlichen Kartells herbeizuführen. Die Anforderungen an die Kronzeugenregelung sollten daher im Falle einer Abwendung von einem Kartell nach Teilnahme einer wettbewerbswidrigen Sitzung nicht gelten. Insbesondere sollte das sogenannte „Windhundprinzip" nicht gelten, da es für die Beendigung der Absprache nicht erforderlich sein kann, dass man als erstes eine Anzeige erstattet, um sich von einem Kartell zu distanzieren.

b. Vorschlag der Angleichung an den Marker als Minus zum Kronzeugenantrag

Für die Anzeige sollten die Anforderungen an einen Marker als Minus zum Kronzeugenantrag gelten, ohne aber, dass im Nachhinein ein ausgearbeiteter Kronzeugenantrag nachgereicht oder weiterhin Beweise eingereicht werden müssen und volle Kooperationspflicht besteht.[499] Es sollte bei einer (Selbst-)Anzeige nicht Aufgabe des zu distanzierenden Unternehmens sein, der Kommission eine Nachprüfungspflicht zu ermöglichen, da das Unternehmen widerlegen möchte, dass es an dem Kartell beteiligt ist, obwohl es der Sitzung beisaß. Nach der Kronzeugenmitteilung 2006 muss der Antragsteller für den Marker der Kommission seinen Namen und seine Anschrift sowie die Namen der an dem mutmaßlichen Kartell beteiligten Parteien mitteilen und Informationen über die betroffenen Produkte und Gebiete sowie über die geschätzte Dauer und die Art des

498 *Heinrich/Eckel*, NZKart 2017, 106, 108.

499 Anforderungen in der Mitteilung der Kommission über den Erlass und die Ermäßigung von Geldbußen in Kartellsachen, 2006/C 298/11.

mutmaßlichen Kartells übermitteln.[500] Da es sich um die Teilnahme nach einer wettbewerbswidrigen Zusammenkunft und nicht um die Teilnahme an einem etablierten Kartell handelt, erübrigen sich die letzten Anforderungen an den Marker. Der Vorteil einer Angleichung an den Marker ist hier auf beiden Seiten gegeben. Das sich distanzierende Unternehmen kann die Beendigung der Verhaltensweise mittels weniger Angaben erreichen und ist nicht gezwungen, weitergehende Kooperationspflichten zu erfüllen. Auf der anderen Seite bekommt die Kartellbehörde genügend Informationen, um die Aufdeckung eines Kartells mithilfe von weiteren eigenständigen Nachprüfungen zu erreichen.

c. Erfüllung der Voraussetzungen der offenen Distanzierung bei Erstattung einer (Selbst-)Anzeige

Es ist evident, dass die inhaltlichen Anforderungen an die offene Distanzierung auch dann gelten, wenn sich der Betroffene für die Anzeige entscheidet. Eine Distanzierung durch eine Anzeige kann zum Beispiel dann nicht angenommen werden, wenn das Unternehmen beispielsweise weiterhin an Sitzungen teilnimmt, sich also widersprüchlich verhält. Allerdings würde der Anwendungsbereich der Anzeige damit praktisch leerlaufen. Sollte ein Unternehmen eine Distanzierung durch eine Anzeige bei der Behörde wählen, dann bringt es sich dadurch selbst ins Visier der Kommission, da die Kundgabe hier an die Öffentlichkeit gelangt. Aus diesem Grund würde es sich ohnehin nicht entgegen der offenen Distanzierung verhalten. Andererseits könnte diese Tatsache ein weiterer Grund sein, weshalb sich die Fälle vor den Unionsgerichten vielmehr mit der offenen Distanzierung und gerade nicht mit einer Anzeige als alternative Distanzierungshandlung beschäftigen.

3. Zusammenfassung und Ergebnis

Die Anzeige als Distanzierungshandlung ist durch die Rechtsprechung noch weniger entwickelt und konkretisiert als die offene Distanzierung und birgt daher zum jetzigen Zeitpunkt noch Rechtsunsicherheit für die Betroffenen. Dies könnte auch ein Grund sein, weshalb sich Unternehmen

500 Mitteilung der Kommission über den Erlass und die Ermäßigung von Geldbußen in Kartellsachen, 2006/C 298/11, B, 15.

trotz der bisherigen Erfolgschancen des Öfteren auf die offene Distanzierung berufen,[501] anstatt einer Anzeige bei der Kartellbehörde zu stellen. Obgleich die Anforderungen an die Anzeige nicht denen der Kronzeugenregelung entsprechen sollten, ist fraglich, ob die Anzeige neben dem Kronzeugenprogramm Relevanz besitzt. Dabei ist zu berücksichtigen, dass das Unternehmen gerade darlegen möchte, dass es nicht oder nie am Kartell beteiligt war und somit die Vorteile, die eine Kronzeugenregelung mit sich bringt, nicht für sich beanspruchen muss. Eine andere Betrachtungsweise dürfte für den zweiten Fall gelten, bei dem ein Beteiligter sich von einem etablierten Kartell abwenden möchte. Folglich ist die Anzeige eine alternative Distanzierungshandlung, die jedoch einen eigenständigen Anwendungsbereich in Abgrenzung zur Kronzeugenregelung hat. Die Anforderungen der Kronzeugenregelung auf die Anzeige zu übertragen, würde zu weit gehen. Daher gebietet es sich, als Minus zum Kronzeugenantrag, die Anforderungen an einen Marker in Erwägung zu ziehen, freilich ohne das Erfordernis, die weiteren Voraussetzungen des Kronzeugenantrags durch Nachreichung zu erfüllen. Die Anforderungen der offenen Distanzierung können jedoch nicht unberücksichtigt bleiben. Der Beteiligte sollte sich autonom am Markt verhalten und keine weitere Sitzung besuchen. Im Falle einer (Selbst-)Anzeige sind diese Forderungen jedoch irrelevant, da das Unternehmen, welches durch die Anzeige ins Visier der Kartellbehörde gerät, sich ohnehin bedeckt halten wird. Dennoch spricht dies und die Unsicherheit hinsichtlich der weiteren Voraussetzungen gegen die Anwendung der Anzeige als Distanzierungshandlung, so dass es nicht verwundert, dass Gegenstand der Kommissionspraxis und Unionsrechtsprechung stets die offene Distanzierung und gerade nicht die Anzeige ist. Dafür dürfte insbesondere auch sprechen, dass es bei der Distanzierung durch die Anzeige zu einer Kundgabe an die Öffentlichkeit kommt und es gerade nicht im Geheimen verbleibt. Die Hürden und die Sanktionen, die das Unternehmen durch die anderen Unternehmen auf dem Markt zu erwarten hat, sind dadurch weitaus höher. Die Überschneidungen der Voraussetzungen zeigen aber auch, dass man die Anzeige als Unterfall der offenen Distanzierung verstehen kann. Das Unternehmen wird immer dann einen Anreiz für die Anzeige haben, wenn ihr der Nachweis der offenen Distanzierung nicht gelingt. Das dürfte dann der Fall sein, wenn zum Beispiel kein Protokoll vorhanden ist oder die Aussagen der anderen Sitzungsteilnehmer keine offene Distanzierung bestätigen können.

---

501 GA *Wathelet*, Schlussantrag v. 25.06.2015 – C-373/14 P, ECLI:EU:C:2015:427, Rn. 124 (Toshiba/Kommission).

III. Distanzierung durch Beibringung von objektiven Indizien zur Abwendung aus einem Kartell als Unterfall zur offenen Distanzierung?

1. Widerlegung der verbotenen Verhaltensweise

Eine Möglichkeit, die jedenfalls von *Heinrich* und *Eckel* als weitere Alternative diskutiert wird, ist die Widerlegung durch Beibringung von objektiven Indizien zur Abwendung von einem Kartell.[502] Im *Paraffinwachsurteil* wurde durch den EuGH noch einmal festgestellt, dass für die Beendigung einer etablierten Zuwiderhandlung keine offene Distanzierung erforderlich sei.[503] Vielmehr sei auch die Widerlegung durch objektive Indizien möglich.[504] Im Fall *Eturas* war zum Beispiel der Nachweis einer systematischen Gewährung eines über die fragliche Obergrenze hinausgehenden Preisnachlasses bereits ausreichend.[505] Wie bereits im Rahmen der abgestimmten Verhaltensweise dargelegt, ist der Fall jedoch als Ausnahmeurteil zu beurteilen, denn grundsätzlich lässt der EuGH eine Widerlegung durch objektive Indizien nicht genügen, wenn der Sachverhalt die Verantwortlichkeit nach Teilnahme an einer wettbewerbswidrigen Sitzung betrifft. Andere Indizien, wie zum Beispiel die Nichtumsetzung der Vereinbarung, sind ausdrücklich nicht möglich.[506] Gleichwohl ging es genau um solch eine Situation in der Rechtssache *Eturas*-Lettische Reisebüros und trotzdem wurde ausdrücklich die Beibringung von objektiven Indizien als Alternative zur offenen Distanzierung genannt. Das Besondere war insoweit, dass es um eine Abstimmung unter Abwesenden ging (systemseitig) und diese durch einen Dritten, den Administrator, der nicht im Wettbewerbsverhältnis zu den anderen Reisebüros steht, initiiert wurde. Die Betroffenen wollten sich somit aktiv selbst nicht zu einem Kartell

502 *Heinrich/Eckel*, NZKart 2017, 106, 106.

503 EuGH, Urt. v. 17.09.2015 – C-634/13, ECLI:EU:C:2015:614, Rn. 21 ff. (Total France/Kommission).

504 EuGH, Urt. v. 17.09.2015 – C 634/13, ECLI:EU:C:2015:614, Rn. 20 ff. (Total SA/Kommission); siehe auch unter: EuGH, Urt. v. 06.12.2012-C-441/11 P, ECLI:EU:C:2012:778 (Kommission/Verhuizingen Coppens).

505 EuGH, Urt. v. 21.01.16 – C-74/14, ECLI:EU:C:2016:42, Rn. 46, 51 (Eturas u.a./ Lietuvos Respublikos konkrencijos taryba).

506 EuGH, Urt. v. 8.7.1999 – C-49/92 P, ECLI:EU:C:1999:356, Rn. 121 ff. (Kommission/Anic Partecipazioni); EuGH, Urt. v. 07.04.2004 – C-204/00 P, C-205/00 P, C-211/00 P, C-213/00 P, C-217/00 P und C-219/00 P, ECLI:EU:C:2004:6, Rn. 81 ff. (Aalborg/Kommission).

zusammenschließen. Die offene Distanzierung als einziges Beweismittel zuzulassen, wäre in diesem Fall nicht gerechtfertigt gewesen, da das Kriterium zu unflexibel für diesen Fall gewesen wäre. Demzufolge war hier auch die Alternative möglich, objektive Indizien vorzutragen. Der EuGH entschied schließlich, sich nicht den Schlussanträgen des Generalanwaltes *Szpunar* anzuschließen.[507]

2. Kein Unterfall der offenen Distanzierung

Zwar mag die Beibringung durch objektive Indizien auf der Ebene der Abwendung von einem etablierten Kartell nach der Unionsrechtsprechung möglich sein.[508] Es handelt sich indes nicht um einen Unterfall der offenen Distanzierung. Die offene Distanzierung ist eine Anforderung, die sich entwickelt hat, um dem Unternehmen die Möglichkeit zu eröffnen, sich von dem Kartell abzuwenden. Die Anzeige an die Behörde ist hier als Unterfall zu qualifizieren. Zum einen, weil die Anforderungen sich nur dahingehend unterscheiden, dass die Kommunikation gegenüber der Behörde anstatt den anderen Mitkartellanten gegenüber erfolgt und zum anderen die Distanzierung durch Anzeige auch ausdrücklich von der Rechtsprechung neben der offenen Distanzierung als echte Alternative genannt wird.[509] Die Beibringung durch objektive Indizien zur Widerlegung der Kartellteilnahme ist hingegen generell möglich und steht dem Unternehmen zur Verfügung, ohne dass es sich um eine Rechtsfigur handelt, die sich durch Rechtsfortbildung entwickelt und etabliert hat. Dies zeigt sich insbesondere im Rahmen der Abwendung bei der Begründung des Kartells, da hier nur die offene Distanzierung möglich ist,[510] jedoch auch die Anzeige bei den Behörden. Denn hier handelt es sich um einen Unterfall, während die Beibringung durch objektive Indizien mangels Zuordnung zur offenen Distanzierung auf dieser Ebene nicht möglich ist.

---

507 Siehe unter B.I.1.r.: GA *Szpunar* verfolgte einen strengeren Ansatz und verlangte auch hier die offene Distanzierung oder eine Anzeige bei den Kartellbehörden.

508 EuGH, Urt. v. 17.09.2015 – C 634/13, ECLI:EU:C:2015:614, Rn. 20 ff. (Total SA/Kommission); siehe auch unter: EuGH, Urt. v. 06.12.2012-C-441/11 P, ECLI:EU:C:2012:778 (Kommission/Verhuizingen Coppens).

509 Vgl. EuG, Urt. v. 17.12.1991 – T-9/89, ECLI:EU:T:1992:31, Rn. 123 (Hüls/Kommission).

510 EuGH, Urt. v. 17.09.2015 – C-634/13, ECLI:EU:C:2015:614, Rn. 23 (Total France/Kommission).

3. Zwischenergebnis

Die Beendigung der Zuwiderhandlung mittels der Beibringung von objektiven Indizien ist von den Unionsgerichten nicht für die Fallgruppe vorgesehen, dass ein Unternehmen seine Beteiligung nach Teilnahme an einer wettbewerbswidrigen Sitzung widerlegen möchte. *Eturas* war im Rahmen dieser Fallgruppe ein Ausnahmeurteil. Der EuGH musste hier eine Lösung für einen neuen Anwendungsfall finden. Aus diesem Grund wäre das Erfordernis der offenen Distanzierung für diesen Sachverhalt zu unflexibel gewesen. Obwohl die Widerlegung durch objektive Indizien nicht vorgesehen ist, dürfte bei tatsächlicher Umsetzung einer offenen Distanzierung ohnehin von einer höheren Erfolgschance auszugehen sein, da hier genau die Anforderung umgesetzt wird, welches von der Rechtsprechung verlangt wird. Bei dem Einbringen von Indizien, muss das Gericht diese zunächst in einer Gesamtschau würdigen. Zudem lässt sich deutlich der Unterschied zwischen der Möglichkeit zur Beibringung von Indizien und der offenen Distanzierung bzw. Distanzierung durch Anzeige erkennen. Während die Anzeige ein Unterfall der offenen Distanzierung ist und sogar ähnliche Voraussetzungen verlangt, ist die Widerlegung durch objektive Indizien vielmehr eine Möglichkeit, die dem Unternehmen grundsätzlich zur Verfügung steht. Die offene Distanzierung ist jedoch eine Rechtsfigur, die als Anforderung zur Abwendung vom Kartell fungiert. Vorliegend, also im Falle der gänzlichen Abwendung der Verantwortlichkeit, ist die Beibringung von objektiven Indizien, abgesehen vom Fall *Eturas*, schließlich auch gar keine Option, um die Beteiligung zu widerlegen.

IV. Zusammenfassung

Die Unternehmen haben die Möglichkeit sich durch offenes Distanzieren von einem Kartell abzuwenden. Als Alternative obliegt es den Unternehmen eine Anzeige bei den Behörden zu erstatten. Kein Unterfall der Rechtsfigur, gleichwohl innerhalb der Literatur angesprochen, ist die Beibringung von objektiven Indizien zur Abwendung von einem Kartell. Der EuGH legt jedoch zweierlei Maßstäbe fest. Sofern es sich um ein etabliertes Kartell, sind alle drei Kriterien möglich. Wenn jedoch ein Fall gegeben ist, bei dem ein Unternehmen beweisen möchte, dass es schon gar keine kartellrechtliche Verantwortlichkeit begründet hat, sind die Anforderungen höher, da die Beibringung von objektiven Indizien nicht als geeignete Distanzierungshandlung angesehen wird. Der Rechtsprechung ist zu entnehmen, dass nur die ersten beiden Kriterien, namentlich die offene Distanzierung und die Distanzierung durch Anzeige, möglich sind. Zwar gab es in einem jüngeren Urteil dennoch die Möglichkeit, die Begründung der abgestimmten Verhaltensweise durch objektive Indizien zu widerlegen.[511] Es handelt sich aber offensichtlich um ein Ausnahmeurteil und kann daher nicht auf die nachgehenden Sachverhalte ohne Weiteres übertragen werden.

Insgesamt sind die Anforderungen an die Abwendung von einem Kartell sehr hoch. Nicht nur, dass dem Beteiligten wenige Möglichkeiten zur Verfügung stehen, die jeweiligen Voraussetzungen werden auch sehr restriktiv angewandt. Bei der offenen Distanzierung wird dies schon allein anhand der vielen Negativbeispiele deutlich. Zugleich sind die einzelnen Voraussetzungen noch nicht annähernd konkretisiert. Dies könnte der Grund dafür zu sein, dass der Nachweis der offenen Distanzierung so oft fehlschlägt. Das Gleiche gilt für die Anzeige. Auch deren Anforderungen müssen konkretisiert werden. Bislang wurde die Selbstanzeige neben der offenen Distanzierung zwar als Alternative durch die Unionsgerichte angeführt. Gegenstand der Rechtsprechung ist gleichwohl immer die offene Distanzierung. Mangels präzisierter Voraussetzungen wird die Anzeige als Instrument wohl von Unternehmen gemieden.

511 EuGH, Urt. v. 21.01.16 – C-74/14, ECLI:EU:C:2016:42, Rn. 46, 51 (Eturas u.a./ Lietuvos Respublikos konkrencijos taryba).

C. Die Abwendung aus einem etablierten Kartell

Die offene Distanzierung dient entweder der gänzlichen Abwendung der kartellrechtlichen Verantwortlichkeit oder als Mittel für die spätere Abwendung aus einem Kartell und somit zur zeitlichen Eingrenzung.[512] Für die zweite genannte Fallgruppe ist zunächst die Rechtsfigur der einheitlichen und fortgesetzten Zuwiderhandlung von Bedeutung. Insoweit fasst sie mehrere verschiedene Zuwiderhandlungen zu einem Gesamtkartell zusammen und es erfolgt eine gegenseitige Zurechnung. Die Folge ist die kartellrechtliche Verantwortlichkeit für einen bestimmten Zeitraum und das gilt sogar für Handlungen, an denen die betroffenen Unternehmen nicht unmittelbar beteiligt waren. Mithilfe der offenen Distanzierung ist es den Unternehmen möglich, die Verantwortlichkeit zeitlich zu fixieren. Die offene Distanzierung ist Ergebnis dessen, dass Beweisschwierigkeiten, welche die Kommission hat, mithilfe der Rechtsfigur der einheitlichen und fortgesetzten Zuwiderhandlung entgegengewirkt wird und die Beweislast nunmehr das Unternehmen trägt. Das Unternehmen muss mithin die Unterbrechung und die spätere Abwendung beweisen.[513]

I. Die einheitliche und fortgesetzte Zuwiderhandlung zur Zurechnung von wettbewerbswidrigen Handlungen

1. Ursprung der einheitlichen und fortgesetzten Zuwiderhandlung

Den Ursprung bildet die *Polypropylen*-Entscheidung aus den 1980ern.[514] In dieser Entscheidung hat die Kommission sich erstmalig mit der Rechtsfigur der einheitlichen und fortgesetzten Zuwiderhandlung näher auseinandergesetzt, obwohl bereits zuvor durch die Kommission Entscheidungen ergingen, die sich mit einer Zusammenfassung von Handlungen zu einem

---

512 Siehe unter: A.I.3.

513 Siehe auch *Meyering*, WuW 2010, 157, 162.

514 Kommission v. 23.04.1986 – IV/31.149, ABl. 1986 L 230/1 – Polypropylen; Sachverhalt unter B.I.1.

Gesamtverstoß beschäftigten.[515] Die Kommission kam zu dem Ergebnis, dass die Hersteller an einer umfassenden Rahmenvereinbarung beteiligt gewesen seien, indem sie einen gemeinsamen Plan getroffen hätten.[516] Es kam im Zuge dieses Gesamtplans sowohl zu Vereinbarungen als auch zu abgestimmten Verhaltensweisen. Zwar seien dies unterschiedliche Begriffe, es gebe jedoch auch Absprachen, welche beide Formen wettbewerbswidriger Kooperation enthielten.[517] Es sei auch unerheblich, dass einige Hersteller erst gar nicht an allen Sitzungen teilgenommen haben, da sich die Erarbeitung und Durchführung über mehrere Monate erstreckt und es keine Relevanz für die Umsetzung gegeben habe.[518] Es sei ein Fall, bei dem die Hersteller andauernd auf ein gemeinsames Ziel hin gearbeitet haben, so dass jeder für die gesamte Vereinbarung verantwortlich sei, selbst wenn dem einzelnen gewisse Initiativen nicht nachgewiesen werden könnten.[519] Sowohl der EuG als auch der EuGH bestätigten diese Einschätzung in der Rechtssache Anic.[520] Der Europäische Gerichtshof führte hierzu aus, dass es sich um eine komplexe, einheitliche Zuwiderhandlung handele und eine gegenseitige Zurechnung erfolge, sofern das gleiche wirtschaftliche Ziel verfolgt werde.[521]

---

515 *Joshua*, ECJ 2009, 451, 452; *Seifert*, Die einheitliche und fortgesetzte Zuwiderhandlung, S. 21 ff. m.w.N.

516 Kommission v. 23.04.1986 – IV/31.149, ABl. 1986 L 230/1, Rn. 81 – Polypropylen.

517 Kommission v. 23.04.1986 – IV/31.149, ABl. 1986 L 230/1, Rn. 86 – Polypropylen.

518 Kommission v. 23.04.1986 – IV/31.149, ABl. 1986 L 230/1, Rn. 83 ff. – Polypropylen.

519 Daher werden die Hersteller Anic und Rhône-Polenc auch als Teil des Gesamtplans angesehen Kommission v. 23.04.1986 – IV/31.149, ABl. 1986 L 230/1, Rn. 83 – Polypropylen.

520 EuGH, Urt. v. 8.7.1999 – C-49/92 P, ECLI:EU:C:1999:356, Rn. 80 ff. (Kommission/Anic Partecipazioni); EuG, Urt. v. 17.12.1991 – T-6/89, ECLI:EU:T:1991:74, Rn. 204 (Anic Partecipazioni /Kommission).

521 EuGH, Urt. v. 8.7.1999 – C-49/92 P, ECLI:EU:C:1999:356, Rn. 83 (Kommission/Anic Partecipazioni).

2. Die Voraussetzungen der Rechtsfigur der einheitlichen und fortgesetzten Zuwiderhandlung unter Berücksichtigung der Entscheidungspraxis der Kommission und der Unionsgerichte

a. Objektive Voraussetzungen

Wenn über einen Zeitraum hinweg eine andauernde oder mehraktige Zuwiderhandlung stattfindet, die denselben Zweck verfolgt, dann spricht man von einer sogenannten einheitlichen Zuwiderhandlung. Inzwischen ist die Rechtsprechung großzügig bei der Anwendung dieser Rechtsfigur. So ist die Anwendung zum Beispiel statthaft, wenn sich die Vereinbarungen oder abgestimmten Verhaltensweisen auf verschiedene Waren oder Dienstleistungen sowie auf unterschiedliche räumlich relevante Märkte beziehen, solange sie sich in einen Gesamtplan einfügen lassen.[522] Auch Unterbrechungen von längeren Zeiträumen lassen die Verantwortlichkeit nicht zwingend entfallen.[523] Man unterscheidet zwischen einer andauernden/fortdauernden und einer fortgesetzten Zuwiderhandlung. Ersteres liegt vor, wenn man von einer ununterbrochenen Zuwiderhandlung zwischen verschiedenen Zeitpunkten ausgeht. Folglich leitet man daraus ab, dass sich das beteiligte Unternehmen nicht in den Zwischenphasen distanziert hat.[524] Eine fortgesetzte Zuwiderhandlung ist gegeben, wenn zwar eine Unterbrechung vorliegt, aber eine Wiederaufnahme der Zuwiderhandlung mit demselben Zweck erfolgt.[525]

Die Dauer der Zuwiderhandlung ist durch die Kommission zu beweisen. Wenn ihr unmittelbare Beweise fehlen, dann kommt ihr jedoch die Beweislasterleichterung zugute. Sie muss nur solche Beweise einbringen, die sich auf Fakten beziehen, welche zeitlich so beieinander liegen, dass sie vernünftigerweise den Schluss zulassen, dass zwischen den konkreten Zeitpunkten die Zuwiderhandlung ohne Unterbrechung erfolgte. Davon kann sie wiederrum ausgehen, wenn sich die Handlungen in einen Gesamtplan einfügen lassen; es besteht dann eine widerlegbare Vermutung für eine

---

522 *Grave/Nyberg*, in: Loewenheim/Meesen/Riesenkampf/Kersting/Meyer-Lindemann, Kartellrecht 2016, Art. 101 Abs. 1, Rn. 95; *Brei*, NZKart 2017, 211, 213.

523 *Brei*, NZKart 2017, 211, 213.

524 EuG, Urt. v. 17.05.13–T-147/09 und T-148/09, ECLI:EU:T:2013:259, Rn. 55 ff. (Trelleborg/Kommission); *Grave/Nyberg*, in: Loewenheim/Meesen/Riesenkampf/Kersting/Meyer-Lindemann, Kartellrecht 2016, Art. 101 Abs. 1, Rn. 98.

525 Loewenheim/Meesen/Riesenkampf/Kersting/Meyer-Lindemann, Kartellrecht 2016, Art. 101 Abs. 1, Rn. 98.

andauernde Zuwiderhandlung.[526] Zu beachten ist, dass das Unternehmen nicht nur für die einheitliche Zuwiderhandlung verantwortlich gemacht wird, wenn es sich auch tatsächlich beteiligt hat, sondern auch dann, wenn es nur an einem Teil der wettbewerbswidrigen Handlungen beteiligt war, solange sich die entsprechende Handlung auf den Gesamtplan bezieht.[527] Ferner gilt auch im Rahmen der einheitlichen Zuwiderhandlung, dass eine stillschweigende Billigung ohne sich offen zu distanzieren, eine Komplizenschaft auslösen und daher zu einem einheitlichen Verstoß führen kann.[528]

Es wird diskutiert, ob dieses Instrument inzwischen einen zu weiten Anwendungsbereich genießt. Problematisch ist etwa, dass diese Rechtsfigur bereits anwendbar ist, wenn in einem gewissen Zeitraum nur ein Teil der Zuwiderhandlungen begangen wurde und gerade zu bestimmten Zeitpunkten kein Nachweis für einen Verstoß durch die Kommission gelingt. Dementsprechend kann sich die Verantwortlichkeit sogar auf Tätigkeitsbereiche erstrecken, in denen ein Unternehmen überhaupt nicht oder kaum tätig war.[529] Ob diese Anwendung noch vom Tatbestand und von der Wortlautgrenze des Art. 101 Abs. 1 AEUV umfasst sein kann, ist fraglich.[530] In diesem Zusammenhang ist auch ein Verstoß gegen den Bestimmtheitsgrundsatz diskussionswürdig.[531] Stimmen in der Literatur gehen von einem Verstoß gegen den nulla poena sine lege-Grundsatz aus und halten die Anwendung für willkürlich.[532] Im Hinblick auf die hohen Sanktionen und den strafrechtlichen Charakter von Art. 101 Abs. 1 AEUV,[533] kann dies durchaus überzeugen. Die Frage der Vereinbarkeit dieser Rechtsfigur mit allgemeinen Rechtsgrundsätzen soll hier allerdings

526 EuG, Urt. v. 17.05.13–T-147/09 und T-148/09, ECLI:EU:T:2013:259, Rn. 53 (Trelleborg/Kommission); *Grave/Nyberg*, in: Loewenheim/Meesen/Riesenkampf/Kersting/Meyer-Lindemann, Kartellrecht 2016, Art. 101 Abs. 1, Rn. 98.

527 *Grave/Nyberg*, in: Loewenheim/Meesen/Riesenkampf/Kersting/Meyer-Lindemann, Kartellrecht 2016, Art. 101 Abs. 1, Rn. 97.

528 EuGH, Urt. v. 07.01.2004 – verb. Rs. C-204/00 P, C-205/00 P, C-211/00 P, C-213/00 P, C-217/00P und C-219/00 P, Rn. 84 (Aalborg Portland/Kommission); *Kindhäuser/Meyer*, in: Frankfurter Kommentar zum Kartellrecht, Art. 23 VO 1/2003, Rn. 81.

529 *Riley*, World Competition S. 293, 296 f.

530 So *Brei*, NZKart 2017, S. 211, 214 f.

531 *Brei*, NZKart 2017, S. 211, 216.

532 *Brei*, NZKart 2017, S. 211, 215 ff.; *Meyering*, WuW 2010, 157, 162.

533 *Böni/Wassmer*, EWS 2017, S. 69, 70.

nicht Gegenstand der Arbeit werden,[534] sondern die Konsequenz, die durch die Anwendung entsteht. Die Folge ist insoweit, dass sich Unternehmen von der Vermutung der einheitlichen und andauernden Zuwiderhandlung wieder entlasten müssen.

b. Subjektive Voraussetzungen

Die Betroffenen müssen wissen oder gewusst haben, dass sie sich in ein Gesamtkartell einfügen.[535] Hierzu ist jedenfalls das Vorliegen eines Gesamtplans oder eines gemeinsamen Zweckes erforderlich, also ein hinwirken auf ein gemeinsames Ziel.[536] Dies kann insgesamt bejaht werden, wenn das Unternehmen „nachweislich durch sein eigenes Verhalten zur Erreichung der von allen Beteiligten verfolgten gemeinsamen Ziele beitragen wollte und von dem von anderen Unternehmen in Verfolgung dieser Ziele beabsichtigten oder an den Tag gelegten rechtswidrigen Verhalten wusste oder es vernünftigerweise vorhersehen konnte und bereit war, die daraus erwachsende Gefahr auf sich zu nehmen."[537] Die Gerichte gehen jedoch nicht mehr „ohne Weiteres" davon aus, dass eine einheitliche und fortgesetzte Zuwiderhandlung vorliegt. Vielmehr müssen die Handlungen, die für das gemeinsame Ziel getätigt wurden, in einem Komplementärverhältnis stehen.

3. Folgen der Anwendung der einheitlichen und fortgesetzten Zuwiderhandlung

a. Materiellrechtliche Folgen

Bei der Anwendung der Rechtsfigur fasst die Kommission verschiedene Zuwiderhandlungen zu einem Gesamtkartell zusammen, wobei es dahin-

---

534 Siehe hierzu ausführlich *Seifert*, die einheitliche und fortgesetzte Zuwiderhandlung, *Seifert*, The Single Complex and Continuous Infringement –„Effet" Utilitarism?, E.C.L.R. 2008, S. 546 ff.

535 *Joshua*, ECJ 2009, 451, 475.

536 Kommission v. 23.04.1986 – IV/31.149, ABl. 1986 L 230/1, Rn. 83 – Polypropylen; *Seifert*, Die einheitliche und fortgesetzte Zuwiderhandlung, S. 35.

537 EuGH, Urt. v. 26.01.2017 – C-625/13 P, ECLI:EU:C:2017:52, Rn. 56 (Villeroy & Boch/Kommission); *Grave/Nyberg*, in: Loewenheim/Meesen/Riesenkampf/Kersting/Meyer-Lindemann, Kartellrech 2016, Art. 101 Abs. 1, Rn. 97.

stehen kann, ob es sich bei den verbotenen Verhaltensweisen um Vereinbarungen oder abgestimmte Verhaltensweisen handelt oder ob die Handlung einzeln betrachtet bereits einen Verstoß gegen das Kartellverbot darstellt.[538] Die Handlungen der Beteiligten werden gegenseitig zugerechnet, solange sich die Handlungen in einen gemeinsamen Plan einfügen lassen, selbst wenn ein Unternehmen an der konkreten Zuwiderhandlung nicht beteiligt war.[539] Wie bereits dargelegt, gilt diese gesamte kartellrechtliche Verantwortlichkeit nur, wenn nachgewiesen wird, dass das Unternehmen durch seine Beteiligung zu sämtlichen von den anderen verfolgten Zielen beitragen wollte und nachgewiesen wird, dass das Unternehmen Kenntnis der anderen rechtswidrigen Handlungen der Beteiligten hatte oder jedenfalls vernünftigerweise vorhersehen konnte und bereit war, dieses Risiko auf sich zu nehmen.[540]

b. Verfahrensrechtliche Folgen

aa. Beweiserleichterung für die Kommission

Die Kommission trägt die Beweislast für die Tatbestandsmerkmale des Art. 101 Abs. 1 AEUV gem. Art. 2 Verordnung Nr. 1/2003 sowie für die Dauer der Zuwiderhandlung.[541] Bei Anwendung der einheitlichen und fortgesetzten Zuwiderhandlung fasst die Kommission diverse Zuwiderhandlungen von verschiedenen Beteiligten zu einem Gesamtkartell zusammen, wobei der Nachweis für das Gesamtkartell genügt und hier wiederum reicht es, dass Koindizien und Indizien vorgetragen werden, die den

---

538 Kommission v. 23.04.1986 – IV/31.149, ABl. 1986 L 230/1, Rn. 86 – Polypropylen; EuG, Urt. v. 17.12.1991 – T-6/89, ECLI:EU:T:1991:74, Rn. 82 (Anic Partecipazioni /Kommission).

539 *Grave/Nyberg*, in: Loewenheim/Meesen/Riesenkampf/Kersting/Meyer-Lindemann, Kartellrecht 2016, Art. 101 Abs. 1, Rn. 97.

540 EuGH, Urt. v. 26.01.2017 – C-609/13 P, ECLI:EU:C:2017:46, Rn. 120 (Duravit u.a./Kommission); EuGH, Urt. v. 24.06.2015 – C-293/13 P und C-294/13 P, ECLI:EU:C:2015:416, Rn. 159 (Fresh Del Monte/Kommission und Kommission/Fresh Del Monte).

541 EuG, Urt. v. 15.3.2000 – Verb. Rs. T-25/95,T-26/95,T-30/95 bis T-32/95,T-34/95 bis T-39/95,T-42/95 bis T-46/95,T-48/95,T-50/95 bis T-65/95,T-68/95 bis T-71/95,T-87/95,T-88/95,T-103/95 und T-104/95, ECLI:EU:T:2000:77, Rn. 2802 (Cimentries CBR u.a./Kommission).

Schluss auf ein Gesamtkartell erklären.[542] Daher liegt eine Beweiserleichterung für die Kommission vor. Eine Erleichterung bei der Beweisführung ist in diesem Zusammenhang auch, dass es nicht darauf ankommt, ob eine abgestimmte Verhaltensweise oder Vereinbarung vorliegt, wenn beide verbotenen Verhaltensweise im Rahmen des Kartells begangen wurden.[543] Auch grundsätzlich ist es der Kommission erlaubt, den Beweis durch Indizien zu führen, da Kartelle bekanntlich im Geheimen arbeiten und es sonst schwierig ist, den Nachweis zu erbringen, wenn nur lückenhafte oder gar keine Informationen vorhanden sind.[544] Bezüglich der Dauer des Kartells gilt, dass die Kommission Beweise einbringen muss, die sich auf Fakten beziehen, die zeitlich so beieinander liegen, dass sie vernünftigerweise den Schluss zulassen, dass zwischen den konkreten Zeitpunkten die Zuwiderhandlung ohne Unterbrechung erfolgte. Davon kann sie ausgehen, wenn sich die Handlungen in einen Gesamtplan einfügen lassen. Es besteht dann eine widerlegbare Vermutung für eine andauernde Zuwiderhandlung.[545] Im Ergebnis kommt es daher zu einer immensen Beweiserleichterung für die Kommission, da nur Indizien erforderlich sind, welche auf das Gesamtkartell schließen lassen, ohne dass Einzelheiten, wie etwa die Verhaltensweise oder einzelne Zuwiderhandlungen, dargelegt werden müssen und sich die Handlungen zu einem Gesamtverstoß zusammenfassen lassen.

bb. Verschiebung des Verjährungsbeginns zum Nachteil der Beteiligten

Nach Art. 25 Abs. 2 Verordnung Nr. 1/2003 beginnt die Verjährung grundsätzlich mit dem Tag, an dem die Zuwiderhandlung i.S.v. Art. 101 Abs. 1 AEUV begangen worden ist. Bei dauernden oder fortgesetzten Zuwider-

---

542 *Seifert*, Die einheitliche und fortgesetzte Zuwiderhandlung, S. 217 f., 221 unter Verweis auf Faull/Nickpay, ECL 2007, Rn. 8.509: Es komme auf die Gesamtschau der Indizien an.

543 Kommission v. 23.04.1986 – IV/31.149, ABl. 1986 L 230/1, Rn. 86 – Polypropylen.

544 EuGH, Urt. v. 07.01.2004 – verb. Rs. C-204/00 P, C-205/00 P, C-211/00 P, C-213/00 P, C-217/00P und C-219/00 P, Rn. 55 ff. (Aalborg Portland/Kommission).

545 EuG, Urt. v. 17.05.13 – T-147/09 und T-148/09, ECLI:EU:T:2013:259, Rn. 53 (Trelleborg/Kommission); *Grave/Nyberg*, in: Loewenheim/Meesen/Riesenkampf/Kersting/Meyer-Lindemann, Kartellrecht 2016, Art. 101 Abs. 1, Rn. 98.

handlungen beginnt die Verjährung jedoch erst mit dem Tag, an dem die Zuwiderhandlung beendet ist. Zwar wird durch die Anwendung der Rechtsfigur ein einheitlicher Gesamtverstoß angenommen, in Bezug auf den Verjährungsbeginn bezieht sich dieser jedoch auf die individuelle Beendigung.[546] Somit beginnt die Verjährungsfrist für den einzelnen Beteiligten, wenn dessen Beteiligung am Kartell endet. Aufgrund der Bündelung der einzelnen Handlungen zu einem Gesamtverstoß entfällt eine Verjährung für die Einzelhandlungen, so dass sich der Verjährungszeitpunkt negativ für den Betroffen verschieben kann. Insoweit können sogar bereits verjährte Einzelakte in dem einheitlichen Verstoß gebündelt werden. Dabei kann es vorkommen, dass Unternehmen für einen gewissen Zeitraum nicht an dem Kartell beteiligt waren und die Kommission von einer Unterbrechung ausgeht, womit eine fortgesetzte Zuwiderhandlung vorliegt. Dies ist jedoch nur ein Aspekt, der für die Bußgeldbemessung relevant ist und nicht für den Verjährungszeitpunkt, da dieser am Ende der einheitlichen Zuwiderhandlung liegt.[547] Die Unterscheidung zwischen einer dauernden und fortgesetzten Zuwiderhandlung ist in Bezug auf die Verjährungsverfolgung daher praktisch ohne Bedeutung. In der Entscheidung Trelleborg./.Kommission wandten die Klägerinnen ein, dass dieses Vorgehen dazu führe, dass die Kommission den Verjährungsbeginn beliebig weit hinausschieben könne und dies sei ein Verstoß gegen den Grundsatz der Rechtssicherheit.[548] Das Gericht wies dies mit dem Argument zurück, dass Art. 25 Abs. 2 der Verordnung Nr. 1/2003 ein Hinausschieben der Verjährung ausdrücklich vorsehe und auch im Übrigen könne man die Anwendung einer fortgesetzten Zuwiderhandlung nicht allgemein als missbräuchlich bewerten. Es sei eine Einzelfallbetrachtung erforderlich, vor allem ob die Kommission Beweise vorbringt, die für die Einheitlichkeit der Zuwiderhandlung sprechen.[549] Hierbei bewertete die Kommission eine Unterbrechung von zwei Jahren als unbeachtlich für den einheitlichen Verstoß.[550]

---

546 Kommission v. 09.12.2004 – COMP/37.553, Rn. 183 ff. – Cholinchlorid.

547 EuG, Urt. v. 17. 05. 2013 b – T-147/09 und T-148/09, ECLI:EU:T:2013:259, Rn. 62 ff., 88 (Trelleborg/Kommission).

548 EuG, Urt. v. 17. 05. 2013 b – T-147/09 und T-148/09, ECLI:EU:T:2013:259, Rn. 44 (Trelleborg/Kommission).

549 EuG, Urt. v. 17. 05. 2013 – T-147/09 und T-148/09, ECLI:EU:T:2013:259, Rn. 93 f. (Trelleborg/Kommission).

550 Kommission v. 28.01.2009 – COMP/39406, Rn. 296 – Marine Hoses.

cc. Auswirkungen auf die Bußgeldbemessung durch Festsetzung eines einheitlichen Verstoßes

Bei einem Verstoß gegen das Kartellverbot richtet sich die Bemessung des Bußgeldes nach Art. 23 Verordnung Nr. 1/2003 und den Leitlinien der Kommission für das Verfahren zur Festsetzung von Geldbußen.[551] Zunächst wird ein Grundbetrag festgesetzt. Im Regelfall richtet sich dieser Betrag nach dem Umsatz im letzten vollständigen Geschäftsjahr, in dem das Unternehmen an der Zuwiderhandlung beteiligt war und bei einer Unternehmensvereinigung richtet sich der Betrag nach der Summe der Umsätze der Mitglieder.[552] Ein bestimmter Anteil am Umsatz richtet sich dann nach der Schwere und der Dauer, so dass der Betrag, der die Schwere – unter Berücksichtigung der Einzelumstände – festlegt, mit der Anzahl der Jahre multipliziert wird.[553] Grundsätzlich kann ein Betrag von bis zu 30 Prozent des Umsatzes festgesetzt werden, wobei Verhaltensweisen zur Festsetzung von Preisen, Aufteilung der Märkte oder Einschränkung der Erzeugung zu den schwerwiegendsten Verstößen zählen und daher grundsätzlich ein Betrag am oberen Ende dieser Bandbreite anzusetzen ist.[554] Die Kommission ist berechtigt, den Grundbetrag aufgrund der Umstände zu erhöhen oder zu ermäßigen.[555] Es kann angenommen werden, dass bei Vorliegen einer einheitlichen und fortgesetzten Zuwiderhandlung grundsätzlich eine besondere Schwere anzunehmen ist, da ein Gesamtkartell in der Regel schwerwiegende Zuwiderhandlungen umfasst. Auch die Dauer, der Umfang sowie die gesamte Komplexität, die hinter diesem einheitlichen Gesamtverstoß stecken, sprechen für eine besondere Schwere.[556] Die Bebußung wird jedoch für das jeweilige Unternehmen festgesetzt. So

---

551 Leitlinien für das Verfahren zur Festsetzung von Geldbußen gem. Art. 23 Abs. 2 lit. a) der Verordnung (EG) Nr. 1/2003, ABl. 2006 C 210/2.

552 Leitlinien für das Verfahren zur Festsetzung von Geldbußen gem. Art. 23 Abs. 2 lit. a) der Verordnung (EG) Nr. 1/2003, ABl. 2006 C 210/2, Rn. 13 f.

553 Leitlinien für das Verfahren zur Festsetzung von Geldbußen gem. Art. 23 Abs. 2 lit. a) der Verordnung (EG) Nr. 1/2003, ABl. 2006 C 210/2, Rn. 19 f.

554 Leitlinien für das Verfahren zur Festsetzung von Geldbußen gem. Art. 23 Abs. 2 lit. a) der Verordnung (EG) Nr. 1/2003, ABl. 2006 C 210/2, Rn. 20, 23; EuGH, Urt. v. 26.01.2017 – C-625/13 P, ECLI:EU:C:2017:52, Rn. 90 (Villeroy & Boch/Kommission).

555 Leitlinien für das Verfahren zur Festsetzung von Geldbußen gem. Art. 23 Abs. 2 lit.a) der Verordnung (EG) Nr. 1/2003, ABl. 2006 C 210/2, Rn. 27.

556 Kommission v. 27.11.2002, COMP/37 152, Rn. 528 – Gipsplatten, ABl. 2005 L 166/8; *Seifert*, Die einheitliche und fortgesetzte Zuwiderhandlung, S. 247 f.

können beispielsweise Unterbrechungen der Beteiligung durch ein Unternehmen bußgeldmildernd berücksichtigt werden.[557]

Wiederum positiv kann sich die Rechtsfigur auf die Kappungsgrenze gem. Art. 23 Abs. 2 Verordnung 1/2003 auswirken. Diese sieht die Regelung vor, dass die Geldbuße nicht mehr als 10 Prozent des Gesamtumsatzes des vorangegangenen Geschäftsjahres betragen darf. Während bei Einzelverstößen die Kappungsgrenze unterschritten sein kann, kann sie bei einem Gesamtverstoß möglicherweise schneller überschritten sein, so dass die Summe hier insgesamt günstiger ausfallen könnte. Demnach hätte es einen positiven Effekt für den Betroffenen.[558]

dd. Auswirkungen auf die Kronzeugenregelung

Die Kommission kann einem Unternehmen das Bußgeld erlassen, wenn es seine Beteiligung anzeigt, es als erstes die Informationen preis gibt und entsprechende Beweismittel einbringt.[559] Es gilt das sogenannte „Windhundprinzip", so dass später eingereichte Kronzeugenanträge ihrer Reihe nach eine Bußgeldreduktion erhalten können, sofern diese einen „Mehrwert" gegenüber den bereits vorliegenden Beweisen erbringen können.[560] Der Antragsteller soll, sofern er die Informationen hat, das Kartell eingehend beschreiben, indem er beispielsweise Ziele, Umfang und Dauer des Kartells benennt.[561] Bei Vorliegen eines Gesamtverstoßes kommt es darauf an, wie das Kartell eingestuft wird. *Seifert* erklärt, dass zum Beispiel bei Produktabsprachen über A, B, C, bei denen die Unternehmen jeweils nur für ein Produkt Informationen preisgeben, es bei einem Gesamtverstoß auf die Reihenfolge der Anträge ankommt, wodurch das zweite Unternehmen nur noch 50 Prozent Ermäßigung erhalten würde, während bei Annahme von Einzelverstößen dem Unternehmen wohl ein vollständiger Erlass zu-

557 EuG, Urt. v. 17. 05. 2013 b – T-147/09 und T-148/09, ECLI:EU:T:2013:259, Rn. 62 ff., 88 (Trelleborg/Kommission); de Bronett, Europäisches Kartellverfahrensrecht, Art. 23 Rn. 9.

558 *Joshua*, ECJ 2009, 451, 465.

559 Mitteilung über den Erlass und die Ermäßigung von Geldbußen in Kartellsachen, ABl. 2006 C 298/17, Rn. 9.

560 Mitteilung über den Erlass und die Ermäßigung von Geldbußen in Kartellsachen, ABl. 2006 C 298/17, Rn. 23. ff.

561 Mitteilung über den Erlass und die Ermäßigung von Geldbußen in Kartellsachen, ABl. 2006 C 298/17, Rn. 9 lit a.

gutegekommen wäre.[562] Bei einheitlichen Kartellen besteht die Gefahr, dass aus Sicht der Kommission nicht genügend Auskünfte erfolgen.[563] Im Rahmen des Aufzugs- und Fahrtreppenkartells[564] war es hingegen so, dass die Kommission von vier verschiedenen Kartellen ausging, wodurch einem Unternehmen das Bußgeld in Bezug auf die Räume Belgien und Luxemburg vollständig erlassen wurde und einem anderen Unternehmen des Kartells das Bußgeld in den Niederlanden. Es kommt also maßgeblich auf die Einschätzung der Kommission über das jeweilige Kartell an. Sobald sie von getrennten Verstößen ausgeht, ist dem Unternehmen nicht mehr garantiert, einen umfänglichen Bußgelderlass zu erhalten.[565] Sollte ein Unternehmen daher an einem Gesamtkartell beteiligt sein, dann ist dem Unternehmen grundsätzlich zu raten, seinen Antrag so weit wie möglich auf alle Bereiche des Gesamtkartells auszudehnen. Zudem können mehrere Anträge oder Marker gestellt werden, allerdings gilt hier, dass die Kommission weitere Anträge im Zusammenhang mit demselben Kartell erst prüft, wenn sie über den bereits vorliegenden (ersten) Antrag entschieden hat.[566]

ee. Zusammenfassung

Bei Anwendung der Rechtsfigur der einheitlichen und fortgesetzten Zuwiderhandlung ist die Kommission berechtigt, den beteiligten Unternehmen verschiedene Zuwiderhandlungen als einen Gesamtverstoß zuzurechnen. Wenn die Kommission Beweise vorbringt, die zeitlich so beieinander liegen, dass sie vernünftigerweise den Schluss zulassen, dass zwischen den konkreten Zeitpunkten die Zuwiderhandlung ohne Unterbrechung erfolgte, dann kann sie hinsichtlich der Dauer davon ausgehen, dass das Kartell für die gewisse Zeit auch fortgesetzt wurde. Die Rechtsfigur ist damit ein Mittel zur Beweiserleichterung. Problematisch ist dabei, dass der Einzelne auch für ein Verhalten verantwortlich gemacht werden kann,

562 *Seifert*, Die einheitliche und fortgesetzte Zuwiderhandlung, S. 258 unter Verweis auf *Faull/Nickpay*, ECL 2007, Rn. 8.498.

563 *Seifert*, Die einheitliche und fortgesetzte Zuwiderhandlung, S. 256.

564 Kommission v. 21.02.2007 – COMP/E-1/38.823, ABl. 2008 C 75/19 – Aufzüge und Fahrtreppen.

565 *Riley*, World Competition S., 293, 311; *Seifert*, Die einheitliche und fortgesetzte Zuwiderhandlung, S. 259 unter Verweis auf *Joshua*, ECJ 2009, 451, 470, Rn. 111.

566 Mitteilung über den Erlass und die Ermäßigung von Geldbußen in Kartellsachen, ABl. 2006 C 298/17, Rn. 21.

welches er nicht selbst begangen hat. Verfahrensrechtlich hat die Anwendung der Rechtsfigur mehr negative als positive Konsequenzen für den Beteiligten. So kann es beispielsweise aufgrund der Annahme des Gesamtverstoßes zu einer erhöhten Bebußung kommen oder der Verjährungsbeginn verschiebt sich, da bei einem dauernden oder fortgesetzten Verstoß die Frist mit Beendigung und nicht wie bei einem einzelnen Verstoß mit Begehung zu laufen beginnt. Auch für die Kronzeugenregelung kann es zu erschwerten Bedingungen kommen, weil der Antragssteller möglicherweise viel mehr Informationen vorbringen muss, zumal das Gesamtkartell erweiterter ist. Andererseits könnte die Kommission auch eine Trennung der Verstöße annehmen, so dass das Unternehmen gezwungen ist mehrere Anträge zu stellen, um sicherzustellen, dass es auch für die anderen Bereiche, welche mit dem Kartell zusammenhängen, die Privilegien des Kronzeugenantrags genießen darf. In jedem Fall dürfte hinsichtlich der Handlungsverpflichtung Unsicherheit bestehen.

II. Erfordernis einer Distanzierungshandlung nach Anwendung der Rechtsfigur der einheitlichen und fortgesetzten Zuwiderhandlung

1. Die offene Distanzierung zur Abwendung von einem etablierten Kartell

a. Anforderung an die offene Distanzierung innerhalb dieser Fallgruppe

Die Anwendung der Rechtsfigur der einheitlichen und fortgesetzten Zuwiderhandlung stellt eine Nachweiserleichterung für die Kommission dar und führt im Ergebnis dazu, dass ein Unternehmen für eine gewisse Dauer kartellrechtlich verantwortlich gemacht wird. Das Unternehmen kann jedoch seinerseits Beweise einbringen, die darlegen, dass es die Beteiligung bereits vorher beendet hat und so die kartellrechtliche Verantwortlichkeit zeitlich eingrenzen. Es kann hier vorbringen, dass es sich offen distanziert hat. Für das Kriterium der offenen Distanzierung gelten grundsätzlich die gleichen Anforderungen, wie bei der gänzlichen Abwendung von einem Kartell, da die Gerichte hinsichtlich der konkreten Ausgestaltung der offenen Distanzierung keine Unterscheidung vornehmen, sondern die bisherige Rechtsprechung auf die Fallgruppe des etablierten Kartells übertragen.[567]

567 Siehe unter Auswertung und Entwicklung: B.I.1.

Bei der offenen Distanzierung, macht ein Unternehmen deutlich, dass es sich insbesondere von den Inhalten abwenden möchte, die das Kartell umfassen.[568] Bei einem komplexen Kartell, wird aufgrund der einheitlichen und fortgesetzten Zuwiderhandlung ein Gesamtverstoß angenommen, unabhängig davon, ob es sich um Vereinbarungen oder abgestimmte Verhaltensweisen handelt oder ob das betroffene Unternehmen überhaupt aktiv an der Verhaltensweise beteiligt war.[569] Daher stellt sich die Frage, wie sich das zu distanzierende Unternehmen von den Inhalten und Verhaltensweisen lösen kann, insbesondere von diesen, die es nur zugerechnet bekommen hat. *Bailey* hat dieses Problem erkannt und sieht als Lösung vor, dass das Unternehmen den Gesamtplan zur Verzerrung des Wettbewerbs und alle seine Erscheinungsformen ablehnen muss.[570] Dieser Ansatz kann nur folgerichtig sein. Schließlich bedient sich die Kommission einer Nachweiserleichterung, um selbst ihrer Beweislast hinsichtlich der Tatbestandsmerkmale sowie der Dauer (leichter) nachzukommen. Außerdem bürdet sie durch die Anwendung im Umkehrschluss den Unternehmen die Schwierigkeit auf nachzuweisen, dass sie diese Tatbestandsmerkmale zu einem gewissen Zeitpunkt nicht mehr erfüllten, indem sie sich durch eine offene Distanzierung davon abgewendet haben. Zudem ist die offene Distanzierung ein Kriterium, welches hohe Anforderungen hat, kaum entwickelt ist und daher kaum zum Erfolg führt.[571] Auch ohne Erfordernis der offenen Distanzierung ist es kaum möglich, dass ein Unternehmen sich von Verhaltensweisen abwendet, die es jedenfalls fahrlässig nicht kennt und die ihm durch die einheitliche und fortgesetzte Zuwiderhandlung zugerechnet werden. Wenn bereits die Kommission nicht in der Lage ist, die einzelnen Verhaltensweisen und Beteiligungen zu charakterisieren, dann muss es auch dem Unternehmen möglich sein, sich von der Verantwortung des Gesamtkartells abzuwenden, indem es sich bloß vom Gesamtplan und dessen verschiedenen Ausrichtungen löst.

---

568 EuGH, Urt. v. 19.03.2009 – C- 510/06, ECLI:EU:C:2009:166, Rn. 119 f. (ADM/Kommission); *Roth/Ackermann*, in: Frankfurter Kommentar zum Kartellrecht, Art. 81 Abs. 1 EG, Rn. 216.

569 Siehe unter: C.I.3.

570 *Bailey*, World Competition 2008, 177, 187.

571 So auch GA Wathelet Schlussantrag v. 25.06.2015 – C-373/14 P, ECLI:EU:C:2015:427, Rn. 124 (Toshiba/Kommission).

b. Notwendigkeit einer offenen Distanzierung als Anforderung zum Kartellausstieg

Fraglich ist jedoch, ob die Rechtsfigur der offenen Distanzierung überhaupt erforderlich ist, um sich von einem bereits bestehenden Kartell zu lösen. In der Rechtssache Total France wird zwischen den Situationen, Begründung der kartellrechtlichen Verantwortlichkeit nach Teilnahme an einer wettbewerbswidrigen Sitzung und der Teilnahme einer sich über mehrere Jahre erstreckenden Zuwiderhandlung, bei der es schließlich nicht mehr (nachweisbar) zu Treffen gekommen ist, unterschieden. Der EuGH erklärt insoweit, dass entgegen der Auffassung des Gerichts in erster Instanz, für den Fall des Ausstiegs aus einem etablierten Kartell eine offene Distanzierung nicht zwingend notwendig sei, sondern nur ein Gesichtspunkt unter vielen darstellt, da die Rechtsmittelführerin an.[572] Der EuG bezeichnete die Rechtsfigur der offenen Distanzierung hingegen als unverzichtbares Beweismittel.[573] Gleichwohl wird auch vom EuGH betont, dass die offene Distanzierung ein wichtiges Mittel sei, um von einer Beendigung auszugehen und die Kommission sich darauf grundsätzlich stützen kann. Im vorliegenden Fall jedoch, bei dem es um ein etabliertes Kartell ginge und bei dem die Vertreter eines Unternehmens bereits an einigen Treffen nicht mehr teilgenommen haben, müsse die Kommission auch andere Beweise einbeziehen. Liegt demnach ein Fall einer einheitlichen und fortgesetzten Zuwiderhandlung vor, dann kann das Fehlen der offenen Distanzierung nur eines von mehreren Indizien und Koindizien, welches die Kommission in einer Gesamtschau zu berücksichtigen hat. Das Fehlen der Rechtsfigur führt jedenfalls nicht ausnahmslos zur Verneinung einer Beendigung,[574] es besteht daher keine Notwendigkeit, sofern es im weiteren Verlauf nicht auch zu Treffen der Beteiligten kommt.

572 EuGH, Urt. v. 17.09.2015 – C-634/13, ECLI:EU:C:2015:614, Rn. 23 (Total France/Kommission).

573 EuG, Urt. v. 13.09.13 – T-566/08, ECLI:EU:T:2013:423, Rn. 372, 374 (Total Raffinage Markting/Kommission).

574 EuGH, Urt. v. 17.09.2015 – C-634/13, ECLI:EU:C:2015:614, Rn. 26 f. (Total France/Kommission).

c. Keine Rechtfertigung der unterschiedlichen Anforderungen angesichts der zwei Anwendungsebenen der offenen Distanzierung

Wie zuvor dargelegt, gilt für eine gänzliche Abwendung aus einem Kartell nach Teilnahme an einer wettbewerbswidrigen Sitzung, dass die offene Distanzierung ein „unverzichtbares Beweismittel" ist.[575] Im Gegensatz dazu, sei bei mehrjährigen Kartellen die offene Distanzierung nur ein Gesichtspunkt unter vielen, es besteht insoweit keine zwingende Notwendigkeit, um sich später von einem Kartell abzuwenden, sofern es zu keinem Treffen gekommen ist.[576] Fraglich ist, ob eine Unterscheidung hinsichtlich des Anwendungsmaßstabs der offenen Distanzierung erfolgen sollte, sobald Treffen in einem langjährigen Kartell nicht nachgewiesen werden können. Es wird die Auffassung vertreten, dass bei der Widerlegung der Vermutung nach Teilnahme an der wettbewerbswidrigen Sitzung, der Betroffene einen Mehrwert gegenüber der zweiten Fallgruppe hat.[577] Diese Ansicht folgt daraus, dass das Unternehmen für die erste Anwendungsebene die Möglichkeit erhält, dass dieses überhaupt keine Verantwortung mehr begründet, während der Beteiligte im einem etablierten Kartell gewiss für den Zeitraum vor der Beendigung zur Verantwortung gezogen wird. Der Nachweis der Beendigung hat folglich nur noch die Wirkung, dass eine Eingrenzung der Kartellbeteiligung erfolgt.

Aus Sicht der vorliegenden ersten Fallgruppe sollte allerdings berücksichtigt werden, dass die kartellrechtliche Verantwortlichkeit oft nur durch die Beweiserleichterung zugunsten der Kommission bestimmt wird. Möglicherweise wäre ihr anders der Beweis nicht gelungen. Für den Fall, dass das Unternehmen tatsächlich nicht in Absprachen, die auf der Sitzung getroffen wurden, involviert war und es sogar vorher nicht wusste, dass solche Inhalte auf dem Treffen besprochen werden sollen, ist daher bereits grundsätzlich nicht ersichtlich, inwieweit es sein kann, dass die Kommission Nachweisschwierigkeiten mit Beweiserleichterungen begegnet. Gleichwohl dem Unternehmen das Erfordernis einer offenen Distanzierung aufgebürdet wird, obwohl diese Bürde mindestens genauso schwierig ist. Durch die Vorgehensweise wird ein Kartellant begünstigt, der jahrelang bewusst Absprachen getroffen, organisatorische Maßnahmen ergriffen und

575 EuGH, Urt. v. 17.09.2015 – C-634/13, ECLI:EU:C:2015:614, Rn. 22 (Total France/Kommission).

576 EuGH, Urt. v. 17.09.2015 – C-634/13, ECLI:EU:C:2015:614, Rn. 23 (Total France/Kommission).

577 *Heinrich/Eckel*, NZKart 2017, 106, 109.

konkrete Umsetzungen vorgenommen hat, die den Zweck haben, den Wettbewerb auf dem Markt auszuschalten, nur weil es im Rahmen der fortgesetzten Zuwiderhandlung nicht zu Treffen zwischen den Beteiligten kam oder jedenfalls kein Treffen nachweisbar war. Dabei hat ein Kartell, welches bereits seit mehreren Jahren besteht, größere Auswirkungen für den Markt und die Verbraucher als jemand, der nur kurz in einem Kartell war oder überhaupt nicht als Bestandteil des Kartells zu werten ist. Auch ohne Treffen müssten daher jedenfalls die gleichen Anforderungen gelten, wie in der zuerst genannten Fallgruppe. Insbesondere, da bei einem etablierten Kartell negative Auswirkungen und Schädigungen des Wettbewerbs bereits eingetreten und Auswirkungen somit tatsächlich vorhanden sind. Es gebietet sich möglicherweise sogar eine strengere Anwendung für den Fall, dass ein Unternehmen später aus einem Kartell austreten möchte. Man könnte zwar einwenden, dass die Frage unerheblich ist, da der Unterschied zwischen den beiden Fallgruppen auf der Bußgeldebene angemessen berücksichtigt werden würde, jedoch erschließt sich gerade vor diesem Hintergrund nicht, weshalb auf vorgelagerter (Tatbestands-) Ebene unterschiedliche Anforderungen gelten sollten. Weiterhin dient die offene Distanzierung nicht vorrangig dazu, das Bußgeld auf Rechtsfolgenebene abzuwenden oder zu reduzieren, sondern es dient als Anforderung zur Abwendung der Tatbestandsebene und es soll zudem die Marktverhältnisse wieder ins Gleichgewicht bringen.[578] Dies bedeutet, dass unter der Prämisse, dass man für die erste Fallgruppe eine offene Distanzierung verlangt, für die zweite ein Erfordernis erst recht gelten müsste, auch wenn vorliegend keine Teilnahmen an Treffen nachzuweisen sind.[579]

d. Zusammenfassung

In Bezug auf die Anforderung der offenen Distanzierung überträgt der EuGH die bisherige Rechtsprechung auf die Fallgruppe der späteren Abwendung aus einem etablierten Kartell. Hinsichtlich des Erfordernisses der Rechtsfigur geht dieser davon aus, dass die Anforderung nur für die Anwendung der Vermutung nach Teilnahme an einer wettbewerbswidrigen Sitzung als unverzichtbares Beweismittel zu berücksichtigen ist. Bei der

---

578 So hilft das autonome Verhalten am Markt oder die Distanzierung gegenüber den Mitkartellanten, dass das Kartell keine weiteren Auswirkungen am Markt verursacht. Siehe unter Voraussetzungen: B.I.4.g.

579 Siehe unten unter D.I.

zweiten Anwendungsebene wendet der EuGH dann eine mildere Vorgehensweise an, soweit es im Rahmen der Zuwiderhandlung zu keinen Treffen gekommen ist. Denn dann ist die offene Distanzierung nur eines von mehreren möglichen Gesichtspunkten und der Nachweis somit kein zwingendes Erfordernis. Vor dem Hintergrund, dass die Beteiligung an einem etablierten Kartell viel größere Auswirkungen auf den Markt und die Verbraucher hat und die Kartellanten bewusst durch ihre Handlungen und sämtlichen Ausformungen des Kartells Schädigungen zulasten des Wettbewerbs bezweckt haben, kann eine anderweitige Anwendung entgegen der Unionsrechtsprechung nicht gerechtfertigt sein. Da ein bereits in Vollzug gesetztes Kartell Auswirkungen auf dem Markt verursacht hat, sollte genau diesem entgegengewirkt werden, indem man von den Unternehmen erst recht eine offene Distanzierung verlangt, auch wenn keine Teilnahme an Sitzungen nachgewiesen werden kann. Denn die Anwendung soll nicht nur dazu führen, dass es einen Vorteil auf Bußgeldebene hat, vielmehr dient das Kriterium vor allem zugunsten dem Marktgleichgewicht. So soll sich das Unternehmen im Sinne der offenen Distanzierung autonom auf dem Markt verhalten. Die Anknüpfung läge hier an die Widerlegung des Tatbestandsmerkmals Bewirkung i.S.d. Art. 101 Abs. 1 AEUV[580] und ist daher gerechtfertigt. Schließlich sollten für die erste Fallgruppe, dass ein Unternehmen die Vermutung der Beteiligung nach einer Sitzung widerlegen möchte, weniger strenge Anforderungen gelten.[581]

2. Die Anzeige zur Distanzierung von einem etablierten Kartell

Wie auch bei der gänzlichen Abwendung ist eine Anzeige grundsätzlich möglich. Es gelten die gleichen Erwägungen. Insoweit ist die Anzeige auch im Rahmen des etablierten Kartells nicht mit der Kronzeugenregelung gleichzusetzen, da diese die Beendigung des Kartells voraussetzt.[582] Es könnte allerdings das Bedürfnis bestehen, die Anforderungen an diese Anzeige an die Voraussetzungen des Kronzeugenantrags anzupassen. Die Anzeige soll auch bei der Abwendung aus einem etablierten Kartell den Zweck haben, die Verhaltensweise zu beenden. Zudem soll sie bei dieser Fallgruppe zusätzlich das Ziel haben, die Kartellbeteiligung zeitlich einzu-

580 Dazu unter B.I.4.e.

581 Siehe unter B.I.4.g.

582 Mitteilung der Kommission über den Erlass und die Ermäßigung von Geldbußen in Kartellsachen, 2006/C 298/11, Rn. 12 lit. b.

grenzen. Für dieses Erfordernis sind die Anforderungen an die Kronzeugenregelung allerdings nicht notwendig.[583] Es sollte ausreichen, dass die Behörde eine Mitteilung erhält, um das Ende der Beteiligung festzulegen. Gleichzeitig möchte auch die Kommission die Fortsetzung eines Kartells unterbinden und weiterhin für einen unverfälschten Wettbewerb sorgen, so dass auch hier jedenfalls eine Angleichung an den Marker erfolgen sollte. Aus praktischen Erwägungen wird die Anzeige dennoch im Rahmen eines etablierten Kartells stets zu einem Kronzeugenantrag führen. Da sich das zu distanzierende Unternehmen nicht nur eine zeitliche Eingrenzung erhofft, sondern auch auf Rechtsfolgenseite einen Bußgelderlass oder zumindest eine Reduzierung erwirken möchte. Einen praktischen Anwendungsbereich dürfte die Anzeige daher neben der Kronzeugenregelung in dieser Fallgruppe nicht haben.

3. Widerlegung durch Beibringung von objektiven Indizien für die Abwendung aus einem etablierten Kartell

Eine etwas andere Beurteilung dürfte sich hinsichtlich der Widerlegung durch Indizien ergeben. Während die Rechtsprechung davon ausgeht, dass im Falle der Teilnahme an einer wettbewerbswidrigen Sitzung die offene Distanzierung ein unverzichtbares Beweismittel ist, also eine Widerlegung durch objektive Indizien nicht möglich ist, soll diese Möglichkeit im Rahmen der Abkehr aus einem etablierten Kartell zur Verfügung stehen, soweit es zu keinen Treffen mehr gekommen ist.[584] Der EuGH stellt klar, dass bei bereits etablierten Kartellen die offene Distanzierung nur ein Gesichtspunkt unter vielen darstellen kann, um der Widerlegung zu genügen. Allerdings dürfe nicht verkannt werden, dass die offene Distanzierung trotzdem eine wichtige Tatsache sei, um eine Beendigung zu beweisen und das Fehlen dieser für die Kommission daher ein gewichtiger Faktor ist.[585] Sofern keine aussagekräftigen Indizien vorliegen, bleibt es dann tatsächlich dabei, dass die Unternehmen weniger auf die Widerlegung durch objekti-

---

583 So auch *Heinrich/Eckel*, NZKart 2017, 106, 109.

584 EuGH, Urt. v. 17.09.2015 – C 634/13, ECLI:EU:C:2015:614, Rn. 20–24 (Total SA/Kommission); EuGH, Urt. v. 06.12.2012 – C-441/11 P, ECLI:EU:C:2012:778 (Kommission/Verhuizingen Coppens).

585 EuGH, Urt. v. 17.09.2015 – C-634/13, ECLI:EU:C:2015:614, Rn. 20 ff. (Total France/Kommission).

ve Indizien, sondern vielmehr auf die offene Distanzierung oder Anzeige bzw. die Kronzeugenregelung zurückgreifen müssen.

III. Zusammenfassung

Die Grundlage für die Abwendung aus einem Kartell, welches bereits mehrere Jahre besteht, bildet die Rechtsfigur der einheitlichen und fortgesetzten Zuwiderhandlung. Diese Rechtsfigur erlaubt der Kommission verschiedene Zuwiderhandlungen zu einem Gesamtverstoß zusammenzufassen, wobei es unerheblich ist, ob verschiedene Verhaltensweisen stattgefunden haben und sogar, ob der Betroffene selbst an den Handlungen beteiligt ist. Soweit der Betroffene von den Handlungen wusste oder fahrlässig nicht wusste und sich die Handlung dennoch in einen einem Gesamtplan einfügt, wird demjenigen die Handlung zugerechnet. Da eine Zusammenfassung als Gesamtverstoß einige Nachteile für das Unternehmen mit sich bringt – hier ist nicht zuletzt die Festsetzung einer höheren Geldbuße zu nennen – ist es auch in diesem Fall wichtig, dass das Unternehmen nachweisen kann, dass es zu einem bestimmten Zeitpunkt die Beteiligung beendet hat. Der EuGH überträgt zwar grundsätzlich die Anforderungen an die offene Distanzierung von der Fallgruppe der Vermutung der Beteiligung nach Teilnahme an einer wettbewerbswidrigen Sitzung nach der bisherigen Rechtslage. Insoweit unterscheidet er aber bei der Anwendung der offenen Distanzierung zwischen der Abwendung der Begründung kartellrechtlichen Verantwortlichkeit nach der Teilnahme an einer Sitzung und der Teilnahme an einem bereits etablierten Kartell. Dabei ist grundsätzlich festzustellen, dass für die Abwendung der Begründung kartellrechtlicher Verantwortlichkeit eine offene Distanzierung (oder eine Anzeige) notwendig ist, für die Abwendung aus einem etablierten Kartell, bei dem der Beteiligte nicht mehr an Treffen teilgenommen hat und seine kartellrechtliche Verantwortlichkeit zeitlich eingrenzen möchte, stellt dies kein Erfordernis dar. Das bedeutet, dass das Fehlen der Distanzierung hier nicht per se gegen die Beendigung der Zuwiderhandlung spricht. Diese Ansicht geht deswegen fehl, weil das bereits in Vollzug gesetzte Kartell viel schwerwiegendere Auswirkungen auf dem Markt hat, als das Unternehmen, welches behauptet, entweder gar nicht an einem Kartell beteiligt gewesen zu sein oder nur für einen kurzen Zeitraum. Schließlich hat das Unternehmen, welches sich von einem etablierten Kartell abwendet, eine lange Zeit diese wettbewerbswidrigen Handlungen getragen und auf dem Markt umgesetzt. Es kann daher nicht gerechtfertigt sein,

ein milderes Vorgehen an dieser Stelle zu akzeptieren, vielmehr müssten sogar strengere Anforderungen gelten oder jedenfalls die gleichen Maßstäbe vorausgesetzt werden. Auch wenn das Gericht hier an die konkrete (Nicht-)Teilnahme angeknüpft hat. Vor dem Hintergrund der Einordnung der offenen Distanzierung in dieser Arbeit, als Mittel zur Widerlegung einer bezweckten oder bewirkten Verhaltensweise, sollte die Kehrseite einer solchen Verhaltensweise herbeigeführt werden, so dass auch eine strengere Ansicht vorliegend vertretbar ist.[586]

---

586 Siehe unter D.I.

D. Lösungsvorschläge

Die Arbeit hat bislang aufgezeigt, dass die Distanzierungsmöglichkeiten dem Grunde nach gerechtfertigt, allerdings in den einzelnen Ausformungen noch konkretisierungsbedürftig sind. Des Weiteren bestehen nicht viele Optionen für einen (vermeintlichen) Kartellanten. Dies wird der Tatsache geschuldet sein, dass es den Beteiligten auch nicht zu leicht gemacht werden soll, die kartellrechtliche Verantwortlichkeit zu widerlegen. Anreize zum Einstieg in ein Kartell sollen somit vermieden werden. Dessen ungeachtet sollen nachfolgend weitere Lösungsansätze in Bezug auf die Abwendung von einem Kartell in Erwägung gezogen werden.

I. Erfordernis von strengeren Anforderungen angewendet auf die Situation einer Abwendung bei einem etablierten Kartell, trotz Nichtteilnahme

Es wurde festgestellt, dass zwischen den beiden Anwendungsbereichen – die gänzliche Abwendung von einem Kartell nach der Teilnahme an einer Sitzung und der Abwendung aus einem etablierten Kartell – unterschiedliche Anforderungen bestehen können. Die Unionsgerichte gehen von der Erforderlichkeit der offenen Distanzierung im erstgenannten Fall aus, im zweiten soll die Anforderung jedoch nur eines unter vielen Gesichtspunkten bei der Beurteilung darstellen, wenn es jedenfalls der Beteiligte nicht mehr an kollusiven Treffen teilgenommen hat, so dass eine offene Distanzierung in diesem Fall nicht notwendig ist.[587] Es gebietet sich allerdings eine strengere Anwendung für den Fall der Abwendung aus einem etablierten Kartell, auch wenn die Beurteilung über zeitliche Eingrenzung der Beteiligung den Fall betrifft, dass der Beteiligte bereits nicht mehr an den Treffen teilgenommen hat. Dies bedeutet jedenfalls, dass unter der Annahme, dass man für die erste Fallgruppe eine offene Distanzierung verlangt, für die zweite ein Erfordernis erst recht gelten müsste. Des Weiteren ist zu berücksichtigen, dass bei etablierten Kartellen negative Auswirkungen und Schädigungen des Wettbewerbs eingetreten

587 EuGH, Urt. v. 17.09.2015 – C-634/13, ECLI:EU:C:2015:614, Rn. 23 (Total France/Kommission).

sind. Dies lässt es rechtfertigen, dass man von dem zu distanzierenden Unternehmen für die Abwendung aus dem etablierten Kartell verlangt, dass diese Auswirkungen auch beseitigt werden. Vor dem Hintergrund der einzelnen Anforderungen und der Untersuchung dieser Arbeit, wurde festgestellt, dass teilweise im Rahmen der offenen Distanzierung ein autonomes Handeln auf dem Markt verlangt wird.[588] Dies ist dadurch bedingt, dass an die Widerlegung einer bezweckten und bewirkten Verhaltensweise angeknüpft wird. Ein Bewirken ist gegeben, wenn tatsächliche oder potentielle Auswirkungen zu erwarten sind.[589] Die Widerlegung kann somit im Falle des in Vollzug gesetzten Kartells nur erfolgreich sein, wenn nicht nur die Handlungsfreiheit innerhalb des Kartells wiederhergestellt wird, sondern auch die äußeren Auswirkungen auf dem Markt und somit für Dritte entkräftet werden. Dies entspricht genau den Folgen, die ein etabliertes Kartell, dessen Absprachen bereits umgesetzt wurden, mit sich bringen. Es ist daher angemessen, dass neben der offenen Distanzierung als solches, der Nachweis eines autonomen Verhaltens verlangt wird, um das Nichterfüllen des Bewirkens zu erreichen bzw. den Auswirkungen dahingehend entgegenzuwirken, dass das Unternehmen entgegen den Absprachen des etablierten Kartells handelt. Da es sich in der Regel um komplexe Kartelle handelt, dürfte dies umso schwieriger sein. Gleichwohl ist das Unternehmen mit seiner Entscheidung, langjährig an einem Kartell teilzunehmen und dessen Absprachen zu tragen sowie umzusetzen, bewusst ein Risiko eingegangen, welches die zusätzliche Anforderung in dieser Konstellation rechtfertigt. Folglich wäre es somit sachgerecht, die offene Distanzierung auch im Fall der Abwendung aus einem etablierten Kartell zu verlangen, auch wenn der Beteiligte bereits nicht mehr an kollusiven Treffen teilgenommen hat und nunmehr seine kartellrechtliche Verantwortlichkeit zeitlich bestimmen möchte. Zudem sollte ein autonomes Verhalten am Markt nachgewiesen werden. Freilich sollte man im Umkehrschluss dieses Erfordernis für die gänzliche Abwendung vom Kartell nach der Teilnahme an einer Sitzung nicht zwingend verlangen müssen. Zwar soll damit der Rechtsschein eines etwaigen Beteiligten beseitigt werden, die durch die Teilnahme verursacht wurde. Allerdings dürften vor der Prämisse, dass hier möglicherweise noch keine oder kaum Auswirkungen am Markt verursacht wurden und der Beteiligte nur vermeintlich an dem Kartell beteiligte sein wollte, die Anforderungen sehr hoch sein.

588 B.I.4.g.cc.(2).

589 *Stockenhuber*, in: Grabitz/Hilf/Nettesheim, 74. EL 2021, Art. 101 AEUV, Rn. 145.

II. Anknüpfung an Zweck und Auswirkungen des Kartells

1. Voraussetzungen

Eine weitere Möglichkeit, die man in Erwägung ziehen könnte, ist, anstatt der bislang entwickelten Voraussetzungen der offenen Distanzierung zu verlangen, lediglich an die Auswirkungen und den Zweck, das heißt nur an das „Bewirken“ und „Bezwecken“, anzuknüpfen, ohne die erfolgte Absprache zu berücksichtigen. Dann müsste der Betroffene seine ablehnende Haltung gegen das Kartell nicht offen und unzweideutig den anderen gegenüber kundtun. Vielmehr müsste das Unternehmen nur eine andere Strategie am Markt verfolgen, als auf der Sitzung oder innerhalb des Kartells abgesprochen wurde.

2. Rechtfertigung für diesen Ansatz zur Abwendung von einem Kartell

Fraglich ist bei diesem Ansatz, welcher Teil des Kartells am schwersten wiegt. Es lassen sich verschiedene Ansätze dazu vorfinden und vertreten. Im Rahmen der Bußgeldberechnung für die Rechtsfolgenseite ist die Dauer wichtig, da sie für die Festsetzung des Betrages mit einbezogen wird.[590] Hierzu muss die Kommission lediglich bestimmen, wie lange die jeweilige Vereinbarung bestanden hat, das heißt den Zeitraum zwischen Beginn und Beendigung der Verhaltensweise.[591] Auswirkungen müssen nicht nachgewiesen werden.[592] Auf der Rechtsfolgenseite scheint daher insbesondere die Verhaltensweise als solche im Vordergrund zu stehen. Auch die Vermutungen, die im Rahmen dieser Arbeit genannt wurden, sprechen dafür, dass insbesondere das Vornehmen der verbotenen Absprache das verwerfliche Element am Kartell ist. Bei der Vermutung, dass ein Unternehmen Kartellbeteiligter ist, wenn es einer Sitzung beisitzt, die wettbewerbswidrige Inhalte zum Gegenstand hat, werden mögliche Auswirkungen nicht berücksichtigt. In Bezug auf die abgestimmte Verhaltensweise wird sogar die Umsetzung auf dem Markt vermutet, ohne dass

590 Leitlinien für das Verfahren zur Festsetzung von Geldbußen gem. Art. 23 Abs. 2 lit. a) der Verordnung (EG) Nr. 1/2003, ABl. 2006 C 210/2, Rn. 19 f.

591 EuG, Urt. v. 19.03.2003 – T-213/00, ECLI:EU:T:2003:76, Rn. 280 (CMA u.a./Kommission); *Nowak*, in: Loewenheim/Meesen/Riesenkampf/Kersting/Meyer-Lindemann, Kartellrecht 2016, Art. 23 VO, Rn. 28.

592 *Biermann*, in: Immenga/Mestmäcker, Wettbewerbsrecht 2019, Art, 25 VO 1/2003, Rn. 13.

diese tatsächlich erfolgt sein muss.[593] Auch wird bei dem Vorliegen von wettbewerbswidrigen Inhalten nicht zwischen bezweckten und bewirkten Absprachen unterschieden. Der Vorwurf liegt in der Verhaltensweise i.S.d. Art. 101 Abs. 1 AEUV. Diese sollen bereits unterbunden werden. Demnach würde eine Anknüpfung nur an das Bewirken und Bezwecken hier dem Vorwurf nicht gerecht werden.

Andererseits sind die Tatbestandsmerkmale Bezwecken und Bewirken relevant, da nicht jede Verhaltensweise grundsätzlich verboten ist. Vielmehr wird sogar behauptet, dass diese die wichtigeren und praxisrelevanten Merkmale sind.[594] Ein besonders gewichtiges Argument ist die Entscheidungspraxis der Kommission und der Unionsgerichte. So ist hier beispielsweise ein Fall zu nennen, bei dem scheinbar eine offene Distanzierung Erfolg hatte. Tatsächlich aber führte nicht die erfolgreiche Umsetzung aller Anforderungen der offenen Distanzierung zum Erfolg, sondern allein die Tatsache, dass eine krasse Abkehr von den Absprachen am Markt verfolgt wurde.[595] Maßgeblich trug das Verständnis der anderen Teilnehmer dazu bei, da sie das Verhalten der zu distanzierenden Unternehmen ausdrücklich als Abkehr von der Vereinbarung verstanden hatten. Wie bereits im Rahmen der Rechtsprechungsauswertung festgestellt wurde, ist das Verständnis des Empfängerhorizontes das wichtigste Element bei der offenen Distanzierung. Ein anderes Beispiel ist des Weiteren die Kommissionsentscheidung zum Marineschläuche-Kartell. Auch hier habe ein Unternehmen laut der Kommission die Preise am Markt „beträchtlich" unterschritten, so dass, obwohl das Kartell insgesamt noch fortdauerte, dieses Unternehmen aufgrund des Verhaltens das Kartell verlassen habe.[596] Zudem spricht auch die Möglichkeit der Umsetzung für eine Anknüpfung an den Zweck und an die potentiellen oder tatsächlichen Auswirkungen. Während die offene Distanzierung bei Beschlüssen nicht anwendbar ist,[597] wäre ein Abwenden durch die Anknüpfung an Zweck und Wirkung hingegen möglich. Hierzu muss ein autonomes Verhalten nachgewiesen

593 EuGH, Urt. v. 8.7.1999 – C-49/92 P, ECLI:EU:C:1999:356, Rn. 121 (Kommission/Anic Partecipazioni); EuG, Urt. v. 24.10.1991 – T-1/89, ECLI:EU:T:1991:56, Rn. 123 (Rhône-Poulenc/Kommission).

594 *Berg/Mudrony*, in: Berg/Mäsch, Kartellrecht, Art. 101 AEUV, Rn. 83.

595 EuG, Urt. v. 15.3.2000 – verb. Rs. T-25/95,T-26/95,T-30/95 bis T-32/95,T-34/95 bis T-39/95,T-42/95 bis T-46/95,T-48/95,T-50/95 bis T-65/95,T-68/95 bis T-71/95,T-87/95,T-88/95,T-103/95 und T-104/95, ECLI:EU:T:2000:77, Rn. 3956 ff. (Cimentries CBR u.a./Kommission).

596 Kommission v. 28.01.2009 – COMP/39406, Rn. 227 – Marine Hoses.

597 Siehe unter: B.I.7.

werden, also eine andere Strategie als das Kartell verfolgt. Es ist einer Unternehmensvereinigung möglich, dass sie, nachdem ein wettbewerbswidriger Beschluss gefasst wurde, nunmehr erneut einen Beschluss fassen kann, welcher vorsieht, dass der alte Beschluss nicht umgesetzt wird. Die Unternehmensvereinigung muss dann eine eigene Strategie am Markt verfolgen. Bei diesem Ansatz wäre somit eine erfolgreiche Distanzierung beim Beschluss möglich. Eine Einschränkung der Anwendbarkeit dürfte allerdings auch bei diesem Lösungsansatz gelten. Die Variante ist beim Beschluss jedoch auch nur möglich, wenn bereits ein rechtswidriger Beschluss in ihr gefasst wurde, somit kann sich eine Unternehmensvereinigung auch bei diesem Ansatz nur später von einem Kartell lösen und die Verantwortlichkeit nicht von Anfang an abwenden. Im Rahmen der abgestimmten Verhaltensweise und der Vereinbarung scheint dies anders zu sein, da dort die Vermutung der Kartellbeteiligung noch durch das Marktverhalten widerlegt werden kann.

Insgesamt sprechen die besseren Argumente dafür, den Maßstab für die Widerlegung der Kartellbeteiligung nur an die Auswirkungen am Markt anzuknüpfen. Insbesondere unter der Berücksichtigung, dass durch ein anderweitiges Marktverhalten die Ziele der Vorschrift dahingehend erreicht werden, dass potentielle oder tatsächliche Auswirkungen entgegengewirkt werden könnte. Die Anforderung der offenen Distanzierung knüpft dagegen an eine bezweckte und bewirkte Verhaltensweise an, so dass hier der Art. 101 Abs. 1 AEUV umfassend berücksichtigt wird. Vor dem Hintergrund der Nachweisschwierigkeiten der Unternehmen sowie Unternehmensvereinigung könnte das Erfordernis nur an Zweck und Wirkung und somit an den Nachweis eines autonomen Verhaltens jedoch sachgerecht sein. Stellt man weiterhin auf den Empfängerhorizont der Kartellanten ab, dann ist dessen Verständnis ohnehin der maßgebliche Faktor für eine erfolgreiche Widerlegung.

III. Vertragliche Lösungsansätze

1. Kündigung des Kartellvertrages

In der Regel werden kartellrechtliche Absprachen in Form von Verträgen geschlossen, wobei der Vertragsbegriff nicht an den nationalen, zivilrechtlichen Begriff angelehnt ist. Vielmehr ist das Verständnis auf Unionsebene weiter, daher werden auch sogenannte Gentlemen's Agreement erfasst.[598] Gleichwohl lässt es die Überlegung zu, ob für die Beendigung der Zuwiderhandlung auch eine Kündigung des Kartellvertrages möglich ist. In Anlehnung an das nationale Recht erfordert eine Kündigung jedenfalls eine Kündigungserklärung sowie einen Kündigungsgrund und muss allen Beteiligten des Kartellvertrages gegenüber erklärt werden.[599] Allerdings bewirkt die Kündigung eine Beendigung für die Zukunft und keine Abwendung ex tunc, also von Anfang an. Auch hier besteht damit das Problem, dass eine gänzliche Abwendung nicht möglich wäre. Hinsichtlich der Voraussetzungen lassen sich zudem Parallelen zu der offenen Distanzierung erkennen, so dass fraglich ist, welchen Mehrwert ein Kündigungsrecht hätte. Des Weiteren gilt für Kartelle Art. 101 Abs. 2 AEUV. Danach sind „die nach diesem Artikel verbotenen Vereinbarungen oder Beschlüsse nichtig". Aus dieser Formulierung lässt der europäische Gesetzgeber erkennen, dass nicht erst die Durchführung eines Kartellvertrages nichtig, sondern bereits die verbotene Verhaltensweise und daher der Kartellvertrag unverbindlich und nichtig ist. Die Frage, ob zulässige Bestandteile des Vertrages bestehen bleiben können, kann hier dahinstehen.[600] Eine Kündigung von einem nichtigen Vertrag ist mangels Entfaltung einer vertraglichen Bindungswirkung obsolet.[601] Problematisch wäre zudem, dass den Auswirkungen bei einem in Vollzug gesetzten Kartell nicht entgegengewirkt werden müsste und sich die Anforderungen in Abgrenzung zur offenen Distanzierung teilweise überschneiden.

2. Schriftliche Vereinbarung über die offene Distanzierung

Es ist denkbar, dass die Unternehmen die offene Distanzierung und erst recht die Anzeige bei den Kartellbehörden vermeiden, da sie Konsequenzen durch die Wettbewerber befürchten. Insbesondere bei wirtschaftlich unterlegenen Unternehmen lässt sich dieser Einwand für das Fehlen einer

598 *Stockenhuber*, in: Grabitz/Hilf/Nettesheim, 74. EL 2021, Art. 101 AEUV, Rn. 231.

599 Angelehnt an die Kündigung von Dauerschuldverhältnissen nach § 314 BGB: *Gaier*, in MüKo BGB 2019, § 314, Rn. 16, 29.

600 *Stockenhuber*, in: Grabitz/Hilf/Nettesheim, 74. EL 2021, Art. 101 AEUV, Rn. 234.

601 Als Kartellverträge noch erlaubt waren, wurde auf nationaler Ebene die Möglichkeit der Kündigung sogar ausdrücklich vorgesehen: Vgl. BT-Drucks. 1253, § 5 GWB.

offenen Distanzierung auch in der Unionsrechtsprechung vorfinden.[602] Um dem entgegenzuwirken, könnte das zu distanzierende Unternehmen in Form einer schriftlichen Vereinbarung mit den Kartellanten verabreden, dass es sich offen distanziert. Dabei kann sowohl eine offene Distanzierung für die gänzliche Abwendung gemeint sein als auch eine Abwendung aus einem etablierten Kartell, also ein Austritt mit Wirkung ex nunc sowie die Vereinbarung, dass im Gegenzug keine Anzeige bei den Kartellbehörden erfolgt und auch sonstige Teilnehmer am Markt nicht informiert werden. Der Vorteil bestünde darin, dass das zu distanzierende Unternehmen einen schriftlichen Nachweis für die offene Distanzierung hätte, welcher auch noch von den Kartellanten unterschrieben ist und somit erkennen lässt, dass dies vom Empfängerhorizont ausdrücklich so verstanden wurde. Ferner müsste der „Aussteiger" nicht mit Konsequenzen seitens der Kartellanten rechnen, da diese die Zusage erhalten, dass das Unternehmen der Durchführung des Kartells trotzdem nicht im Wege steht.

In der Theorie wäre solch ein Ansatz zwar denkbar, in der Praxis gleichwohl nicht umsetzbar. Kartellanten würden aus mehreren Gründen solch einer Vereinbarung nicht zustimmen. Einerseits würde eine Unterschrift zu einer solchen Abrede dazu führen, dass die Kartellanten schriftlich eine Zuwiderhandlung i.S.d. Kartellverbotes nach Art. 101 Abs. 1 AEUV zugeben würden. Sollte es zur Aufdeckung des Kartells kommen, wäre die Existenz eines solchen Dokumentes ein erheblicher Nachteil. Andererseits wäre eine vergleichbare Vereinbarung keine ausreichende Garantie dafür, dass das zu distanzierende Unternehmen sich nicht doch an die Kartellbehörden wendet. Weiterhin soll nicht allein den Kartellanten ermöglicht werden, eine sichere Ausstiegsmöglichkeit zu gewährleisten, sondern bestenfalls das Kartell auch insgesamt zu zerschlagen. Aus diesem Grund ist diese Lösung zur Verbesserung der Anwendungsmöglichkeit der offenen Distanzierung nicht denkbar.

602 EuGH, Urt. v. 28.06.2005 – verb. Rs. C-189/02 P, C-202/02 P, C-205/02 P bis C-208/02 P und C-213/02 P, ECLI:EU:C:2004:415, Rn. 136 (Dansk Rørindustri u.a./Kommission).

IV. Abschaffung der offenen Distanzierung und Erfordernis von strengeren Maßnahmen zur Beendigung der Verhaltensweisen nach Art. 101 Abs. 1 AEUV

Schließlich ist fraglich, ob die offene Distanzierung überhaupt als Erfordernis weiter gelten sollte. Obgleich strenge Voraussetzungen an die Anforderung gebunden sind, fehlt eine Maßnahme erkennbar, namentlich die Meldung an eine Kartellbehörde. Dies hat zur Folge, dass selbst bei erfolgreicher Distanzierung, das Kartell insgesamt weiter bestehen könnte. Regelmäßig wird eine Distanzierungshandlung zwar eine Kettenreaktion auslösen und die Beteiligten dazu veranlassen einen Kronzeugenantrag zu stellen. Insbesondere aus Furcht, dass der Distanzierende oder ein anderer Mitkartellant die Distanzierung zum Anlass nimmt, das Kartell bei der Behörde anzuzeigen. Denkbar ist jedoch auch, dass keiner der (vermeintlich) Beteiligten dies anzeigt. Unter Berücksichtigung der Vertragsziele, die ein System unverfälschten Wettbewerbs im Binnenmarkt vorsehen, Art. 3 Abs. 3, 4 EUV,[603] drängt sich die Frage auf, weshalb man einem Unternehmen überhaupt die Möglichkeit überlassen sollte, sich offen zu distanzieren.

Betroffene werden zum Teil die Anzeige nicht in Anspruch nehmen, da sie Konsequenzen auf dem Markt und durch die Wettbewerber befürchten. Die offene Distanzierung gewährleistet die Schaffung einer „Brücke" zurück in den wettbewerbskonformen Raum und sollte vor allem für die Unternehmen möglich sein, die fahrlässig in ein Kartell geraten sind und sich lediglich abwenden möchten, da sie die Inhalte nicht teilen, die das Kartell umsetzen möchte. Es soll noch ein Anreiz bestehen bleiben, dass es die Möglichkeit gibt, die Beteiligung nicht fortzuführen oder gar zu beginnen. Letztendlich wird die Kommission erstreben, dass durch die offene Distanzierung dennoch das sogenannte „Windhundprinzip" ausgelöst wird und sich schnellstmöglich die übrigen Kartellanten bei der Behörde melden. Mittelbar ist daher das Kriterium ein geeignetes Mittel, um sowohl den Wettbewerb insgesamt zu schützen als auch denjenigen zu privilegieren, der sich dem Kartell widersetzt. Des Weiteren sollte angesichts der Anwendung der Beweiserleichterungen auf Seiten der Kommission in Form von Vermutungen und auf der Rechtsfolgeseite die hohen Geldbußen, die durch die Kommission im Zusammenhang

---

603 *Hoffmann*, in: Dauses/Ludwigs, Handbuch des EU-Wirtschaftsrechts, 53. EL 2021, Art. 101, 102 AEUV im Überblick, Rn. 1.

mit Kartellrechtsverstößen verhängt werden, nicht nur eine Möglichkeit bestehen, um die Beteiligung zu widerlegen.

V. Zusammenfassung

Anknüpfend an die Ausarbeitung dieser Arbeit ist ein denkbarer Ansatz, die bisherigen Möglichkeiten, anders als bislang durch die Kommission und die Unionsrechtsprechung verlangt wurde, anzuwenden. Insoweit sollte die Abwendung von einem etablierten Kartell strengere Voraussetzungen mit sich bringen, als bei der Fallgruppe, die aufgrund der Vermutung nach Teilnahme an einer wettbewerbswidrigen Zusammenkunft, eine Beteiligung annimmt. In der Anwendung sollte dies bedeuten, dass die Anforderungen zwischen der ersten und zweiten Fallgruppe sich umkehren. Das heißt, dass für die Abkehr aus einem etablierten Kartell die offene Distanzierung eine Notwendigkeit sein sollte, auch wenn hier nicht der Rechtsschein der Teilnahme beseitigt werden muss, wohingegen die Anforderungen an die Abwendung nach Teilnahme an einer wettbewerbswidrigen Sitzung nicht so restriktiv sein müssen, wie bei der Abkehr aus dem etablierten Kartell. Das ist vor allem deshalb sachgerecht, da auch derjenige, der nie an einem Kartell beteiligt war, selbst im informellen Rahmen in die Situation geraten kann, dass sich Wettbewerber plötzlich über wettbewerbswidrige Inhalte austauschen möchten. Ein Nachweis über eine offene Distanzierung dürfte anschließend schwierig sein. Dem Unternehmen muss es daher möglich bleiben, plausibel zu erklären, weshalb seine Anwesenheit andere Gründe hatte und es die Inhalte nicht teilte. Des Weiteren sollte die offene Distanzierung nach diesem Ansatz nicht nur zwingend auf die Situation angewendet werden, wenn ein Unternehmen später austreten möchte, sondern die Voraussetzungen müssen sich auch im Einzelnen unterscheiden. Vor dem Hintergrund, dass bereits in Vollzug gesetzte Kartelle Absprachen umsetzten, die sich somit auf dem Markt ausgewirkt haben oder sich wenigstens potentiell auswirken, sollte diese Fallgruppe den Nachweis über ein autonomes Verhalten vorbringen, da dies die einzige Möglichkeit darstellt, dass erstens die Informationen nicht mehr berücksichtigt werden und zweitens den Auswirkungen auch tatsächlich entgegengewirkt wird.

Ein weiterer vertretbarer Ansatz wäre, statt der offenen Distanzierungen, Anforderungen zu stellen, die nur an die Auswirkungen am Markt anknüpfen. Dann müsste nur ein autonomes Verhalten der Unternehmen nachgewiesen werden. Das wohl wichtigste Argument, welches für eine solche Vorgehensweise spricht, dürfte die Entscheidungspraxis der Kommission und Unionsrechtsprechung selbst sein. Diese ließen insoweit bereits Fälle zu, die sich durch ein anderweitiges Verhalten am Markt distanzieren konnten, ohne die weiteren Voraussetzungen der offenen Distanzierung zu erfüllen bzw. nachzuweisen.

Eine Kündigung des Kartellvertrages dürfte insbesondere deshalb hinfällig sein, da diese sich mit den Anforderungen der offenen Distanzierung überschneidet und die Kündigung eines nichtigen Vertrages (vgl. Art. 101 Abs. 2 AEUV) obsolet ist. Auch für eine Vereinbarung, die darauf gerichtet wäre, gegenseitige Vorteile herbeizuführen, indem sie zum einen den schriftlichen Nachweis einer offenen Distanzierung erbringt und auf der Kartellantenseite dazu führen soll, dass über das Kartell Schweigen geboten wird, ist zu konstatieren, dass solch eine Vereinbarung tatsächlich nie zustande kommen würde. Die Kartellanten würden ein zu hohes Risiko eingehen, dass das distanzierende Unternehmen dennoch eine Anzeige erstattet und schließlich ein schriftlicher Nachweis darüber existiert, dass sie Zuwiderhandlungen begangen haben.

Der letzte Ansatz wäre, die offene Distanzierung gänzlich abzuschaffen und nur eine Anzeige bei den Behörden zu verlangen. Dagegen spricht jedoch, dass bei der Distanzierung eines Unternehmens ohnehin davon ausgegangen werden kann, dass die Handlung in der Anzeige bzw. in der Stellung von Kronzeugenanträgen endet. Ferner sollte insbesondere auf Verfahrensebene nicht nur eine Möglichkeit bestehen, um die Vermutungen, die als Beweiserleichterungen für die Kommission fungieren, zu widerlegen. Es soll ein Anreiz verbleiben, sich von einem Kartell wieder abzuwenden bzw. eine Begründung der Kartellteilnahme gänzlich zu widerlegen.

E. Ergebnisse in Thesenform

1. Es gibt zwei Anknüpfungspunkte, bei denen die Distanzierungshandlungen zur Anwendung kommen können. Zum einen kann der Fall vorliegen, dass der Betroffene sich bei der Begründung des Kartells bereits abwenden möchte. Dabei ist insbesondere die Vermutung maßgeblich, dass ein Unternehmen, welches an einer wettbewerbswidrigen Zusammenkunft teilnimmt, an den Inhalten und somit am Kartell beteiligt sei. Zum anderen könnte bereits ein etabliertes Kartell bestehen, von dem sich der Kartellant abwenden möchte. Dabei behilft sich die Kommission in der Regel der Rechtsfigur der einheitlichen und fortgesetzten Zuwiderhandlung, die eine Zusammenfassung von Zuwiderhandlungen zur Folge hat.
2. Die Widerlegung der Vermutung der Kartellbeteiligung nach der Teilnahme an einer wettbewerbswidrigen Sitzung führt dazu, dass sich der Betroffene gänzlich von der kartellrechtlichen Verantwortlichkeit abwendet. Der Nachweis der Kommission über den Verstoß gegen Art. 101 Abs. 1 AEUV wird somit widerlegt. Eine Distanzierung aus einem etablierten Kartell dient dem Zweck, die Beteiligung zeitlich einzugrenzen, um den Beteiligungszeitraum zu fixieren.
3. Die maßgeblichen Mittel, um sich von einem Kartell abzuwenden sind die offene Distanzierung und die Anzeige als Unterfall der offenen Distanzierung. Weiterhin findet die Widerlegung durch Erbringung von objektiven Indizien für die Abwendung von einem Kartell in der Literatur Erwähnung. Im Rahmen der Auswertung und der Systematisierung der Kommissionspraxis und der Unionsrechtsprechung wird deutlich, dass allein die offene Distanzierung maßgeblich ist.
4. Die offene Distanzierung diente in ihren Anfängen in der Kommissionspraxis und der Unionsrechtsprechung primär dazu, die Vermutung zu widerlegen, dass der Teilnehmer an einer wettbewerbswidrigen Sitzung Kartellbeteiligter ist. Heute findet sie oftmals Anwendung zur Widerlegung der einheitlichen und fortgesetzten Zuwiderhandlung im Rahmen des etablierten Kartells.
5. Das Kriterium war zunächst ein angewandtes Konzept, welches mit der Begründung in Erscheinung trat, dass den anderen Teilnehmern der Sitzung der Eindruck vermittelt wird, dass den wettbewerbswidrigen Inhalten zugestimmt wird. Insbesondere durch die Unionsrecht-

sprechung kam es seit der Polypropylen-Entscheidung in den 1980ern zu Konkretisierungen der Anforderung. Nunmehr lässt die Auswertung erkennen, dass die offene Distanzierung regelmäßig angewendet wird und sich daher als Rechtsfigur in der Anwendungspraxis der Kommission und der Rechtsprechung eingefügt hat.

6. Trotz der Entwicklung durch die Unionsrechtsprechung ist die Anforderung der offenen Distanzierung nicht vollständig entwickelt. Tatsächlich hatte der Distanzierungseinwand durch die Unternehmen bisher fast nie Erfolg. Als einziger erfolgreicher Fall ist hier eine Entscheidung im Rahmen des Zement-Kartells zu nennen, wobei die Distanzierung hier nicht im Umfang, der durch die Kommission und die Unionsrechtsprechung konkretisierten Form, zur Anwendung kam. Vielmehr genügte dem EuG eine Abkehr des Verhaltens zur Kartellabsprache, obwohl dies sonst durch die Gerichte als nicht ausreichend angesehen wurde. Die wesentliche Begründung lag diesbezüglich im Verständnis des Empfängerhorizontes.
7. Die Rechtsfigur der offenen Distanzierung ist sowohl der materiellen Ebene als auch der Verfahrensebene zuzuordnen. Die Gerichte verwenden in ihren Urteilen die Formulierung, dass eine Beteiligung an einem Kartell vorliege, wenn Vereinbarungen getroffen wurden und sich die Teilnehmer nicht offen distanzieren. Aus Sicht der Betroffenen ist das Instrument jedoch noch wichtiger für die Verfahrensebene, da der Nachweis der Distanzierungshandlung die Anforderung zur Widerlegung der Vermutung ist. Insgesamt ist zu konstatieren, dass eine enge Verflechtung zwischen den Ebenen gegeben ist, so dass die Auswirkungen der Rechtsfigur nicht isoliert betrachtet werden können bzw. sich gegenseitig bedingen.
8. Bei der Überprüfung, wie die Verhaltensweise i.S.d. Kartellverbotes beendet werden kann, kommt die Arbeit zu dem Ergebnis, dass die Negation des Tatbestandsmerkmals der Vereinbarung nicht den Anforderungen an eine Abkehr von einem Kartell genügt. Die Rückgängigmachung der Ursprungshandlung (actus-contrarius) ist daher nicht möglich. Durch die Kommission und die Unionsrechtsprechung wird ein „Mehr" verlangt. Insoweit ist eine offene Distanzierung oder eine Anzeige bei den Kartellbehörden notwendig; in einem Fall genügte die Widerlegung durch objektive Indizien, um die Verhaltensweisen des Art. 101 Abs. 1 AEUV zu beenden.
9. Die Rechtsfigur ist im Unionsrecht nicht gesetzlich verankert und lässt sich auch nicht mithilfe der anerkannten Auslegungsmethoden, die hier anhand von Art. 101 Abs. 1 AEUV überprüft wurden, entnehmen.

Da auch im EU-Recht zwischen gesetzesimmanenter und gesetzesübersteigender Rechtsfortbildung unterschieden wird, wurde die offene Distanzierung vielmehr in gesetzesübersteigender Rechtsfortbildung entwickelt, da keine gesetzliche Anknüpfung für die Rechtsfrage, wie sich ein Unternehmen von der Verantwortlichkeit des Kartellverbotes wieder entziehen kann, gegeben ist.

10. Die offene Distanzierung wird teilweise als Teil der Vereinbarung in Form einer passiven Komplizenschaft verstanden. Aufgrund der Voraussetzungen, die über das bloße Rückgängigmachen der Vereinbarung hinausgehen, kommt die Arbeit zu dem Schluss, dass die Qualifizierung als Teil der Vereinbarung i.S.d. Art. 101 Abs. 1 AEUV zu weit geht. Es handelt sich daher nicht um ein (ungeschriebenes) Tatbestandsmerkmal.
11. Relevant wird die Anforderung in einem Stadium, in dem die kartellrechtliche Verantwortlichkeit bereits begründet wurde. Die Unionsgerichte bezeichnen die offene Distanzierung sogar teilweise als Haftungsausschließungsgrund. Die Anforderung ähnelt daher einem Rücktrittsrecht. Es ist demnach sachgerecht, die offene Distanzierung als eigenes Konzept nach Vorliegen des Tatbestandes des Art. 101 Abs. 1 AEUV und nicht als Bestandteil der Vereinbarung des Kartellverbotes zu qualifizieren. Schließlich ist die offene Distanzierung eine Anforderung an die Unternehmen im Rahmen des Beweisrechts zur Abwendung von einem Kartell.
12. Das Erfordernis der offenen Distanzierung als Anforderung ist grundsätzlich gerechtfertigt. Es ist festzustellen, dass weder eine Tatbestandsausweitung noch eine Schaffung von rechtswidrigen Voraussetzungen vorliegt. Im Grunde knüpft die Anforderung direkt an das Primärrecht an, namentlich an die Umkehrung der Tatbestandsmerkmale „Bewirken“ und „Bezwecken“, so dass weder eine Unzulässigkeit gegeben noch eine Normierung erforderlich ist.
13. Der Vorwurf an den Kartellanten ist das Vorliegen einer bewirkten oder bezweckten Verhaltensweise. Wird unterstellt, dass die Tatbestandsmerkmale Bewirken und Bezwecken das positive Merkmal, also das Vorliegen bzw. das Erfüllen der Voraussetzung innehaben, dann hat das Tatbestandsmerkmal ebenfalls das Nichterfüllen inne. Dies bedeutet, dass die offene Distanzierung das Nichtvorliegen dieser Tatbestandsmerkmale herbeiführen möchte. Dabei knüpft sie entweder an das Nichterfüllen einer inneren Zielrichtung, den Zweck der Absprache (Bezwecken) oder eine äußere Zielrichtung, um die Widerlegung von tatsächlichen und potentiellen Auswirkungen (Bewirken)

herbeizuführen, an. Daraus folgend lässt sich im Ergebnis feststellen, dass das Erfordernis des Nichterfüllens einer bewirkten oder bezweckten Verhaltensweise die Anforderungen an die offene Distanzierung erklärt und rechtfertigt und deshalb mehr Voraussetzungen als das bloße Negieren der Verhaltensweise verlangt werden.

14. Die Anforderung ist geeignet, effektiv den Wettbewerbsschutz durchzusetzen, da es einerseits zur Schwächung oder Zerschlagung eines Kartells führt, indem der einzelne die Fortführung der Beteiligung beenden kann und andererseits der Stärkung eines redlichen Wettbewerbs dient, indem es an Zweck und Wirkung anknüpft und das Nichtvorliegen herbeiführen soll. Zudem gibt die Möglichkeit zur Distanzierung einen Anreiz seine Beteiligung zu beenden, um diese gänzlich abzuwenden oder zumindest zeitlich zu fixieren.
15. Trotz der strengen Voraussetzungen der offenen Distanzierung, ist die Rechtsfigur verhältnismäßig. Als Mittel zur Abwendung der kartellrechtlichen Verantwortlichkeit darf das Kriterium nicht zu niedrige Anforderungen haben, damit Unternehmen den Eintritt in ein Kartell nicht als möglich erachten. Die Beteiligten haben sich durch das Treffen selbst dem Risiko einer Sanktion für wettbewerbswidriges Verhalten ausgesetzt. Zudem steht als weiteres Mittel die Anzeige bei den Kartellbehörden zur Verfügung und erscheint dagegen sogar als milderes Mittel, da keine weitere Instanz (hier: die Behörde) mit einbezogen werden muss. Außerdem ist es vertretbar, wenn ein Unternehmen seine ablehnende Haltung kundtun muss, falls es tatsächlich dieser Ansicht folgt und keinen Kartellverstoß begehen möchte.
16. Gleichwohl sollte die Anforderung der offenen Distanzierung in ihren einzelnen Voraussetzungen angesichts des Bestimmtheitsgrundsatzes und dem Grundsatz der Vorhersehbarkeit präzisiert werden, um dadurch mehr Rechtssicherheit zu schaffen. Die enge Auslegung spricht dafür, dass keine willkürliche Anwendung durch die Gerichte verfolgt werden soll. Da jedoch durch die Unionsrechtsprechung bislang keine vollständige Konkretisierung erfolgt ist, ist die offene Distanzierung durch die Unternehmen nicht vollständig bestimmbar.
17. Wird das Erfordernis der offenen Distanzierung auf der Verfahrensebene gewürdigt, dann lässt sich feststellen, dass eine Einordnung im Rahmen des Beweismaßes vorzugswürdiger ist. Danach dienen die Anforderungen an die offene Distanzierung dem Grad der Überzeugung, der erforderlich ist, um eine Widerlegung anzunehmen. Die Kommission legt Beweise und Indizien dar, die für die Vermutungen notwendig sind und schließlich den Nachweis der Zuwiderhandlung nach

Art. 101 Abs. 1 AEUV erleichtern. Sodann muss das Unternehmen widerlegen, dass es am Kartell beteiligt ist. Es handelt sich um ein Wechselspiel der Darlegungslast. Das „Wie“, also das Widerlegen durch den Nachweis einer offenen Distanzierung, ist hingegen vielmehr Teil des Beweismaßes. Schließlich kann jedoch diese Einordnung dahinstehen, da es im Ergebnis unerheblich ist, an welcher Stelle die offene Distanzierung als vermeintlich unzulässig erachtet wird. Dabei ist die Problematik entweder als unzulässige Beweislastumkehr oder als unzulässige Erhöhung des Beweismaßes zu diskutieren.

18. Wenngleich die offene Distanzierung als unverzichtbares Beweismittel im Bereich der Teilnahme an einer wettbewerbswidrigen Sitzung bezeichnet wird, liegt kein Fall einer unzulässigen Anwendung im Beweisrecht vor. Es kann keine allzu große Hürde sein, den anderen Teilnehmern mitzuteilen, dass es sich von den Inhalten distanzieren möchte, sofern diese Ansicht tatsächlich geteilt wird. Auf materieller Ebene ist die Tatsache, dass sich Wettbewerber treffen und zusätzlich über kartellrechtswidrige Inhalte sprechen, ein so gewichtiges Indiz, dass die Kommission mit einer hinreichenden Wahrscheinlichkeit davon ausgehen kann, dass die Anwesenden beteiligt sind. Aufgrund der Verflechtung der materiellen und der Verfahrensebene ist es daher erforderlich, den Nachweis der offenen Distanzierung zu verlangen, damit die Widerlegung keine Zweifel zulässt.
19. Vor dem Hintergrund der dogmatischen Einordnung der offenen Distanzierung als Instrument, welches zur Entkräftung der durch die Kartellbehörde bewiesenen Tatbestandsmerkmale des Art. 101 Abs. 1 AEUV dient und an den Zweck und die Wirkung der Maßnahme anknüpft, kommt die Arbeit zu dem Ergebnis, dass die durch die Kommissionspraxis und die Unionsrechtsprechung gestellten einzelnen Voraussetzungen in eine innere Zielsetzung: (1) offenes und unzweideutiges Distanzieren von den Inhalten, (2) den anderen gegenüber, (3) kein widersprüchliches Verhalten, (4) Unverzüglichkeit (5) kollusiven Prozess beenden und einer äußeren Zielsetzung: (1) Fortwirkung beseitigen, (2) Autonomes Verhalten, unterteilt werden können.
20. Die Vermutung der Kartellbeteiligung gilt erst nach Teilnahme an einer Sitzung mit wettbewerbswidrigem Inhalt, daher ist dies als Ausgangslage zunächst erforderlich. Die Überprüfung des wettbewerbswidrigen Inhalts sollte zeitlich dann vorverlagert werden, sobald bei Einladungen, E-Mails oder o.ä. bereits Maßnahmen und Themen erkennbar sind, die auf kartellrechtswidrige Inhalte verweisen, da an-

sonsten schon zu diesem Zeitpunkt das Selbständigkeitspostulat als wichtiger Grundsatz des Art. 101 Abs. 1 AEUV eingeschränkt wird.

21. Unter „Zweck" sind nicht bezweckte Inhalte i.S.d. Art. 101 Abs. 1 AEUV zu verstehen. Dies würde dem Tatbestand des Kartellverbotes, der ausdrücklich bezweckte und bewirkte Wettbewerbsbeschränkungen erfasst, zuwiderlaufen. Teilweise wird auch von einem „offensichtlich" wettbewerbswidrigen Zweck gesprochen. Auch diesbezüglich kommt die Arbeit zu dem Ergebnis, dass der Begriff im Hinblick auf bloß bewirkte Wettbewerbsbeschränkungen kritisch betrachtet werden muss. Dafür spricht, dass die jüngste Unionsrechtsprechung den Begriff erst gar nicht verwendet.
22. Die offene Distanzierung richtet sich nach dem Empfängerhorizont. Somit wird darauf abgestellt, wie die anderen Kartellbeteiligten die (Distanzierungs-)Handlung auffassen dürfen. Als Lösung für die Beurteilung des wettbewerbswidrigen Inhalts wird daher vorgeschlagen, ebenfalls auf den durchschnittlichen Empfängerhorizont abzustellen. Zu beachten ist, dass sich auf solchen Sitzungen ausschließlich Vertreter von konkurrierenden Unternehmen, die mit der Thematik einer rechtswidrigen Verhaltensweise grundsätzlich vertraut sein sollten, befinden. Daher ist von einer höheren Sensibilität hinsichtlich des Erkennens des wettbewerbswidrigen Inhalts auszugehen, als dies bei einem Laien der Fall wäre.
23. Sich offen und unzweideutig vom Inhalt zu distanzieren bedeutet, dass eine ablehnende Haltung kundgetan werden muss und der Maßstab für das Verständnis der Handlung der Empfängerhorizont ist. Eine zusätzliche Schriftlichkeit ist zwar nicht erforderlich, ist jedoch im Hinblick auf eine erhöhte Beweiskraft geboten.
24. In Bezug auf die anfängliche und gänzliche kartellrechtliche Abwendung liegt kein Verstoß gegen das aus Art. 48 GRC abgeleitete Geständnisverweigerungsrecht als eingeschränkte Form des Selbstbelastungsverbotes vor, da das Unternehmen behauptet, keinen Verstoß begangen zu haben und nicht am Kartell beteiligt zu sein. Bei einer Abwendung aus einem etablierten Kartell sollte es im Hinblick auf das Geständnisverweigerungsrecht ausreichen, wenn sich das Unternehmen allgemein und ohne konkrete Verstöße zugeben zu müssen, von den Inhalten distanziert. Zwar kommt es nur auf eine zeitliche Eingrenzung der Verantwortlichkeit an, so dass offensichtlich eine wettbewerbsrechtliche Verantwortlichkeit besteht, dennoch trägt die Kommission aufgrund der allgemeinen Beweislastverteilung nach Art. 2 Verordnung 1/2003 die Beweislast hinsichtlich der Verstöße. Der

Kommission ist es dann jedoch erlaubt, Unterlagen herausverlangen zu können, die Gegenstand und Ergebnisse der Treffen darlegen. Ein Zwang zum Geständnis durch das Unternehmen ist jedoch weiterhin nicht zulässig.

25. Was unter „andere“ zu verstehen ist, wenn die Kommission und die Gerichte „eine offene Distanzierung gegenüber den anderen“ verlangen, ist nicht konkretisiert. Insoweit ist der Begriff „öffentlich“ jedenfalls falsch, als das Jedermann im Rahmen einer Veröffentlichung informiert werden muss.
26. Auch wurde festgestellt, dass mangels Konkretisierung und aufgrund der hohen Anforderungen an die offene Distanzierung der (weite) Unternehmensbegriff von Art. 101 Abs. 1 AEUV zu berücksichtigen ist. Dies hat zur Konsequenz, dass das zu distanzierende Unternehmen alle Rechtspersönlichkeiten informieren muss, die innerhalb eines Unternehmens rechtlich und wirtschaftlich verbunden sind. Von einer Unzumutbarkeit ist allerdings nicht auszugehen, da weiterhin die Anzeige als Wahlmöglichkeit zur Verfügung steht, sofern das Unternehmen der Ansicht ist, es könnte diese Voraussetzung nicht erfüllen.
27. Vorgeschlagen wird im Rahmen der Arbeit, den Unternehmensbegriff auch zugunsten des distanzierenden Unternehmens anzuwenden. Für das abkehrende Unternehmen sollte es beispielsweise auch möglich sein, eine Muttergesellschaft zu informieren, womit durch die Zusammenfassung als wirtschaftliche Einheit auch die beteiligten Tochtergesellschaften erfasst wären. Obwohl die wirtschaftliche Einheit ein haftungsrechtliches Konstrukt ist, spricht die enge Verknüpfung zwischen materieller Ebene und Verfahrensebene des Kriteriums für die Anwendung der offenen Distanzierung.
28. Eine zeitliche Einschränkung sollte dahingehend bestehen, dass diejenigen vom Beteiligten informiert werden müssen, die im Zeitraum der eigenen Kartellbeteiligung bis zur Distanzierungshandlung beteiligt waren. Andernfalls kann dieses Erfordernis unmöglich werden, wenn der Kartellant nicht alle in der Vergangenheit und in der Zukunft Beteiligten kennt.
29. Die Erklärung muss dem Unternehmensträger als Rechtssubjekt und somit als Träger von Rechten und Pflichten zugehen. Tatsächlich wird dies gegenüber einer natürlichen Person erfolgen, welche dem Unternehmensträger als Erklärungsempfänger zugerechnet wird. Es ist jedoch auch hier nicht geklärt, welcher Person konkret die Erklärung zugehen muss, damit die offene Distanzierung dem Unternehmensträger zugerechnet werden kann.

30. Das Unternehmen darf sich nicht widersprüchlich verhalten und weiter an Sitzungen teilnehmen. Andernfalls fehlt es aus Sicht der Erklärungsempfänger an der Glaubwürdigkeit und eine offene Distanzierung schlägt fehl.
31. Ein unverzügliches Distanzieren sollte auf den Sitzungen erfolgen, sobald der Vertreter des Unternehmens erkennt, dass eine Sitzung mit wettbewerbswidrigem Inhalt vorliegt. Ohne das Erfordernis wäre es ansonsten möglich, sich zunächst bewusst Informationen geben zu lassen und dann am Ende der Sitzung zu entscheiden, ob das Unternehmen sich distanzieren möchte oder nicht.
32. Erhält das Unternehmen lediglich Informationen, dann muss es im Sinne der offenen Distanzierung genügen, wenn diese wettbewerbswidrigen Inhalte denunziert werden. Wenn eigene Informationen Gegenstand der Absprachen sind, müsste es auch in diesem Fall reichen, sich offen von dem selbst Gesagten zu distanzieren und dies deutlich kundzutun. Im Hinblick auf das Geständnisverweigerungsrecht (Art. 48 GRC) muss es sogar ausreichen, wenn das betreffende Unternehmen sich nur von den Inhalten der Sitzung im Allgemeinen löst und nicht die eigenen preisgegebenen Informationen konkret darlegt und einen Verstoß zugibt. Es könnte allerdings sein, dass die Kommission Unterlagen herausverlangt, die Ergebnisse der Sitzung wiedergeben. Dies rührt daher, dass der Grundsatz aus Art. 48 GRC gegenüber Unternehmen nur eingeschränkt gilt. Gleichwohl braucht es selbst keine Informationen zu schildern und sich dadurch selbst zu belasten.
33. Bei der Würdigung der Voraussetzungen kommt die Arbeit ferner zu dem Schluss, dass das Fortwirken der Absprache durch den Beteiligten nicht beseitigt werden muss. Das Fortwirken eines einzelnen Beitrags kann sich nicht bestimmen lassen, sondern nur das vom ganzen Kartell, so dass Fortwirkungen so lange bestehen können, solange das Kartell noch im Gesamten Bestand hat. Wäre eine erfolgreiche Distanzierung somit nur möglich, wenn alle anderen die Absprache beenden, dann würde die offene Distanzierung leerlaufen. Darüber hinaus ist die Beseitigung der Fortwirkung auch tatsächlich unmöglich, da konkret festgestellt werden müsste, bis wann und in welchem Ausmaße Nachlaufeffekte auftreten.
34. Distanziert sich ein Unternehmen offen von den Inhalten der Sitzung, behält die Preise jedoch entsprechend der Kartellabsprache bei oder passt diese sogar dementsprechend an, dann geht die Kommission davon aus, dass das Unternehmen nur scheinbar nicht mehr am Kartell beteiligt ist und möglicherweise sogar weiterhin Informationen erhält.

Demnach erfüllt ein Unternehmen die Anforderung an den Nachweis eines autonomen Verhaltens auf dem Markt nur, wenn es eine andere Strategie auf dem Markt verfolgt. Die Kommissionsentscheidung zum Karton-Kartell kommt hingegen nicht zu dem Ergebnis, dass Fortwirkungen des Kartells beseitigt werden müssen.

35. Das Erfordernis für eine Pflicht zum Wettbewerb ist zulässig, wenn das Unternehmen Informationen erhalten hat oder sogar an den Absprachen beteiligt war. Das erlangte Wissen kann gewissermaßen nicht mehr rückgängig gemacht werden und daher ist es nahezu ausgeschlossen, dass ein Unternehmen die Informationen unberücksichtigt lässt. Das autonome und gegebenenfalls entgegengesetzte Verhalten am Markt ist somit die einzige Möglichkeit, um bei der Kommission den Anschein zu erwecken, dass das Unternehmen die Informationen nicht (mehr) berücksichtigt.
36. Das Erfordernis des autonomen Verhaltens sollte nur dann bestehen, wenn ein Kartell bereits in Vollzug gesetzt ist, da es in dieser Konstellation sehr wahrscheinlich ist, dass bereits Wirkungen auf dem Markt aufgetreten sind. Bei der Anknüpfung an die Widerlegung des Bewirkens muss nicht nur die Handlungsfreiheit innerhalb des Kartells wiederhergestellt, sondern auch den äußeren Auswirkungen auf dem Markt entgegengewirkt werden, um die Nichterfüllung des Merkmals des Bewirkens herbeizuführen. Dies ist durch autonomes Verhalten möglich.
37. Bei Vertikalvereinbarungen ist die offene Distanzierung nicht immer umsetzbar. Grundsätzlich ist es Herstellern erlaubt UVP gegenüber den Händlern auszusprechen. Dabei muss der Hersteller ausdrücklich klarstellen, dass der Händler sich nicht an den Preis halten muss. Sollte der Händler der UVP zustimmen, dann liegt ein Verstoß gegen das Kartellverbot vor. Gleichwohl hat sich der Hersteller zulässig verhalten und kann sich nicht von seiner unverbindlichen Empfehlung distanzieren. Die Distanzierung könnte so ausgestaltet sein, dass er nochmal klarstellt, dass es sich um eine UVP handelt und dass er sich von der Zustimmung des Händlers distanziert. Wird hingegen nachgewiesen, dass es sich nur scheinbar um eine UVP handelte und der Hersteller Druck ausgeübt hat, so dass die vermeintliche Preisempfehlung umgesetzt wird, dann müssen die Anforderungen der offenen Distanzierung vorliegen. Die Distanzierung erfolgt gegenüber den Händlern. Durch die Abkehr von der eigenen UVP ist auch die Anforderung an das autonome Verhalten erfüllt. Würde man hingegen eine öffentliche Abwendung verlangen, dann läge ein Verstoß gegen das Geständnisver-

weigerungsrecht vor. Da der Hersteller öffentlich einen Kartellverstoß zugeben müsste.

38. Erlangt ein Unternehmen ohne Zutun Informationen auf einer Sitzung und distanziert sich nicht, dann liegt eine abgestimmte Verhaltensweise i.S.d. Kartellverbotes vor. In der Literatur stößt die Vorgehensweise auf Kritik. Gleichwohl liegt in der Teilnahme konkret der wesentliche Unterschied zu einer Ankündigung in der Öffentlichkeit. Denn die Vertreter gehen bewusst das Risiko ein, ihre Konkurrenten zu treffen. Im Gegensatz zu einer Ankündigung in einer Zeitung soll die Information tatsächlich die anwesenden Teilnehmer erreichen und nicht auch den Verbraucher, wie es bei einer öffentlichen Ankündigung der Fall wäre. Somit liegt hier offensichtlich ein wettbewerbswidriger Zweck vor und rechtfertigt die anderweitige Bewertung.
39. Die offene Distanzierung muss auch im Rahmen der abgestimmten Verhaltensweise spätestens dann erfolgen, wenn der Vertreter des Unternehmens erkennt, dass es sich um eine Sitzung mit wettbewerbswidrigem Zweck handelt.
40. Das *Eturas*-Urteil ist ein Ausnahmeurteil. Aus Sicht der Gerichte gilt auch weiterhin für die Beendigung von abgestimmten Verhaltensweisen zur Abwendung der gänzlichen Verantwortlichkeit, dass eine offene Distanzierung erforderlich ist. Im Fall *Eturas* lag entgegen der bisherigen Rechtsprechung ein Sachverhalt vor, bei dem die Abstimmung durch einen Dritten initiiert wurde und bei dem keiner aktiv beteiligt sein wollte. Zudem handelte es sich um eine „digitale Abstimmung“ bei der im Zweifel keiner der (vermeintlichen) Teilnehmenden wusste, wer an dem System beteiligt war. Der EuGH war daher gezwungen, eine flexible Lösung für diesen neuen Sachverhalt zu finden und sah deshalb ausnahmsweise von der offenen Distanzierung ab.
41. Es ist zwar auch die Widerlegung der Kausalität bei der abgestimmten Verhaltensweise möglich, wodurch es im Ergebnis auch zu einer Beendigung kommt, allerdings ist dies keine echte Alternative bzw. kein Unterfall der offenen Distanzierung, sondern eine Möglichkeit, die durch den Tatbestand selbst gegeben ist und sich nicht, wie die offene Distanzierung, als Instrument zur Abwendung vom Tatbestand entwickelt hat.
42. Bei Beschlüssen ist die Anwendung der Rechtsfigur der offenen Distanzierung nicht möglich. Das einzelne Mitglied der Unternehmensvereinigung ist kein Adressat des Art. 101 Abs. 1 AEUV. Die Unternehmensvereinigung kann sich wiederum nicht distanzieren, da durch die

Mitgliederversammlung oder das Organ der Beschluss verbindlich in ihr gefasst wurde.

43. Die Möglichkeit einer Normierung der offenen Distanzierung im Kartellverfahren hat der europäische Gesetzgeber in Art. 23 Verordnung 1/2003 bewusst unterlassen. Es handelt sich um unterschiedliche Anwendungsbereiche. Die offene Distanzierung soll die einzelne Zuwiderhandlung beenden, während es bei Art. 23 VO 1/2003 für die Mitglieder um eine Ausfallhaftung geht, da diese keine Adressaten des Kartellverbots sind, gleichwohl in Anspruch genommen werden sollen. Auf der anderen Seite soll ihnen auch eine Privilegierung zugutekommen, wenn sie sich ablehnend gezeigt haben.
44. Der Gleichlauf von einigen Voraussetzungen der aktiven und der offenen Distanzierung liegt darin begründet, dass es in beiden Fällen zu einer Abwendung kommt. Zwar handelt es sich im Fall der aktiven Distanzierung um eine Abwendung der Sanktionen und Einstandspflichten und bei der offenen Distanzierung um eine Abwendung des Tatbestandes, gleichwohl ist es sachgerecht, in beiden Fällen strenge Voraussetzungen zu fordern. Es überrascht daher nicht, dass sich die Anforderungen ähneln.
45. Es handelt sich um keine vergleichbare Interessenlage zwischen der abgestimmten Verhaltensweise und Vereinbarung auf der einen Seite und dem Beschluss i.S.d. Art. 101 Abs. 1 AEUV auf der anderen Seite. Die Tatbestandsvarianten sind zwar grundsätzlich hinsichtlich der weiteren Voraussetzungen und der Rechtsfolge des Kartellverbotes vergleichbar, dennoch unterliegt der Beschluss einem anderen Ansatz. Der Beschluss wurde als Umgehungsverbot geschaffen, zudem setzt der Beschluss von Unternehmensvereinigungen bereits voraus, dass eine Vereinbarung durch Satzung, zum Beispiel zwischen Unternehmen, bereits besteht. Der Beschluss unterliegt daher anderen Prozessen und die Nichtanwendbarkeit der offenen Distanzierung könnte sich daher aus der nicht vergleichbaren Interessenlage begründen.
46. Die Anzeige als Distanzierungshandlung ist durch die Rechtsprechung noch weniger entwickelt und konkretisiert als die offene Distanzierung und birgt daher zum jetzigen Zeitpunkt noch gewichtige Rechtsunsicherheit. Unklar ist insbesondere, ob ein Gleichlauf zum Beispiel zur Kronzeugenregelung geboten ist. Aus diesem Grund ist nur die offene Distanzierung Gegenstand der Entscheidungen.
47. Vorrangig geht es bei der Distanzierung durch die Anzeige um die Beendigung der verbotenen Verhaltensweise, so dass das Instrument

nicht mit der Kronzeugenregelung gleichzusetzen ist. Es sollten daher auch nicht die gleichen Voraussetzungen gefordert werden.

48. Es wird im Rahmen der Arbeit vorgeschlagen, dass die Anforderungen an den Marker gelten sollten, ohne im Nachhinein einen Kronzeugenantrag stellen zu müssen. Damit würde der Beteiligte sich entweder gänzlich abwenden oder seine kartellrechtliche Verantwortung zeitlich eingrenzen können. Gleichzeitig könnte er dazu beitragen, auf Seiten der Kommission die Verhinderung eines Kartells zu fördern, ohne dass das zu distanzierende Unternehmen gezwungen ist, volle Kooperationsbereitschaft zu zeigen. Bei der Abwendung von einem etablierten Kartell ist die (Selbst-)Anzeige nicht praxisrelevant, es wird stets zu einem Kronzeugenantrag kommen, da das Unternehmen mit der Festsetzung eines Bußgeldes rechnen muss und versuchen wird, in den Genuss des Kronzeugenprivilegs zu gelangen.
49. Einige Anforderungen der offenen Distanzierung, wie zum Beispiel nicht weiterhin an Sitzungen teilzunehmen, müssen auch bei der Anzeige erfüllt werden. Der Anwendungsbereich läuft damit zwar teilweise leer, da die Voraussetzungen sich überschneiden. Ein Unternehmen, welches Anzeige erstattet hat, würde sich jedoch ohnehin wettbewerbskonform verhalten, da es durch die Anzeige ins Visier der Behörde gerät. Dieser Aspekt und die mangelnde Präzisierung der Voraussetzungen könnten ein Grund sein, weshalb ausschließlich die offene Distanzierung Gegenstand der Entscheidungen aus der Kommissionspraxis und aus der Unionsrechtsprechung ist.
50. Es handelt sich bei der Beibringung von objektiven Indizien zur Abwendung von einem Kartell im Gegensatz zur Anzeige nicht um einen Unterfall der offenen Distanzierung. Die Beibringung durch objektive Indizien zur Widerlegung ist generell möglich und steht dem Unternehmen zur Verfügung, ohne dass es sich um eine Rechtsfigur handelt, die sich durch Rechtsfortbildung entwickelt und etabliert hat. Die offene Distanzierung hingegen hat genau den Zweck als Anforderung im Beweisrecht zur Abwendung des Kartells zu fungieren. Auch die vorliegend beschriebene Anzeige dient diesem Zweck. Dafür spricht, dass die Voraussetzungen sich überschneiden und dass die Unionsrechtsprechung diese auch ausdrücklich neben der offenen Distanzierung zur Auswahl stellt.
51. Bei einem komplexen Kartell wird aufgrund der einheitlichen und fortgesetzten Zuwiderhandlung ein Gesamtverstoß angenommen, unabhängig davon, ob es sich um Vereinbarungen oder abgestimmte Verhaltensweisen handelt oder ob das betroffene Unternehmen über-

haupt aktiv an der Verhaltensweise beteiligt war. Das Unternehmen kann sich hiervon abwenden, indem es den Gesamtplan zur Verzerrung des Wettbewerbs und alle seine Erscheinungsformen ablehnen muss. Für diese Anwendung spricht, dass sich die Kommission selbst einer Nachweiserleichterung bedient. Auch ohne Erfordernis der offenen Distanzierung ist es unmöglich, dass ein Unternehmen sich von Verhaltensweisen abwendet, die es jedenfalls fahrlässig nicht kennt und die ihm durch die einheitliche und fortgesetzte Zuwiderhandlung zugerechnet werden. Wenn bereits die Kommission nicht in der Lage ist, die einzelnen Verhaltensweisen und Beteiligungen zu charakterisieren, dann muss es auch dem Unternehmen möglich sein, sich von der Verantwortung des Gesamtkartells abzuwenden, indem es sich bloß vom Gesamtplan und dessen verschiedenen Ausrichtungen löst.

52. Es ist nicht zu rechtfertigen, dass bei einer gänzlichen Abwendung von einem Kartell strengere Voraussetzungen gelten als für die Abwendung aus einem bereits etablierten Kartell, auch wenn es im Rahmen dessen nicht mehr zu Treffen gekommen ist. Der Vorwurf ist im zweiten Fall viel höher, da der Beteiligte über Jahre hinweg das Kartell durch Teilnahmen, Absprachen, Organisationen und Umsetzungen unterstützt hat und es bereits mitunter zu Auswirkungen auf dem Markt gekommen ist. Demnach müssten sogar strengere Anforderungen gelten. Die Lösung wäre hingegen die Anknüpfung an das Nichterfüllen des Bewirkens, so dass zur Entkräftung des Merkmals Bewirken, neben den anderen Voraussetzungen der offenen Distanzierung, der Nachweis eines autonomen Verhaltens erfolgen müsste.

53. Ein weiterer vertretbarer Ansatz wäre, anstatt der offenen Distanzierung Anforderungen zu stellen, die nur an den Zweck und an die Auswirkungen am Markt anknüpfen. Dann müsste lediglich ein autonomes Verhalten der Unternehmen nachgewiesen werden. Den Auswirkungen würde so entgegengewirkt werden. Im Gegensatz zu der offenen Distanzierung wäre diese Lösung zudem, jedenfalls für die Fallgruppe des Ausstiegs aus einem etablierten Kartell, in Bezug auf Beschlüsse anwendbar. Auch die Entscheidungspraxis der Kommission und der Unionsrechtsprechung ließ bereits Fälle zu, die sich durch ein anderweitiges Verhalten am Markt distanzieren konnten, ohne die weiteren Anforderungen der offenen Distanzierung zu erfüllen. Somit ist diese Lösung auch praktisch umsetzbar.

54. Eine Kündigung des Kartellvertrages dürfte insbesondere deshalb hinfällig sein, da kein nichtiger Vertrag gekündigt werden kann. Zudem

würden sich die Anforderungen, mit denen der offenen Distanzierung, teilweise überschneiden.

55. Eine Vereinbarung zwischen dem Distanzierenden und den weiteren Kartellanten, die darauf ausgerichtet wäre einerseits den schriftlichen Nachweis darüber zu erbringen, dass sich ein Unternehmen distanziert und die Kartellanten dies akzeptieren sowie andererseits, dass die Kartellanten nicht mit einer Anzeige rechnen müssen, würde tatsächlich nie zustande kommen. Die Kartellanten würden ein zu hohes Risiko eingehen, dass das distanzierende Unternehmen dennoch eine Anzeige erstattet, da selbst eine Vereinbarung keine Garantie für das Schweigen ist. Außerdem wäre dann ein schriftlicher Nachweis darüber existent, dass sie Zuwiderhandlungen begangen haben.
56. Es wäre denkbar, die offene Distanzierung gänzlich abzuschaffen und nur eine Anzeige bei den Behörden zu verlangen. Dagegen spricht jedoch, dass es bei der Distanzierung eines Unternehmens ohnehin sehr wahrscheinlich ist, dass die Handlung in der Anzeige oder in der Stellung von Kronzeugenanträgen mündet. Ferner sollte insbesondere auf Verfahrensebene nicht nur eine Möglichkeit bestehen, um die Vermutungen, die als Beweiserleichterungen für die Kommission fungieren, zu widerlegen. Es sollte ein Anreiz verbleiben, sich von einem Kartell (wieder) abzuwenden.

F. Schrifttumsverzeichnis

Abenhaim, Marc: Public Distancing and Liability in Cartel Cases: Does Distance Lend Enchantment? World Competition 2016, 413 ff.

Bach, Albrecht/Wolf, Christoph: Neue Instrumente im Kartellschadensersatzrecht – zu den Regeln über Offenlegung, Verjährung und Bindungswirkung, NZKart 2017, 285 ff.

Bailey, David/John, Laura: Bellamy&Child, European Law of Competition 2018, (zitiert: Bellamy&Child).

Bailey, David: Single, Overall, Agreement in EU Competition Law, CML Rev. 2010, 473 ff.

ders.: „Publicy Distancing"- Oneself from a Cartel, World Competition 2008, 177 ff.

Bechtold, Rainer/Bosch, Wolfgang/Brinker, Ingo: EU-Kartellrecht, 3. Aufl. 2014 (zitiert: *Bechtold/Bosch/Brinker*, EU-Kartellrecht 2014).

Berg, Werner/Mäsch: Gerald (Hrsg.): Deutsches und Europäisches Kartellrecht, 3. Aufl. 2018 (zitiert: *Bearbeiter*, in: Berg/Mäsch, Kartellrecht).

Böni, Franz/Wassmer, Alex: Anforderungen an Beweismittel und Beweismaß im kartellrechtlichen Verwaltungsverfahren, EWS 2017, 69 ff.

Brei, Gerald: Die einheitliche und fortgesetzte Zuwiderhandlung – eine mehr als fragwürdige Rechtsfigur im Europäischen Kartellrecht, NZKart 2017, 211 ff.

Brettel, Hauke/Thomas, Stefan: Unternehmensbußgeld, Bestimmtheitsgrundsatz und Schuldprinzip im novellierten deutschen Kartellrecht, ZWeR 2009, 25 ff.

Busche, Jan/Röhling, Andreas (Hrsg.): Kölner Kommentar zum Kartellrecht, Europäisches Kartellrecht 2016, Band 3 (zitiert: *Bearbeiter*, in: Kölner Kommentar, Europäisches Kartellrecht 2016).

Bydlinski, Franz: Juristische Methodenlehre und Rechtsbegriff, 2. Aufl. 1991 (zitiert: *Bydlinski*, Methodenlehre und Rechtsbegriff).

Callies, Christian/Ruffert, Matthias (Hrsg.): EUV/AEUV, Das Verfassungsrecht der Europäischen Union mit Europäischer Grundrechtecharta, 5. Aufl. 2016 (zitiert: *Bearbeiter*, in: EUV/AEUV).

Castillo de la Torre, Fernando/Gippini Fournier, Eric: Evidence, Proof and Judicial Review in EU Competition Law 2017 (zitiert: *Castillo de la Torre/Gippini Fournier*, Evidence, Proof and Judicial Review).

Dästner, Moritz: Bestimmtheitsgrundsatz und Schuldprinzip im EU-Kartellbußgeldrecht, 2017 (zitiert: *Dästner*, Bestimmtheitsgrundsatz und Schuldprinzip).

Dauses, Markus/Ludwigs, Mirjana (Hrsg.): Handbuch des EU-Wirtschaftsrechts, 53. Aktualisierung 2021 (zitiert: *Bearbeiter*, in: Dauses/Ludwigs, EU-Wirtschaftsrechts).

de Bronett, Georg-Klaus: Europäisches Kartellverfahrensrecht, 2. Auflage 2012 (zitiert: *de Bronett*, Europäisches Kartellverfahrensrecht).

Dreher, Meinrad: Die komplexe und fortdauernde Zuwiderhandlung im europäischen Kartellrecht, ZWeR 2007, 276 ff.

ders./Hoffmann, Jens: Kartellrechtsverstöße durch Informationsaustausch? WuW 2011, Heft 12, 1181 ff.

Emmerich, Volker/Lange, Knut Werner: Kartellrecht, 15. Auflage 2021, (zitiert: *Emmerich/Lange*, Kartellrecht).

Eufinger, Alexander: Die Begehung eines Wettbewerbsdeliktes durch Empfang eines Rundschreibens, GWR 2016, 307 ff.

Everling, Ulrich: Richterliche Rechtsfortbildung in der Europäischen Gemeinschaft, JZ 2000, 217 ff.

Grabitz, Eberhard/Hilf, Meinhard/Nettesheim, Martin (Hrsg.): Das Recht der Europäischen Union, EUV/AEUV, 74. Aktualisierung – Stand September 2021 (zitiert: *Bearbeiter*, in: Grabitz/Hilf/Nettesheim, 74. EL 2021).

Grafunder, René/Kofler-Senoner, Bernhard: Die Beurteilung vertikaler Preisbindungen durch das deutsche Bundeskartellamt und die österreichische Bundeswettbewerbsbehörde, NZKart 2018, 342 ff.

Geserich, Stephan: Auslegung und Rechtsfortbildung, DStR-Beih 2011, 59 ff.

Grosche, Nils: Rechtsfortbildung im Unionsrecht 2011 (zitiert: *Grosche*, Rechtsfortbildung im Unionsrecht).

Harrer, Alexander: Die Beendigung der Zuwiderhandlung gegen das Kartellverbot des Art. 101 Abs. 1 AEUV 2018 (zitiert: *Harrer*, Die Beendigung der Zuwiderhandlung).

Heinrich, Helge/Eckel, Philip: Distanzierung von kartellrechtswidrigen Absprachen – Aussteigen aber wie? NZKart 2017, 106 ff.

Heyer, Johannes: Systemkonformität der kartellrechtlichen Beurteilung des Informationsaustauschs, NZKart 2013, 99 ff.

Hemler,Caroline: Kartellrecht: Verhältnis zwischen Kronzeugenregelungen auf EU- und mitgliedstaatlicher Ebene; Anmerkung zu EuGH, Urt. v. 20.01.16 – C-428/14, ECLI:EU:C:2016:27 (DHL-Express/Kommission), EuZW 2016, 270 ff.

Immenga, Ulrich/Mestmäcker, Ernst-Joachim (Hrsg.): Wettbewerbsrecht, Band 1, 6. Aufl. 2019 (zitiert: *Bearbeiter*, in: Immenga/Mestmäcker, Wettbewerbsrecht 2019).

Jaeger, Wolfgang/Kokott, Juliane/Pohlmann, Petra/Schroeder, Dirk (Hrsg.): Frankfurter Kommentar zum Kartellrecht, Band 2, AEUV, Loseblattwerk, Stand 100. Aktualisierung 11.2021 (zitiert: *Bearbeiter*, in: Frankfurter Kommentar zum Kartellrecht).

Joshua, Julia: „Single continuous infringement of Article 81 EC: Has the commission stretched the concept beyond the limit of its logic?" European Competition Journal 2009, 451 ff.

Jüchser, Alexander: Die Beteiligung am Kartell 2014 (zitiert: *Jüchser*, Die Beteiligung an Kartell).

Kamann, Stefan/Ohlhoff, Sven/Völcker, Jens (Hrsg.): Kartellverfahren und Kartellprozess 2017 (zitiert: *Bearbeiter*, in: Kamann/ Ohlhoff/Völcker, Kartellverfahren und Kartellprozess).

Klees, Andreas: Europäisches Kartellverfahrensrecht 2005 (zitiert: *Klees*, Europäisches Kartellverfahrensrecht).

Kirchhof, Paul: Richterliche Rechtsfindung, gebunden an „Gesetz und Recht“, NJW 1986, 2275 ff.

Langen, Eugen/Bunte, Hermann (Hrsg.): Europäisches Kartellrecht, 14. Aufl. 2021, Band 2, (zitiert: *Bearbeiter*, in: Langen/Bunte, Europäisches Kartellrecht).

Larenz, Karl: Methodenlehre der Rechtswissenschaft 1992 (zitiert: *Larenz*, Methodenlehre).

Lecheler, Helmut: Neue allgemeine Rechtsgrundsätze im Gemeinschaftsrecht? 2004 (zitiert: *Lecheler*, Neue allgemeine Rechtsgrundsätze im Gemeinschaftsrecht?).

Lochmann, Moritz: Taricco I – ein Ultra-vires-Akt? Zur Rechtsfortbildung durch den EuGH, EuR 2019, 61 ff.

Loewenheim, Ulrich/Meesen, Karl M./Riesenkampf, Alexander/Kersting, Christian/Meyer-Lindemann, Hans Jürgen (Hrsg.): Europäisches und Deutsches Recht, 4. Aufl. 2020 (zitiert: *Bearbeiter*, in: Loewenheim/Meesen/Riesenkampf/Kersting/Meyer-Lindemann, Kartellrecht 2020).

Meyer, Jürgen/Hölscheidt, Sven (Hrsg.): Charta der Grundrechte der Europäischen Union, 5. Aufl. 2019 (zitiert: *Bearbeiter*, in: Meyer/Hölscheidt, Charta der Grundrechte).

Meyering, Bernd: Uferlose Haftung im Bußgeldverfahren? WuW 2010, 157 ff.

Möhlenkamp, Andreas: Verbandskartellrecht – trittfeste Pfade in unsicherem Gelände, WuW 2008, 428 ff.

Mohr, Jochen: Bezweckte und bewirkte Wettbewerbsbeschränkungen gemäß Art. 101 Abs. 1 AEUV, ZWeR 2015, 1 ff.

Papadelli, Antonia: Beweislastverteilung bei der privaten Durchsetzung des Kartellrechts 2010 (zitiert: *Papadelli*, Beweislastverteilung bei der privaten Durchsetzung des Kartellrechts).

Queck, Nadine: Die Geltung des nemo-tenetur-Grundsatzes zugunsten von Unternehmen 2005 (zitiert: *Queck*, Die Geltung des nemo-tenetur-Grundsatzes zugunsten von Unternehmen).

Riesenhuber, Karl (Hrsg.): Europäische Methodenlehre, Handbuch für Ausbildung und Praxis, 4. Aufl. 2021 (zitiert: *Bearbeiter*, in: Riesenhuber, Methodenlehre).

Riley, David: Revisiting the Single and Continuous Infringement of Article 101: The Significance of Anic in a New Era of Cartel Detection and Anaysis, World Competition 2014, 293 ff.

Ritter, Cyril: Presumptions in EU competition law, Journal of Antitrust Enforcement 2018, 189 ff.

Säcker, Franz Jürgen/Rixecker, Roland/Oetker, Hartmut/Limperg, Bettina (Hrsg.): Münchener Kommentar zum Bürgerlichen Gesetzbuch, Band 3, 8. Aufl. 2019 (zitiert: *Bearbeiter*, in: MüKo BGB).

Scordamaglia, Andreas: Cartel Proof, Imputation and Sanctioning in European Competition Law: Reconciling effective enforcement and adequate protection of procedural guarantees, The Competition Law Review 2010, 5 ff.

Seifert, Konstantin: Die einheitliche und fortgesetzte Zuwiderhandlung – Komplexe Kartelle im europäischen Kartellrecht 2013 (zitiert: *Seifert*, die einheitliche und fortgesetzte Zuwiderhandlung).

ders.: The Single Complex and Continuous Infringement –„Effet" Utilitarism? E.C.L.R. 2008, 546 ff.

Schroeder, Dirk: Informationsaustausch zwischen Wettbewerbern, WuW 2009, 718 ff.

Schroeder, Werner: Die Auslegung des EU-Rechts, JuS 2004, 180 ff.

Schröter, Helmuth/Jakob, Thinam/Klotz, Robert/Mederer, Wolfgang (Hrsg.): Europäisches Wettbewerbsrecht, 2. Aufl. 2014 (zitiert: *Bearbeiter*, in: Schröter/Jakob/Klotz/Mederer, Europäisches Wettbewerbsrecht 2014).

Schulte, Josef/Just, Christoph (Hrsg.): Kartellrecht GWB, Kartellvergaberecht, EU-Kartellrecht, 2. Aufl. 2016 (zitiert: *Bearbeiter*, in: Schulte/Just, Kartellrecht 2016).

Schulze, Reiner/Zuleeg, Manfred/Kadelbach, Stefan (Hrsg.): Europarecht – Handbuch für die deutsche Rechtspraxis 3. Aufl. 2015 (zitiert: *Bearbeiter*, in: Schulze/Zuleeg/Kadelbach, Europarecht).

Schumacher, Florian: Das Urteil AC-Treuhand als Teil der schutzzweckbezogenen Auslegung des Kartellverbots, ZfRV 2009, 9 ff.

Schwarze. Jürgen/Becker, Ulrich/Hatje, Armin/Schoo, Johann (Hrsg.): EU-Kommentar, 4. Aufl. 2019 (zitiert: *Bearbeiter*, in: Schwarze/Becker/Hatje/Schoo, EU-Kommentar 2019).

Seyr, Sibylle: Der effet utile in der Rechtsprechung des Europäischen Gerichtshofs 2008 (zitiert: *Seyr*, Der effet utile in der Rechtsprechung des Europäischen Gerichtshofs).

Soltéz, Ulrich, Das „Single and Continuous Infringement" – Wunderwaffe der Kartellermittler? EuZW 2016, 681 ff.

Streinz, Rudolf (Hrsg.): EUV/AEUV, 3. Aufl. 2018 (zitiert: *Bearbeiter*, in: Streinz, AEUV).

Terhechte, Jörg Philipp (Hrsg.): Verwaltungsrecht der Europäischen Union 2011 (zitiert: *Bearbeiter*, in: Terhechte, Verwaltungsrecht der Europäischen Union).

Thiede, Thomas: Von Marktständen und tatsächlichen Vermutungen – zugleich Glosse zu OLG Stuttgart vom 21.02.2019 in Sachen LKW-Kartell – NZKart 2019, 375 ff.

Trstenjak, Verica/Erwin, Beysen: Das Prinzip der Verhältnismäßigkeit in der Unionsrechtsordnung, EuR 2012, 265 ff.

Ukrow, Jörg: Richterliche Rechtsfortbildung durch den EuGH 1995 (zitiert: *Ukrow*, Richterliche Rechtsfortbildung durch den EuGH).

Vilsmeier, Ingrid: Tatsachenkontrolle und Beweisführung im EU-Kartellrecht auf dem Prüfstand des EMRK 2013 (zitiert: *Vilsmeier*, Tatsachenkontrolle und Beweisführung im EU-Kartellrecht).

Vogenauer, Stefan: Eine gemeineuropäische Methodenlehre des Rechts – Plädoyer und Programm, ZEuP 2005, 234 ff.

Von der Groeben, Hans/Schwarze, Jürgen/Hatje, Armin (Hrsg.): Europäisches Unionsrecht 2015, 7. Auflage (zitiert: *Bearbeiter*, in: von der Groeben/Schwarz/Hatje, Europäisches Unionsrecht 2015).

Wiedemann, Gerhard (Hrsg.): Handbuch des Kartellrechts, 4. Aufl. 2020 (zitiert: *Bearbeiter*, in: Wiedemann, Kartellrecht 2020).

Weck, Thomas/Camesasca, Peter: Willenserklärungen im Kartellrecht, WuW 2013, Heft 01, 17 ff.

Zippelius, Reinhold: Juristische Methodenlehre, 11. Auflage 2012 (zitiert: *Zippelius*, Methodenlehre).

FSC
www.fsc.org
MIX
Papier | Fördert gute Waldnutzung
FSC® C083411

Kolibri 360 GmbH
Ferdinand-Jühlke-Straße 7
99095 Erfurt, Deutschland
produktsicherheit@kolibri360.de